5 POINT

파이브 포인트

디지털 대전환 시대, 위대한 기업의 조건

5 파이브포인트 POINT

이동우

INDUSTRY 4.0

SMART FACTORY

PAN-INDUSTRIAL

ADDITIVE MANUFACTURING

METAVERSE

BIGDATA

IOT/AI

CLOUD

DEEP LEARNING

SAAS

NFT

PLATFORM

DIGITAL REVOLUTION

BLOCKCHAIN

SUBSCRIPTION

DIGITAL TWIN

D2C

DISRUPTIVE INNOVATION

DIGITAL TRANSFORMATION

한국경제신문

추천사

4차 산업혁명, 디지털 전환, IoT와 인공지능… 자주 접하지만 명확하지 않던 개념이 이 책을 통해 체계적으로 정리되었다. 기업의 리더라면 이 책에서 이야기하는 다양한 글로벌 혁신 사례를 통해, 디지털 전환 시대에 지속 가능한 성장을 위해 기업 조직문화를 어떻게 이끌어가야 할지에 대한 힌트를 얻을 수 있을 것이다.

——— 김순기, 포스코 인재창조원 원장

데이터에 기반한 디지털 테크놀로지가 비즈니스 모델, 일 하는 방식, 인력 구조에 이르기까지 근본적인 변화를 이끌어가고 있다. 기업은 이 혁신적인 변화에 동참하기 위해 엄청난 투자를 하고 있지만, 현장에서는 혼란을 겪고 있으며 성과는 기대에 미치지 못하는 현실이다. 이 책은 4차 산업혁명, 디지털혁명, 디지털 전환 등 그동안 구분 없이 사용했던 개념들이 서로 다른 목적과 기반에서 태동한 만큼 전략과 실행에도 다른 접근이 필요하다는 새로운 인사이트를 제시한다. 디지털 전환을 통한 변화와 성장을 고민하는 경영자에게 의미 있는 통찰과 자극을 주는 책이다.

——— 김정태, SK아카데미 러닝센터, mySUNI 행복컬리지 부사장

미래는 깜깜한 밤하늘과 같다. 하늘을 가득 채운 별을 보며 미래를 점치는·사람이 있는가 하면, 별자리(기준)를 만들고 스스로 길을 찾는 사람이 있다. 이 책은 후자다. 파이브 포인트라는 다섯 개의 점은 혼란한 미래의 별자리가 되어줄 것이다.

——— 신태균, KAIST 겸직교수(전 삼성인력개발원 부원장)

4차 산업혁명과 디지털 전환이 비즈니스에서 다루지 않으면 안 되는 시대적 화두가 된지 오래다. 그러나 많은 기업이 이 개념을 정확히 이해하지 못한 채 유행을 따르듯 휩쓸려 왔다. 이제는 디지털 전환에 대한 명확한 이해를 바탕으로 디지털 전환 전략 맵을 그리지 않으면 안 될 때다. 저자는 이 분야의 전문가로서, 수많은 저서와 주요 기업의 강연을 통해 쌓은 인사이트를 이 책에 모두 녹여냈다.

— **윤종민**, 롯데그룹 상근고문(전 롯데지주 경영전략실장, 롯데인재개발 원장)

Be a traveler, not a tourist. 디지털 혁신의 관광객이 아니라 주인공이 되고 싶다면 이 책을 읽어라. 비즈니스 혁신을 맛집 투어하듯 해왔다면 다시 생각해보라. 변화의 북극성은 어디를 향해 있는지, 무엇을 위해 당신의 회사가 디지털 전환을 시작했는지를.

— **이예림**, 주식회사 업폴(upfall) 대표이사

다시 정상으로 가고 있는 세상에서 변화의 맥을 정확히 짚어낸 걸작! 냉혹한 금융 세계에서 세상을 구원할 새로운 기술과 아이디어로, 차가운 수학적 세계관에서 생태계의 공존을 생각하는 생물학적 세계관으로, 문제 해결 최상의 도구인 기업과 우리의 세상이 바뀌고 있다. 지혜와 용기를 가진 도전자들이 마음껏 꿈을 펼칠 수 있는 세계를 그린 이 책은, 다시 젊어지고 싶도록 만든다.

— **전영민**, 롯데벤처스 대표이사

기업이 미래의 지속적인 경쟁력 확보를 위해 고려해야 할 것을 파이브 포인트로 제시하는 책이다. 시장의 변화와 트렌드, 고객, 혁신, 인공지능까지 미래를 선도하기 위해 비즈니스 현장에서 요구되는 핵심적인 내용들이 일목요연하게 정리되어 있다. 프로젝트의 성공을 바라는 모든 리더들에게 비즈니스와 디지털 전환에 대한 날카로운 혜안이 담겨 있는 이 책을 권한다.

— **정재영**, LG 인화원 상무

매년 대학교에서 '4차 산업혁명'에 대한 강의를 하고 있다. 빠른 속도로 변화하는 패러다임을 어떻게 정의할 것인가에 대한 의문이 이 책을 통해 풀렸다. 기술창업자나 새로운 아이디어를 기반으로 혁신적인 사업모델을 구상하는 사람이라면 많은 도움이 될 거라고 확신한다.

— **최기호**, 성균관대학교 글로벌창업대학원 교수

일반적으로 우리가 걱정하는 이유는 편견을 지니고 있기 때문이다.
올바른 결정을 내리기 위해서는 콘텐츠 또는 사건의 맥락을 고려해야 한다.
그런데 사람들은 전후 사정을 고려하지 않은 채
보편적으로 올바른 해결책을 찾는 경향이 있다.

- 바라트 아난드, 하버드대학교 경영대학원 교수 《콘텐츠의 미래》

차례

부록 디지털 전환 실행을 위한 조직문화 만들기

5 POINT

서 장

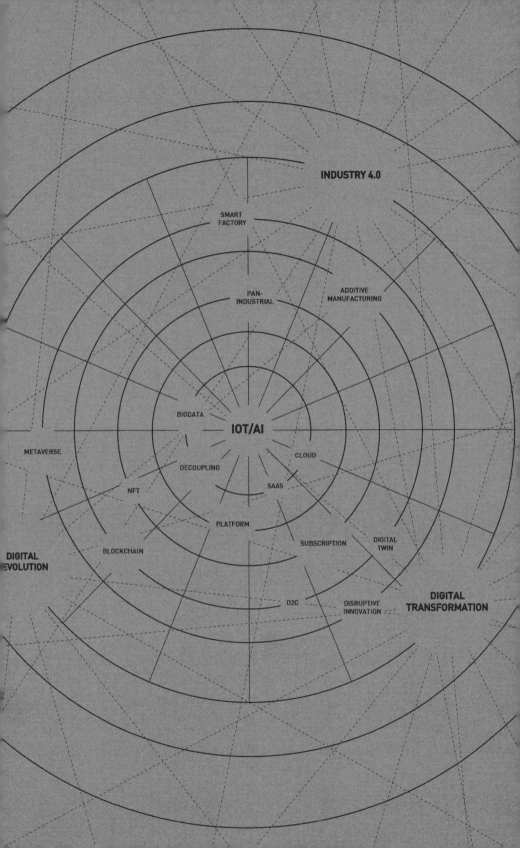

테크놀로지 시대의 과제는 우리가 이 도구들을
어떻게 사용하고 있는지 제대로 이해하는 일이다.
우리는 도구를 소비하기 위해 사용하는가, 창조하기 위해 사용하는가?
결과를 창조하기 위해 도구를 사용할 것인가,
그 도구에 우리가 만든 모든 결과물을 끊임없이 쏟아부을 것인가?
이 질문은 시간이 가장 귀한 자산이 된 시대에 반드시 물을 필요가 있다.
사업가들에게는 더욱 중요한 질문이다.
세상에 얼마나 큰 영향을 미칠 수 있는가는
결국 우리가 어떤 것을 만드느냐에 달려 있다.

— 스티브 사마티노 《위대한 해체》

4차 산업혁명 시대,
우리 회사도 플랫폼 하나 만들어볼까?

수많은 미디어와 비즈니스 리더가 4차 산업혁명 시대라고 말한다. 그 시작은 클라우스 슈밥(Klaus Schwab)이라는 미래학자로부터 비롯됐다. 2016년 4월 《클라우스 슈밥의 제4차 산업혁명(The Fourth Industrial Revolution)》이라는 책이 등장하면서 그 이후 몇 년 동안 4차 산업혁명은 마치 시대적 사명처럼 작동해왔다.

미디어들은 4차 산업혁명 시대를 강조하며 한동안 뉴스와 방송 콘텐츠를 쏟아냈고, 덕분에 비즈니스 현장에 있던 리더들은 미디어가 말하는 바대로, 그리고 수많은 종류의 서적이 주장하는 바대로 4차 산업혁명 시대를 준비해왔다. 제조업은 4차 산업혁명 시대에 맞게 회사 차원에서 비즈니스 혁신을 준비하기 시작했고, 금융업도 4차 산업혁명 시대에 맞게 변화를 시도해왔다. 여기에 유통업, ICT업계뿐만 아니라 반도체, 통신 등 첨단기술 기업들도 4차 산업혁명 시대에 맞는 주문을 하기 시작했다. 업종은 달랐지만 그들이 간절히 원했던 것은 단 하나 '4차 산업혁명 시대를 준비'하는 것이었다.

그로부터 6년이 넘는 시간이 흘렀다. 기업들은 그 긴 시간 동안 4차 산업혁명 시대 경쟁에 남들보다 앞서기 위해, 적어도 뒤처지지 않기 위해 부단한 노력을 해왔다. 비즈니스 전반의 시스템을 점검했고, 여기에 그럴싸한 변화들을 시도하기 시작했다. IoT, 클라우드, 빅데이터, 인공지능, SaaS, 플랫폼 등의 단어가 포함된 기술혁신, 그리고 그간 등장한 파괴적 혁신, 디커플링, 에지 전략 등의 비즈니스 모델 혁신을 추진해왔다.

이제 묻고 싶다. 그동안 무엇을, 얼마나 이뤘는가? 직접적으로 묻는다면, 4차 산업혁명 시대를 잘 준비했는가? 엄청난 인원과 자원을 투자했는데, 그만큼의 성과가 있었는가? 이런 측면의 질문도 하고 싶다. 4차 산업혁명이라는 구호로 변화를 시도하려 했을 때, 뭔가 그림이 잘 맞지 않는다거나 일을 추진하면서 일이 잘 안된다는 느낌이 든 적은 없는가? 해외 사례를 찾으려고 해봤는데, 4차 산업혁명에 걸맞은, 당신 회사의 비전과 맞아떨어지는 사례를 찾기가 어렵지는 않았는가? 4차 산업혁명에 맞는 비즈니스 혁신을 시도하려고 했는데, 내부 구성원들끼리 의사소통이 잘 안된다던가, 비즈니스 용어에 대한 개념 정의가 맞지 않아서 혼란스러웠던 적은 없었는가? 아마도 이 중 하나 이상의 경우를 경험했을지 모른다.

가장 최악의 경우는 따로 있는데, 바로 최고경영자가 "4차 산업혁명 시대인데, 우리 회사도 플랫폼 하나 만들어볼까?"라고 말하는 상황이다. 최고경영자가 나름대로 의지를 갖고 있는 사례라고 할 수 있다.

플랫폼을 만들자는 최고경영자들의 주장은 명확해 보인다. 파괴적 혁신을 하기 위해서는 플랫폼 비즈니스를 해야 한다는 것이다. 특히 그들은 플랫폼 비즈니스가 온 세상을 집어삼키고 있다는 논리를 제시하기도 한다. 얼핏 듣기에는 논리에 맞고 합리적인 얘기로 들린다. 최근 10여 년간 전 세계를 지배한 기업은 제조 기업이 아니라 플랫폼 기업이었고, 특히 적은 인원으로 엄청난 수익성을 발휘하기 때문에 전통적인 기업 입장에서는 이 같은 현상이 부러울 수밖에 없을지 모른다. 상황이 이렇다 보니 최고경영자가 "플랫폼 하나 만들자"라고 말해도 누구도 쉽게 반박하지 못하는 경우를 비즈니스 현장에서 여러 번 목도했다.

나는 여기에 반대 의견을 제시하고 싶다. 단언컨대, 최고경영자가 말했던 "4차 산업혁명 시대인데, 우리 회사도 플랫폼 하나 만들어볼까?"라는 말은 틀렸다. 앞뒤가 서로 맞지도 않을뿐더러 설령 그 말이 맞다고 가정하더라도 성공 가능성마저 희박하기 때문이다.

좋다, 백보 양보해서 "플랫폼 하나 만들자"는 말이 맞다고 하자. 구글(Google)은 도달할 수 없는 목표를 세우라며 '문샷'(moonshot, 달을 좀 더 잘 보기 위해 망원경 성능을 높이는 대신 달 탐사선을 제작하겠다는 것과 같은 혁신적인 발상을 말한다)이라는 용어를 사용한다는데, 플랫폼 하나쯤 만든다는 게 뭐 대수일까 싶기도 할 것이다.

아무튼 최고경영자가 목표 지점을 언급했으니 그 회사 임원이나 구성원들 입장에서는 어쩔 수 없이 조사 작업부터 시작해야 한다. 문제는 4차 산업혁명(영어로는 Industry 4.0, 독일어로는 Industrie 4.0)의 해외 사례를 찾아보면 대부분 제조업혁명이 등장할 것이고, '플랫폼 비즈니스'는 양방향 네트워크 효과가 존재하는 첨단 비즈니스 영역이라는 것이다. 여기에는 우버(Uber), 에어비앤비(Airbnb), 인스타그램(Instagram), 트위터(Twitter), 아마존(Amazon), 애플(Apple), 페이스북(Facebook, 현재 사명은 메타Meta로 바뀌었다) 같은 기업들이 해당한다. 여기에서 조금 더 들어가면 플랫폼 비즈니스를 하는 회사는 모기업(parent company)이 존재한 적이 없고, 그나마 몇 개 대기업에서 추진했던 플랫폼 비즈니스는 모두 실패했거나 성공 가능성이 희박하다는 평가를 받고 있다는 것 정도까지 찾아낼 수 있을 것이다.

이쯤 되면 개념적으로 헷갈리기 시작할 수 있다. 4차 산업혁명을 위해 뭔가를 해야 할 것 같은데, 만약 당신의 기업이 금융업이라면 제조업혁명인 4차 산업혁명의 개념을 도입하기가 쉽지 않을 것이다. 그렇다고 플랫폼 비즈니스를 시작하려고 하니 플랫폼을 만든 금융회사의 사례도 찾기 힘들 것이다.

이제 다시 묻겠다. "4차 산업혁명 시대인데, 우리 회사도 플랫폼 하나 만들어볼까?"라는 말은 정말 맞는 말일까? 만약 뭔가 어색하거나 실행하려고 하는 비즈니스의 그림에 맞지 않는 부분이 있다는 생각이 들었다면, 이 문제를 바로 잡기 위해 무엇부터 해야 할까?

우리가 해야 하는 일은 지금까지 기술혁신이 만든 비즈니스 혁신 전체의 지형도를 이해하는 것이다. 특히 4차 산업혁명은 무엇이고, 디지털혁명은 무엇을 말하는지, 그리고 디지털 전환은 무엇을 의미하는지 알아야 한다. 또한 당신의 회사가 현재 시점에서 무엇을 할 수 있는지, 어디에서부터 사례를 찾고 벤치마킹을 할 것인지를 알아야 한다. 4차 산업혁명 시대라고 무조건 시대적 사명을 좇을 것이 아니라 4차 산업혁명은 구체적으로 무엇이고, 어디에서 시작됐는지, 다른 나라나 다른 기업들은 어떻게 하고 있는지를 알아야 한다. 무엇보다 한국에서가 아니라 국제적으로 통용되는 기준은 무엇인지를 알아야 한다.

혹시 지난 6년이 넘는 시간 동안 이미 다 터득했기 때문에 충분히 알고 있다고 생각하는가? 그렇다면 4차 산업혁명 시대, 모범 회사는 어디라고 생각하는가? 만약 4차 산업혁명을 잘하는 회사가 구글(Google), 아마존, 페이스북, 애플 등 첨단기술 기업이라고 생각했다면 그것은 틀린 답이다. 내가 교수로서 대학원에서 강의하거나, 기업에서 임원이나 구성원들을 대상으로 강의하면서 "4차 산업혁명 시대, 모범 회사가 어떤 회사들이냐?"라고 물었을 때 정답을 맞춘 경우는 여태껏 만나보지 못했다.

어떤 사람들은 인터넷으로는 무엇이든 찾아낼 수 있기 때문에 '내가 구체적으로 알지 못하더라도 괜찮다'라고 생각할지 모른다. 이른바 구글 효과다. 이는 무엇을 정확하게 알고 있지는 않지만, 마치 알고 있는 듯한 행동을 하는 것을 뜻한다. 하지만 정확한 개념을 알고 있어야 검색이라도 하지 않을까? 당신이 하려는 비즈니스 혁신이 어떤 카테고리에 해당하는지도 파악할 수 없는데, 검색한다고 해서 뭐가 달라질까?

비즈니스 혁신의 정확한 맵을 알고 있다는 것은 안다는 것을 넘어 통찰로 이어진다. 당신 회사가 하려는 일의 방향을 정해주고 무엇을 어떻게 해야 할지를 알려주는 나침반 역할을 할 것이다. 또 회사 전체에서 구성원들이 전략의 방향을 논의하려 할 때, 중요한 공감대를 만들 수 있다. 같은 개념의 용어를 사용하고 있어야 커뮤니케이션에 오

파이브 포인트

류가 없고 시간을 줄일 수 있다는 것은 전투에 나선 병사들의 기본 수칙이고, 비즈니스를 하는 모든 구성원의 기본이다. 솔직히 말해, 기업들은 그 수준에 도달하기 위해 교육을 하고 기업문화를 만드는 것 아닌가.

만약 기업의 구성원들이 경영진이 원하는 대로 4차 산업혁명, 디지털혁명, 디지털 전환 등에 대한 정확한 개념을 이해하고, 각각의 개념에서 무엇을 찾아야 할지 명확하게 알고 있다면, 어떤 일이 벌어질까? 최고경영자가 "4차 산업혁명 시대인데, 우리 회사도 플랫폼 하나 만들어볼까?"라고 말했을 때 그것이 얼마나 어처구니없는 얘기인지를 알게 된다. 단언컨대, 4차 산업혁명과 디지털혁명은 다른 것이며, 디지털 전환과는 또 다르다. 기업의 모든 구성원은 이에 대한 개념을 정확히 알고 있어야 한다.

그렇다고 해서 플랫폼 하나 만들자고 주장하는 최고경영자를 비난할 생각은 없다. 세상의 변화가 너무도 빠르다는 건 부인할 수 없는 사실이기 때문이다. 불과 10년 전만 해도 변화의 속도는 이토록 빠르지 않았다. 봐야 할 것도 고려하거나 생각해야 하는 부분도 지금에 비하면 상대적으로 적었다. 하지만 지금은 상황이 사뭇 달라졌다. 우리가 가진 대부분의 시간을 쏟아 트렌드와 발전 속도를 따라가려고 해도 따라가는 것조차 벅차다.

이 현상은 이 시대를 살아가는 모든 사람에게 해당된다. 기업을 운영하는 최고경영자 그리고 트렌드와 혁신 테마를 읽고 전달하는 교수, 컨설턴트, 또 시대에 맞는 대안을 준비해야 하는 출판 기획자, 기자, 칼럼니스트 등 거의 모든 사람이 마주한 현실이다. 그들이 알고 있는 것은 여전히 우리가 알아야 하는 것 중 일부분에 불과할지 모른다. 따라서 이 시대의 성공은 어떤 사람이 무엇을 통찰하느냐에 따라 달라지는 것은 아닐까.

패스트 세컨드가 성공하던
시대는 끝났다

많은 비즈니스 리더가 생각하는 비즈니스에 대한 선입견이 있다. 첫 번째는 큰 회사가 성공한다는 이른바 대기업 우월주의고, 두 번째는 후발주자가 더 잘할 것이라는 믿음이다. 얼핏 보면 맞는 얘기처럼 들리지만 세부적으로 따져보면 숨겨진 이면에 새로운 통찰이 존재한다.

첫 번째, 큰 회사가 성공한다는 주장부터 따져보자. 이 이야기의 근원을 찾아가 보면 20세기 가장 위대한 사회학자라고 불렸던 막스 베버(Max Weber)에 이른다. 그는 거대한 중앙 권력을 행사하는 거대 기업이 자본주의에서 가장 성공할 수 있는 모델이라고 주장했다. 이 같은 주장은 그가 죽은 뒤 2년 후에 《경제와 사회》라는 책으로 출간되기도 했다. 거대함에 대한 주장 덕분에 당시 미국에서는 제너럴일렉트릭(General Electric, GE), 코카콜라(Coca Cola), 제너럴모터스(General Motors, GM) 등이 설립됐고, 그 후 독일에서는 아에게(AEG), 바스프(BASF), 지멘스(Siemens), 바이엘(Bayer), 크루프(Krupp) 등과 같은 거대 회사가 등장하기 시작했다. 이후로 가족기업은 찾아보기 힘들어졌다.

결국 규모를 키우는 것은 기업이 성공하기 위한 전제 조건이 됐고, 거대함은 기업의 권력을 의미하는 말이 됐다. 앨프리드 챈들러(Alfred D. Chandler)는《보이는 손》이라고 제목을 붙인 독창적인 역작에서 강력한 지배력을 확보한 경영자의 보이는 손이 시장지배력이라는 보이지 않는 손을 대체하면서 근대 기업의 주요 추동력이 됐다고 주장했다.

결국 베버가 주장했던 개념이 발전하면서 영국의 사적 자본주의, 미국의 경쟁 자본주의, 독일의 협동 자본주의라는 표현이 등장했다. 이 세 가지 시스템은 여러 면에서 매우 달랐지만, 아주 중요한 유사점이 하나 있었다. 그것은 바로 비즈니스업계의 권력이 대기업의 수중에 있다는 것이었다.

그러나 이러한 대규모의 거대한 사고방식도 지금은 위협받고 있는 상황이다. 속도가 규모를 이겨내고 있는 사례들이 계속 발견되고 있다. 현재 대기업식의 사고방식을 가지고 있다면 버려야 한다는 주장이 제기되는 이유기도 하다.

요컨대, 권력은 쇠퇴하고 있다. 권력은 지금까지 잘 인식하고 이해했던 것과 달리 훨씬 더 근본적인 변화를 겪는 중이다. 국가, 기업, 정당, 사회, 운동단체, 기관이나 개인 지도자들이 예전에 그랬던 것처럼 권력을 행사하지 못하고 있다. 다시 말해, 21세기에는 권력을 얻기가 전보다 더 수월해졌지만 권력을 잃는 것 또한 마찬가지로 더 쉬워졌다.

가장 쉽게 전쟁의 경우를 살펴볼 수 있다. 1800년부터 1849년까지 벌어진 비대칭적 전쟁에서 병력과 무기 측면에서 약한 쪽이 전략목표를 달성한 경우는 12퍼센트에 불과했다. 그러나 1950년에서 1998년 사이에 발발한 전쟁에서는 전력이 약한 쪽에서 이긴 비율이 55퍼센트로 더 많았다. 이런 내용을 바탕으로 쓰인 책이 바로 말콤 글래드웰(Malcolm Gladwell)의 《다윗과 골리앗》이다. 정당정치, 기업에서의 경영자 존속 기간, 그리고 브랜드의 존속 기간과 위협받는 시기 등을 분석해보면 지금 이 시대에는 권력이 붕괴하고 있음을 알 수 있다.

권력은 철학적으로 인간의 목적에 견주어볼 때 타당하다고 할 수 있다. 과거 아리스토텔레스(Aristoteles)는 권력, 부, 우정은 인간의 행복을 위한 구성 요소라고 정의 내렸다. 마키아벨리(Machiavelli), 토머스 홉스(Thomas Hobbes), 프리드리히 니체(Friedrich Nietzsche)도 같은 주장을 했다. 권력은 늘 그랬던 것처럼 사회를 구성하고 그 내부 관계들을 지배하며, 사람들 사이의 상호작용, 그리고 공동체와 국가 내부와 사람 사이의 상호작용을 조정하는 데 기여해왔다. 다시 말해서 국제정치와 전쟁, 국내 정치, 기업활동, 과학적 탐구, 종교 그리고 자선이나 사회운동과 같은 사회적 행동, 온갖 종류의 사회문화적 관계에서 작용한다.

하지만 시대가 변하기 시작했고, 이 거대 권력에 항거할 수 있는 미시 권력이 등장하기 시작했으며, 이는 거대 권력의 힘을 저지하거나 제한할 수 있는 힘을 갖기 시작했다. 물론 이것은 그동안 정치권력과 기업권력에 항거하기 위해 만들어진 수많은 혁신과 독창력에 기인하며, 지난 200년 동안 꾸준히 커져왔던 인간의 존엄성과도 연결돼 있다. 하지만 짧은 역사로 본다면, 지난 40년 동안 기업의 자유가 증가하면서 일어난 주주혁명, 인터넷이 등장하면서 폭발적으로 성장한 지식의 증대 그리고 사회적 커뮤니케이션의 발달은 하나의 방향으로 달려가고 있다고 해도 과언이 아니다. 종착지는 바로 권력의 붕괴다. 급기야 블록체인이 등장하면서 중앙집중식의 모든 권력 체계를 붕괴시킬지도 모른다는 예측이 나오고 있다.

기업의 규모로 생각해도 결론은 다르지 않다. 베버는 대기업이 성공한다고 했으나, 이제는 전통적인 경제학으로 설명할 수 없는 플랫폼 기업의 등장, 그리고 제조를 하지 않고도 거대 제조 기업과 경쟁할 수 있는 D2C 기업의 등장으로 이런 주장은 무색해질 수밖에 없다.

두 번째로 후발주자가 더 잘할 것이라는 믿음을 살펴보자. 원래 이 말은 일종의 반전이었는데, 이제 다시 반전에 반전을 거듭하고 있다.

아이디어랩(Idealab)의 창립자 빌 그로스(Bill Gross)는 무엇이 성공과 실패를 가르는지 분석했다. 그가 발견한 비즈니스 성공의 가장 중요한 요인은 아이디어의 독창성도, 팀의 재능과 실행 능력도, 사업 모델의 질도, 가용자금의 여부도 아니었다. 가장 중요한 요소는 시기 포착이었다. 그로스는 "적절한 시기를 포착하는 일이 성공과 실패를 가름하는 데 42퍼센트의 비중을 차지한다"고 밝혔다.

보편적으로 비즈니스 리더들은 선발주자가 유리하다는 강한 믿음을 지니고 있다는 연구 결과가 있다. 새로운 사업을 시작할 때 대부분의 리더들은 자신이 앞서서 이끌고 싶어 하지 누군가의 뒤를 따르고 싶어 하지 않는다. 과학자들은 경쟁자들보다 먼저 과학적인 발견을 하려고 서두른다. 발명가들은 경쟁자들보다 먼저 특허를 출원하려고 서두른다. 기업가들은 경쟁자들보다 먼저 창업을 하고 싶어 한다. 신

상품, 새로운 서비스나 기술을 먼저 출시하면 남들보다 더 빨리 배우고, 가장 좋은 공간을 점유하며, 고객을 독점할 수 있다. 선발주자는 이러한 이점 덕분에 경쟁자들을 저지하는 진입장벽을 만들 수 있다. 경쟁자들이 아무리 혁신하려고 해도 선발주자들은 특허나 우월한 능력으로 훼방을 놓을 수 있고, 선발주자의 고객들에게 거래처를 바꾸도록 설득하는 데는 많은 비용이 들기 때문에 후발주자들의 성장하려는 노력은 좌절될 수 있다. 요컨대, 비즈니스는 먼저 시작해야 더 유리하다는 것이 일반적인 상식이었다.

반면 후발주자가 더 잘할 것이라는 분석도 있다. 여기에는 어떤 논리가 있을까? 후발주자들은 보통 모방꾼이라는 낙인이 찍히지만, 이런 고정관념은 논점을 빗나간다. 후발주자들은 기존의 요구에 순응하고 이를 충족하는 대신 시간을 두고 기다렸다가 준비가 갖춰지면 새로운 것을 제시한다. 보통 후발주자는 대기업인 경우가 많다. 먼저 비즈니스를 시작한 기업은 따로 있지만 자본과 규모를 갖춘 대기업이 자신들의 자금, 인력 그리고 네트워크를 이용해 선발주자를 빠르게 따라잡는 것이다. 그래서 이들을 가리켜 '패스트 세컨드'(Fast Second)라고 부르기도 한다.

요컨대, 많은 비즈니스 리더는 사업을 먼저 시작하는 선발주자가 성공한다고 생각하지만, 다른 측면에서 보면 자금과 규모를 갖춘 후발주자, 이른바 패스트 세컨드가 더 성공하는 경우도 많다. 여기까지가 결론이면 좋겠지만, 그렇지는 않다. 여기에 다시 반전이 있다. 시대가 변했기 때문이다.

기술이 발달하기 시작하면서 특히 4차 산업혁명이 기술혁신을 일으키기 시작하면서 비즈니스 경쟁 구도는 과거와는 다른 양상을 보이고 있다. 전 세계 플랫폼 선두 기업들은 플랫폼을 혁신하면서 수많은 기술특허를 보유하기 시작했다. 예컨대, 음성 기업으로 첫발을 내디딘 구글, 아마존, 애플은 각각 음성 수집과 활용에 대한 기술특허를 출원하기 시작해서 후발주자가 새로운 사업을 하기도 어려운 상황이다. 한편 적층 가공 기업으로 유명한 자빌(Jabil)은 적층 가공 기술을 독점적으로 사들이면서 조용히 시장을 키워왔다. 자빌은 지금 폭발적으로 스마트 팩토리 숫자를 늘려가고 있는데, 후발주자가 눈치를 채고 따라가려 해도 적지 않은 어려움을 겪어야 할 것이다.

선발주자가 성공할 것이라는 믿음은 많은 사람이 지닌 보편적인 생각이었다. 하지만 거대 기업들이 자신들의 자본과 속도로 작은 기업들을 압도하는 상황을 만들어내면서 선발주자가 성공한다는 믿음은 흔들리기 시작했다. 하지만 기술의 발달은 이 원칙이 다시 보통 사람들의 믿음처럼 돌아가도록 만들었다. 선발주자가 발달하는 기술들을 확보하고 기술특허를 만들어내면서 상황이 달라지고 있는 것이다. 규모가 모든 것을 지배하는 시대는 지났고, 이제는 속도가 모든 것을 지배하는 세상이 됐는지도 모른다.

MBA는 당신의 회사를 구해주지 않는다

20세기 초반 기업의 경영자들은 학위가 거의 없었다. 그나마 학위를 가지고 있는 사람들은 학사였는데, 그 비중도 20퍼센트가 채 되지 않았다. 당시 기업의 리더가 되기 위해서는 사람을 잘 이해하는 마인드가 필요했고, 합리적인 계산보다는 직관적인 결정을 할 수 있는 결단력이 필요했다. 당신의 생각은 어떤가? 지금도 이런 능력이 유효하다고 생각하는가?

1930년 대공황 이후 상황이 바뀌기 시작했다. 기업의 리더에게는 수학적인 마인드와 냉철한 판단이 중요하다는 인식이 퍼졌다. 컴퓨터가 발달하면서 경제학이 수학화돼간 측면도 있지만, 여타 다른 사회과학에 비해 경제학의 뿌리가 깊지 않기 때문에 수학적으로 더 발달하게 된 측면도 있다. 그 후 MBA란 타이틀을 단 사람들이 기업에 늘어나기 시작했다. 이들은 사회적 책임을 외면한 채 주주 가치가 모든 것에 우선한다고 생각했다. MBA 교육에서 그렇게 배웠고, 그렇게 해야만 했다. 이들에겐 수학적 계산이 모든 것을 대신할 수 있다는 근거 없는 자신감이 있었다. 이런 관점은 월가를 비롯한 비즈니스 세계에서 이미 일반적이 돼버렸기 때문에 상장기업 최고경영자 중 주주 가치 극대화 이론을 지지하지 않는 사람은 거의 없었다.

기업에서 전략적 의사결정을 내릴 수 있는 핵심층의 마인드가 이렇다 보니, 4차 산업혁명의 제대로 된 흐름을 정의하고 올바른 방향을 찾아야 한다고 주장하는 것은 어쩌면 요원한 일인지도 모른다. 기업이 거대해질수록 MBA적인 사고방식에 갇혀 단기 포트폴리오를 위한 비즈니스를 하게 되기 때문이다.

거대 제약회사 화이자(Pfizer)를 보자. 화이자는 코로나19 백신을 개발해 화제가 된 다국적 제약회사다. 하지만 원래 화이자는 신약 개발을 하지 않고, 기업인수 활동에만 투자해왔다. 고위 관리직에 MBA들이 포진하고 있었기 때문이다. 즉 MBA가 기업을 점령하면서 금융화된 것이다. 결국, 2008~2013년 사이 제약업계에서 연구개발직만 15만 개가 사라진 것은 그들의 영향이 없다고는 할 수 없다.

원래는 최근까지 '금융화'(financialisation)라는 단어는 잘 쓰이지 않았다. 어쩌면 금융 전문가들만이 다뤄야 하는 용어라고 생각할 수도 있다. 그러나 이제는 폭넓은 개념으로 사용되고 있으며, 지금 우리가 사는 시대에서 반드시 짚고 넘어가야 할 단어가 됐다. 금융화는 월가와 월가의 사고방식이 미국을 지배하게 되면서 금융업뿐만 아니라 기업계 전반에 뻗쳐 있는 상황을 집약하는 말로 통용된다. 즉, 월가의 방식대로 단기적 성과를 중요시하며, 그로 인해 높은 리스크를 감당해야 하는 사고방식을 강화하게 된 것이다.

대표적인 금융화 현상으로는 170억 달러를 차입한 애플이 있다. 애플이 돈을 빌렸다고? 그렇다. 돈을 빌린다는 의미의 '차입'이다. 물론 애플이 현금이 달렸다거나, 현금에 손을 댈 수 없는 상황은 아니었다. 애플은 세금을 적게 내기 위해 자산의 대부분을 미국에 보유하지 않는다. 전 세계 계좌에 2,000억 달러의 현금을 분산해놓았고, 이는 우리나라의 외환보유고와 맞먹는 액수이기 때문에, 애플이 돈이 없어서 차입한 상황은 아니라고 봐야 한다. 그렇다면, 애플은 왜 자금을 은행에서 빌린 걸까? 그 이유는 혁신적인 제품에 투자하려고 한 것이 아니라, 자사주를 매입해 주가를 더 끌어올리고, 주주들에게 배당하기 위해서였다. 그렇게 해서 2012년부터 2015년 사이 애플은 무려 1,120억 달러 이상을 투자자에게 돌려줬다. 애플의 최고경영자 팀 쿡(Tim Cook)도 애플의 대주주였으니, 스스로에게도 많은 배당금을 준 셈이다. 그 후로도 애플은 성공을 이끈 혁신에 아무런 투자도 하지 않았다. 은행처럼 행동하면서 회사채를 발행하고, 자사주를 매입하면서 더 큰돈을 벌고 있는 것이다. 바로 금융화의 표본이라고 할 수 있다.

그러나 이것은 애플에서만 나타나는 현상은 아니다. 이미 미국에서 가장 크고 잘나가는 회사들은 은행처럼 행동하기 시작했다. 예컨대, 첨단기술 기업들은 투자은행처럼 회사채 발행에 열을 올린다. 항공사는 유가를 헤지해 번 돈이 더 많을 때도 있다. 일반인들에게는 잘 알려지지 않았지만, GE캐피탈은 대마불사형 금융기관에 가깝고, 거대 제약회사 화이자는 은행처럼 행동하고 있다.

금융화로 인한 파괴적 영향력은 상상을 초월한다. 첫 번째, 금융화는 미국을 비롯해 MBA 문화가 퍼져 있는 나라들을 망치고 있다. 본래 금융업은 가계의 저축을 투자로 전환하는 것이었다. 하지만 미국의 역사를 살펴보면, 오늘날 금융의 대부분은 일종의 연금술에 몰두하고 있다. 돈이 중요하고, 주주 가치가 중요하고, 장기적인 전략보다 단기적인 성과만 중요하다는 생각은 제조업을 비롯한 산업 전반의 성장 동력을 잃게 만들고 있다. 물론 기업 입장에서라면 제조업으로 열심히 부가가치를 올려봤자, 금융으로 쉽게 돈을 버는 것보다 인정받지 못하기 때문에 어쩔 수 없는 선택일지 모른다. GE를 생각해보자. GE는 1970년대 제조업으로 큰 성공을 거뒀지만, 월가로부터 인정받지 못했다. GE가 1980년대부터 본격적인 금융업으로 돈을 벌면서 월가와 공생적 협착 관계를 유지했던 것은 결코 우연이 아니다.

두 번째, 금융화는 기업을 단기적 성과에만 집중하게 한다. 이 문제는 작지 않다. 미국에서 자사주 매입에 투입되는 돈은 1980년대 이래 지속적으로 증가하고 있다. 앞서 언급한 대로 레이거노믹스가 출범하면서, 이른바 여러 가지 규제가 풀리고 기업들에게 자유가 주어지면서 시작된 일이다. 이는 수치상으로도 증명되고 있다. 2004년 이후 미국 기업들은 무려 7조 달러를 자사주 매입에 투자했다. 물론 기업들이 왜 월가의 요구에 반대하지 못할까라고 생각할 수도 있지만, 월가에 반대하기란 쉬운 일이 아니다. 예컨대, 애플이 아이팟을 출시했을 때, 출시된 지 1년도 지나지 않아 회사의 주가가 떨어지기 시작했다. 월가는 애플의 이런 행보를 반기지 않았던 것이다. 마이크로소프트도 2006년 중대한 기술 투자를 발표했을 때, 주가가 크게 떨어졌다. 월가는 기업들에게 단기적인 성과를 요구하지 장기적인 비전과 투자는 원하지 않는다. 다시 말해서, 월가에 반대하면 바로 응징이 들어간다는 얘기다.

이 중심에는 주주 행동주의자들이 있다. 이들이 단순한 주주인 것 같지만 실상은 그렇지 않다. 1980년대만 해도 기업사냥꾼으로 불렸던 주주 행동주의자들은 미국의 대표적 기업을 표적으로 삼는다. 애플, 야후(Yahoo), 다우(Dow), JC페니(J.C. Penney), 듀폰(DuPont), 시어스(Cires), 휴렛팩커드(Hewlett-Packard, HP)처럼 실적 좋은 기업들을 대상으로 하는 것이다. 그리고 주주배당을 적극적으로 요구한다. 애플이 주주배당을 할 수밖에 없었던 이유도 바로 여기에 있다. 언제나 주주 행동주의자들은 '줄이고 배분하라'고 주장한다. 어디서 많이 들어본 뉘앙스가 아닌가? 덕분에 지난 30년 동안 자사주 매입은 기업의 주력 전략으로 굳어졌던 것이다.

여기에는 아이러니가 있다. 월가는 이런 과정을 통해 더 많은 부를 거머쥘 것이다. 그러나 이로 인해 기업들은 몰락하고 있다. GM의 사례를 살펴보자. 어느 순간, 자동차를 모르고 금융적 사고방식을 가진 관리자들이 회사를 이끌기 시작했다. MBA들을 말하는 것이다. 그리고 회사는 전체적으로 비용 절감과 지출 억제에 나서야 한다는 압박을 받게 됐는데, 이는 GM 자동차의 점화 스위치 불량으로 인한 참사로 이어졌다. 다른 사례로 거대 석유 기업 BP를 보자. BP의 기업 전체 활동에서 금융 업무가 차지하는 비중은 비정상적으로 비대했다. BP는 선물 거래업에 뛰어들었고 수치 분석만을 중시했다. 그리고 여기에서 수익이 많이 남았기 때문에 본연의 업무에는 관심을 갖지 않았다. 그 결과 2010년 멕시코만에서 딥워터 호라이즌 폭발 사건이 발생하고 말았다.

기업의 금융화는 한마디로 돈 놓고 돈 먹기라고 할 수 있다. 금융화로 인해 기업은 모든 것을 수익으로 연결한다. 선진국의 많은 기업이 1980년대부터 전략적으로 실행했던 아웃소싱도 바로 이런 사고에 기인한 것이다. 하지만, 이로 인해 글로벌 공급망은 더 복잡해졌고, 자국의 수요를 끌어내리는 효과를 만들기도 했다. 어떤 측면으로 보더라도 기업의 금융화는 좋지 않다. 코닥(Kodak)을 보라. 코닥은 금융화가 되면서 더 이상 디지털 필름 기술에 투자하지 않겠다고 결정했다. 하지만 그 결과는 참담했고, 2013년 결국 파산하고 말았다. 그러나 현재까지도, 금융화로의 전환이 거의 필수라고 여겨진다는 점이 문제다. 모든 기업이 은행처럼 되고 있는 것이다.

물론 '측정하면 관리할 수 있다'는 사고방식이 전혀 효과가 없었던 것은 아니다. 일부 기업에서는 수익을 만들어내기도 했다. 그러나 코닥, AT&T, HP의 몰락은 숫자 놀음의 결과라고 하지 않을 수 없다. 스탠퍼드대학의 연구에 따르면, 기업공개 후 혁신 활동은 40퍼센트 감소한다는 사실이 밝혀지기도 했다. 기업의 최고경영자와 임원들은 월가의 요구에 반대하지 못하고, 비용를 줄이고, 자사주를 매입하면서 주가를 올리고, 더 많은 투자를 받아 배당해야 한다. 최근, 우버와 에어비앤비가 기업공개를 꺼려한다는 얘기가 나오는 것도 이상하게 들리지 않는 이유다.

금융화로 인한 마지막 세 번째 영향력은, 바로 포트폴리오 사회가 되고 있다는 점이다. 이미 우리의 언어, 시민으로서의 삶, 타인과의 관계도 바뀌고 있다. 미국 사회는 '인적' 또는 '사회적 자본'이라는 용어를 쉽게 꺼낸다. 이는 발달한 도시, 빠르게 움직이는 산업에서 자주 접하게 되는 용어일 것이다. 그러나 이런 용어가 통용되는 사회에서는 불평등이 만들어지고, 탐욕의 시대가 도래하게 된다. 모든 사람이 금융적 마인드를 갖게 되면서 사람을 '인적 자본'으로, 시간을 '돈'으로 치환해서 생각하는 것은 이미 익숙하게 되지 않았나.

많은 전문가와 학자가 과거의 결정들이 이런 결과를 초래할 것이라고는 예상하지 못했을 것이다. 늘 그렇다. 의도가 아무리 좋다고 하더라도 결국 모든 권력은 부패하기 마련이고, 정체된 것은 썩기 마련이다. 그렇다고 이 시대에 와서 거대한 금융업을 상대로 그들의 힘을 빼앗는 전투를 벌일 수도 없을 것이다. 이미 그들은 거대한 로비 세력이 됐고, 거의 모든 경영자와 임원 그리고 각 기업의 구성원은 이런 사고에 익숙해져가고 있기 때문이다.

당신이 아는 것과 모르는 것의 차이

기업에서 디지털 전환에 대한 컨설팅과 강의를 하다 보면 늘 부딪히는 커다란 벽이 있다. 바로 경영자나 임원들의 생각이다. 그들은 자신들이 이미 잘 알고 있다고 생각하고, 모든 것을 할 수 있다고 믿는 경향이 있다. 오랜 시간 쌓아온 경험과 자신들만의 원칙으로도 성공할 수 있었기 때문에 그렇게 생각하는 듯하다. 게다가 이미 4차 산업혁명과 디지털 전환에 대한 개념을 알고 있기에 그 지식을 바탕으로 혁신의 방향을 정하면 그것이 정답이라고 믿는 경우가 대부분이다.

안다는 것에는 세 가지 측면이 있다. 첫 번째는 내가 알고 있다는 것을 아는 것, 두 번째는 내가 모르고 있다는 것을 아는 것이다. 세 번째는 내가 모르고 있다는 것을 모른다는 것이다. 두 번째와 세 번째는 개념적으로 비슷해 보이지만 이 두 가지는 서로 다른 개념이다. 이 세 가지는 인지심리학에서 아는 것을 세 가지로 분류하는 기준이 되기도 한다.

문제는 이를 개념적으로 구분하지 못하면, '내가 모른다는 것을 모른다'는 상황에 갇히고 만다. 좋게 표현하면, 무한한 자기긍정이라고 할 수도 있다. 즉 자기가 알고 있는 것은 절대적으로 옳고, 남들은 모두 틀렸거나 모자라다고 생각하는 경향이 생긴다. 누구라도 여기에 해당될 수 있고 최고경영자들도 예외는 아니다. 오히려 최고경영자들은 이 함정에 빠지지 않기 위해 주의를 기울여야 한다. 왜냐하면 그들이 지닌 지식의 파급효과는 보통 사람들의 수십 배 또는 수백 배에 달하기 때문이다.

그들이 알고 있는 기술혁신 그리고 비즈니스 혁신의 개념이 틀렸다면, '안다'는 세 가지 중 어떤 것에 해당될까? 엄밀히 말하면 잘못 알고 있는 것이기 때문에 세 가지 모두에 해당되지는 않는다. 하지만 세 가지 중에 골라야 한다면 세 번째, '내가 모른다는 것을 모르는' 상태일 것이다. 자신이 틀렸다는 것을 알고 있다면 두 번째 '내가 모른다는 것을 안다'는 상태에 해당하겠지만, 대부분의 리더들은 이를 인정하기 어려워한다.

나는 이 문제가 비즈니스를 하는 리더들에게 매우 중요하다고 생각한다. 비즈니스는 실패 확률이 높은 분야라 가능한 한 실패 확률을 줄이는 쪽을 선택해도 늘 부족하기 때문이다.

하지만 대부분의 사람들은 자신이 만든 아이디어나 비즈니스가 성공할 거라고 생각한다. 열심히 노력하고 제대로 실행하기만 하면 성공할 것이라고 확신하는 듯하다. 하지만 안타깝게도 그건 사실이 아니다. 대부분의 신제품, 신규 서비스, 신규 사업, 새로운 사회운동은 오래가지 못하고 실패한다. 아무리 유망한 아이디어라도, 아무리 개발자들이 헌신적이고, 아무리 제대로 실행했다 해도 마찬가지다. 한 조사에 따르면, 론칭하는 비즈니스의 80퍼센트는 실패한다는 예측도 있다. 인정하기 어렵겠지만 사실이다.

사람들은 다른 사람들이 추진하는 비즈니스가 실패하는 것은 그들이 서툴러서라고 생각하는 경우가 많다. 처음부터 그런 사업을 해서는 안 될 사람들이라고 생각하기도 한다. 그러면서 동시에 자신과 자신의 아이디어는 거기에 해당되지 않을 거라고 여긴다. 특히 과거에 여러 번 승리를 경험해본 사람이라면 그런 성향은 더 심해진다. 다른 측면에서 보면 그들은 더닝 크루거 효과에 빠졌다고 할 수 있다.

더닝 크루거 효과(Dunning-Kruger effect)란 인지편향 중 하나로, 경제경영 분야와 조직심리학에서 다뤄지는 이론이다. 이 이론에 따르면, 사람들은 특정 분야에 대해 잘 모를수록 실제 능력에 비해 자신의 능력을 과대평가하는 경향이 있는 반면, 그 분야에 능력이 뛰어날수록 상대적으로 자신의 능력을 과소평가하는 경향이 있다. 즉, '사람들은 자신이 아무것도 모른다는 사실을 모른다'는 것이 더닝 크루거 효과의 요지다.

1999년 코넬대학의 사회심리학 교수 데이비드 더닝(David Dunning)과 대학원생 저스틴 크루거(Justin Kruger)는 코넬대학교 학부생들을 대상으로 다양한 실험을 했다. 한 실험에서 그들은 학생들에게 자신의 능력을 스스로 얼마나 높게 평가하는지에 대해 물었는데, 학생들의 자기평가와 실제 능력 사이에는 아무런 관계가 없음이 드러났다. 이뿐만이 아니었다. 최하위 성적을 받은 학생들은 유난히 자신을 과대평가했고, 반대로 자신을 과소평가한 학생들은 최고의 성적을 받왔다. 성적이 우수했던 학생들은 자신이 무엇을 틀렸는지는 알았지만, 다른 학생들이 얼마나 틀렸는지는 몰랐다. 성적이 우수한 학생들은 성적이 안 좋은 학생들의 결과를 반복해서 보며 그들이 얼마나 틀렸는지 알았고 차츰 자신감을 찾게 됐다. 하지만 지식이 부족한 학생들은 자신의 열등한 실력을 전혀 몰랐고, 우수한 학생들의 결과를 보면서도 자신의 잘못을 깨닫지 못했다. 결국 모르는 사람은 깨닫지도 못한다는 뜻이다.

더닝과 크루거는 자기평가와 실제 능력 사이에는 아무런 관계가 없다는 것을 증명해 더닝 크루거 효과를 남겼다. 두 사람은 이 연구로 2000년 이그노벨상(Ig Nobel Prize)을 수상했다.

더닝 크루거 효과는 비단 학생들에게만 적용되는 것은 아니다. 기업에서 일을 하는 성인들도 여기에서 자유롭지 못하다. 특히 기업에서는 직무평가와 관련해 자기 스스로 평가하는 경우가 있는데, 오히려 능력 없는 구성원이 자기 자신을 높게 평가하고, 능력 있는 구성원은 자기 자신을 낮게 평가하는 경우가 많다.

한편으로 성공한 사람들은 대부분 일의 결과가 좋으면, 자신의 좋은 능력 때문이라고 생각하는 경향이 있다. 일의 결과가 좋지 않을 때도 운이 나쁜 것으로 간주해버린다. 문제는 이런 생각이 통제나 조절이 불가능하다는 점이다.

자신감 넘치는 사람들에 관한 심리학자들의 연구에 따르면, 유난히 자신감 넘치는 사람은 사회적으로 높은 지위에 올라갈 가능성이 높다. 출세욕이 강하기 때문에 경쟁에서 이기는 경우가 많고 자기선전을 잘하기도 한다. 남들보다 능력이 조금 떨어지더라도 강한 자부심으로 승부를 걸기 때문에 사회적인 명성을 얻기도 하고, 그 명성을 행사해서 새로운 성공을 거두기도 한다. 이들을 보면 세상에서 성공하는 건 실력만으로 되는 것은 아니라는 점을 알 수 있다.

심리학자인 필립 테틀록(Philip E. Tetlock)도 이와 관련해 아주 흥미로운 얘기를 했다. 흔히 사람들은 생각하고 말할 때 전혀 다른 세 사람의 사고방식 속으로 빠져든다는 것이다. 바로 전도사, 검사, 정치인이다. 우리는 자기의 이상을 보호하기 위해 전도사처럼 설교를 할 때가 있고, 다른 사람의 논리에서 오류를 발견하면 검사가 돼 상대방이 틀렸음을 나열하곤 한다. 그리고 다른 사람의 동의를 얻어야 할 때는 정치인처럼 말한다. 테틀록은, 이런 종류의 사람들은 자기가 생각하는 것이 과연 옳은 것인지 생각하지 않는다고 지적했다.

한편 애덤 그랜트(Adam M. Grant)는 《싱크 어게인》이라는 책에서 흥미로운 실험을 하나 언급했다. 100여 명의 이탈리아 신생기업 창업자들을 대상으로 한 실험으로, 겉으로 보기에는 기업가정신 훈련 프로그램이었다. 이 실험에서는 참가자들을 과학적 사고집단과 통제집단으로 나누고 과학적 사고집단에는 과학자의 시선으로 생각하는 훈련을 하게 했다. 결과는 어땠을까? 통제집단에 속했던 기업들은 평균 300달러에도 미치지 못하는 수익을 기록했는데, 과학적 사고집단에 속했던 기업가들은 평균 1만 2,000달러가 넘는 수익을 기록했다고 한다. 과학자처럼 생각하라고 배운 기업가들은 하나의 결정을 내리는 데 세 번 이상 결정을 바꿨다. 그들은 가설을 세우고 잘못되면 바꾸고, 다시 바꾸기를 계속하며 경영을 해나갔다. 과학적 사고방식이 그들을 그렇게 바꿨다고 볼 수 있다.

파이브 포인트

많은 사람이 위대한 기업가와 지도자는 강인한 사고방식과 분명한 시각을 가졌다는 사실을 들어 그들을 우러러본다. 그런 리더들이야 말로 단호하고도 확고한 신념의 화신이며, 리더십의 모범이라고 말한다. 하지만 그랜트는, 실제로 최고의 전략가는 단호하고 확고한 사람이 아니라 느리고 확신이 없는 사람이라고 말한다. 그들은 조심스러운 과학자들과 마찬가지로, 자기 마음을 바꿀 유연성을 확보하기 위해 충분한 시간을 들여 고민을 한다는 것이다.

따라서 자신의 생각이 틀렸을 수도 있음을 인정하고, 다시 시작할 수 있는 용기가 필요하다. 그렇다면, 이것은 누가 잘할 수 있을까? 머리가 좋은 사람은 다시 생각하기를 잘할 거라고 생각하는 사람들이 많다. 그들은 스마트하니까 더 합리적일 거라고 생각하는 것은 이상하지 않다. 그러나 그것은 사실이 아니다. 아무리 머리가 좋아도 자기 마음을 바꿀 동기가 부족한 사람은 다시 생각할 많은 기회를 놓치고 만다. 한 연구 결과에 따르면, 지능지수가 높은 사람일수록 고정관념에 빠져들 가능성이 높다고 한다. 이것은 대상의 패턴들을 더 빠르게 인지하기 때문인데, 똑똑한 사람일수록 자기가 가지고 있던 믿음을 수정하고 보완하는 데 그만큼 더 애를 먹는다는 것이다.

심리학에서는 인간에게 패턴을 추동하는 편향이 두 가지 존재한다고 말한다. 하나는 확증편향이고, 다른 하나는 소망편향이다. 확증편향은 자기가 보게 될 것이라고 기대하는 것만 바라보는 것이고, 소망편향은 자기가 보고 싶은 것만 바라보는 것이다. 이 두 편향은 사람들의 지능 활용을 가로막는 데 그치지 않고, 나아가 지능을 일그러뜨려 진리에 저항하는 무기로 만들어버린다. 따라서 똑똑한 사람일수록 자기의 한계를 바라보기 어렵다. 생각을 잘하는 사람일수록 다시 생각하기는 서툴 수 있다는 말이다.

그렇다면, 머리가 나쁜 사람들은 어떨까? 한 연구에 따르면, 정서지능 테스트에서 최하점을 받은 사람들이 자기 능력을 과대평가할 가능성이 가장 높았다. 또한 자기가 받은 점수가 부정확하니까 적절하지 않다고 여길 가능성이 높았으며, 자기를 개선하는 데 투자할 가능성은 가장 낮았다. 그러니까 자기 자신을 다시 생각하는 능력이 부족하면 자기가 능력이 부족하다는 사실 자체를 인지할 수 없다는 뜻이다. 놀라운 점은 지나친 확신으로 무장하게 되는 시점이 전문가가 됐을 때가 아니라 초심자에서 아마추어로 나아갈 때라는 것이다. 사람들이 초심자에서 아마추어로 나아갈 때 다시 생각하기 사이클은 깨진다. 경험이 쌓이면 겸손함을 잃게 된다. 빠르게 발전하는 자기 모습에 자부심을 느끼는 것이다. 이 자부심은 자기가 이제 달인이 됐다는 잘못된 인식을 촉발하게 된다. 그리고 이 덫에 걸리고 나면 자기가 모른다는 사실 자체를 모르게 되는 것이다. 문제는 리더들 중에도 이런 사람들이 많다는 것이다.

다시 생각하기의 출발점은 역시 겸손함이어야 한다. 겸손함의 라틴어 어원은 '땅에서부터'라는 의미를 지니고 있다. 겸손함이라는 것은 확신을 적게 하는 것, 즉 자신감이 부족하다는 뜻이 아니다. 겸손함은 자신이 얼마든지 오류를 저지르고 잘못된 판단을 할 수 있음을 인정하며 땅에 뿌리를 튼튼하게 내리는 것이다. 미래에 어떤 목표를 달성할 능력이 자기에게 있음을 확신하면서도 현재 자기가 올바른 도구들을 가지고 있는지 의심하면 이 겸손함을 유지할 수 있다. 이것을 확신의 최적점이라고 한다.

또한, 자기 자신에 대한 의심을 해야 한다. 심리학자들의 몇몇 연구에 따르면, 사람들 가운데 절반 이상이 직업과 관련해 경력을 쌓아가는 어느 시점에 이르면, 자기가 가면을 쓴 사기꾼은 아닐까 하고 생각한다고 한다. 그러니까 왠지 다른 사람들이 내가 스스로 평가하는 것보다 나를 더 유능하게 평가한다는 것이다. 그런데 흥미로운 사실은 자기가 가면을 쓴 사기꾼이라는 생각을 더 많이 하는 사람일수록 조직에서는 더 높은 점수를 받았다는 것이다.

의심은 적어도 세 가지 이득을 가져다준다. 첫 번째는 더 열심히 노력하도록 동기를 부여한다는 점이고, 두 번째는 더 똑똑해지도록 노력하는 동기를 부여한다는 점이며, 세 번째는 가면을 쓰고 있다는 느낌을 가질 때 한층 훌륭한 학습자가 된다는 점이다.

책 속에서 사라진 무어의 법칙

'4차 산업혁명'이라는 용어가 시대적 화두로 등장한 뒤 기업의 리더들을 만나거나 인재개발팀 팀장들을 만날 때마다 내가 줄곧 하는 말이 있다. "지금 당장 책을 읽지 않으면 큰일 난다." 아마 이 얘기를 진지하게 들었던 사람은 그렇게 많지 않았을 것이다. 책을 읽어야만 알수 있는 것이 있는데, 책을 읽는다는 건 여러 가지 이유로 여전히 쉽지 않은 일이기 때문이다.

방송이나 칼럼 그리고 오프라인에서 독자들을 만날 때도 늘 하는 얘기가 있다. "하늘 아래 같은 내용의 경제경영서는 없다." 이 말은 사실 출판업계에 종사하는 사람들이나 책을 쓰는 저자들에게는 익숙하기에 새로울 것이 없다. 그러나 이 문제를 일상적으로 접하지 않는 독자들에게는 다르게 느껴질 수도 있다.

비즈니스를 하는 사람이라면, 한 번쯤 무어의 법칙을 들어봤을 것이다. 1965년 인텔(Intel)의 최고경영자 고든 무어(Gordon Moore)는 한 논문에서 반도체 처리 속도가 2년마다 두 배씩 빨라진다고 했다. 그 후 이 기간은 12개월로 줄었다가 다시 18개월로 늘어났는데, 무어가 발견한 이 사실은 훗날 '무어의 법칙'이라고 불리게 됐다. 원래 무어는 이 법칙을 설명하기 위해 논문을 쓴 건 아니었지만, 결과적으로 이 법칙이 가장 유명해지게 됐다. 여담으로, 무어는 낚시를 즐겼던 것으로 유명한데, 자신이 만든 '무어의 법칙'을 보며 인간은 기술의 발달을 따라갈 수 없다는 것을 절감하고 느긋하게 낚시를 즐겼다는 얘기가 있다.

인간은 지수의 법칙으로 커지는 숫자를 가늠조차 하기 어렵기 때문에, 그동안 무어의 법칙을 대수롭지 않게 생각했을 수도 있다. 그러나 무어의 법칙을 실제 숫자로 표현해보면 그야말로 직감적으로는 설명하기 힘든 숫자가 등장한다는 것을 알게 될 것이다. 2000년을 분기점으로 기술혁신의 속도가 빨라지고 있는 것은 바로 이 같은 무어의 법칙으로 설명할 수 있다.

여기에서 생각해봐야 할 것이 있다. 무어의 법칙은 이미 2018년에서 2019년으로 넘어가는 그 어느 지점부터 책에서 사라졌다는 점이다. 모든 콘텐츠에서 일어나는 현상이기에 이 문제가 대단한 통찰은 아니다.

[표 1] 무어의 법칙

연차	1	2	3	4	5	6	7	8	9	10	11	12	13	14	15
배수	1	2	4	8	16	32	64	128	256	512	1,024	2,048	4,096	8,192	16,384

먼저, 왜 책에서 무어의 법칙이 사라졌을지 따져보자. 첫 번째 이유는 그동안 무어의 법칙이 여러 책에서 등장했기 때문이다. 2018년이 되기 전 몇 년 동안 기술혁신을 강조했던 책들은 모두 무어의 법칙을 한 번쯤 언급했다. 어떤 책은 한 꼭지를 할애해 무어의 법칙을 설명하기도 했다. 따라서 책을 내는 출판사 입장에서는 군이 지면을 할애해 무어의 법칙을 설명할 필요가 없다고 느꼈을지도 모르겠다. 두 번째 이유는 첫 번째 이유에서 유추된 것이다. 즉 많은 책에서 무어의 법칙을 설명했기 때문에 이미 독자들은 다 알고 있다는 전제가 생긴다. 다시 설명할 필요가 없는 직접적인 이유가 되는 셈이다. 따라서 최근에 나오는 책들은 무어의 법칙을 설명할 필요가 없다.

다른 콘텐츠 분야에서도 같은 현상이 일어난다. 예컨대 마블(MARVEL)의 영화를 보자. 마블은 〈아이언맨〉 이후 마블 시네마틱 유니버스(Marvel Cinematic Universe)라는 독특한 세계관을 만들어가고 있는데, 영화 〈엔드게임〉에서 일단락됐고, 그 이후로는 새로운 이야기가 전개되고 있다. 2022년 현재 마블은 〈닥터 스트레인지: 대혼돈의 멀티버스〉라는 영화로 전 세계 마블 팬들의 호응을 얻고 있다.

마블 영화에서도 무어의 법칙과 같은 현상이 등장하고 있다. 새로운 영화 속에서 그 전 이야기를 계속 이어가고 있다는 말이다. 2022년 개봉한 〈닥터 스트레인지: 대혼돈의 멀티버스〉를 완벽하게 이해하기 위해서는 그 전에 출시된 27편의 영화를 봐야 하고, 디즈니 플러스에서 방영된 시리즈 드라마 〈완다비전〉까지 봐야 한다. 물론 그 영화들을 다 보지 않아도 〈닥터 스트레인지: 대혼돈의 멀티버스〉가 재미있을 수도 있다. 하지만 그 경우 단언컨대, 영화를 제대로 이해할 수 없다. 왜 '닥터 스트레인지'가 '닥터'였는지, 왜 그 전에 등장했던 '아이언맨'은 다시 등장하지 않는지, 왜 '스파이더맨'이 자신의 얼굴을 공개하게 됐는지, 당신은 상상할 수 있을까?

시간이 지나면서 콘텐츠는 계속 발전하고 있기 때문에 어느 시점에서 책을 접하더라도 그 전에 출간된 중요한 책들을 봐야 한다는 부담감이 존재한다. 과거에는 이런 적이 없었다. 예컨대, 2005년에 출간된 《블루오션 전략》을 생각해보자. 당시 김위찬 교수는 《블루오션 전략》을 내면서 경제경영서의 스타로 등장했다. 이 책을 읽기 위해, 이 책을 완벽하게 이해하기 위해 읽어야 할 책은 그렇게 많지 않았다. 하지만 최근 등장하는 책들은 분위기를 달리한다. 2022년에 출간된 《보이스 캐처》라는 책은 음성 수집을 통해 개인화 시장을 열고 있는 최첨단 기업들의 이야기를 담고 있다. 이 책을 이해하기 위해서는 기본적으로 구글, 애플, 아마존의 스토리를 알고 있어야 한다. 또한 플랫폼 기업의 속성이 무엇인지, 또 마케팅의 역사와 현대 마케팅의 한계 그리고 빅데이터의 위력이나 한계점도 이해하고 있어야 한다. 책한 권을 제대로 이해하기 위해 투자해야 하는 시간이 몇 배나 늘어나게 되는 셈이다. 결국 많은 이가 이 같은 노력을 포기하고 책을 읽지 않기로 결심하는 것은 아닐까 싶다.

기술혁신이 비즈니스 혁신에서 범용 기술로 작용하면서 4차 산업혁명, 디지털혁명과 디지털 전환이 순차적으로 비즈니스 혁신의 화두가 됐다. 특히 플랫폼 비즈니스가 부상하면서 세상을 집어삼키고 있다('소프트웨어는 세상을 집어삼키고 있다'라는 말에서 차용됐다)고 표현되고 있으며, IoT와 인공지능은 산업 전반에서 시장을 교란하고 기업 경쟁력의 순위를 바꾸는 원동력으로 자리하고 있다. 또 빅데이터가 등장하면서 인과관계와 상관관계가 모호졌다는 비판을 듣고 있지만, 여전히 빅데이터가 만들어내는 세상은 멈출 줄 모른다. 기업의 최우선 순위 중 하나는 효율성이기 때문에 빅데이터 발전에는 더 빠른 가속도가 붙을 것이다. 그리고 여기에 인공지능이 등장하면서 인간의 지능을 뛰어넘는 특이점이 다가올 것이라는 예측도 여러 가지 형태로 등장하고 있다. 게다가 공유경제 비즈니스, D2C모델, 구독 서비스와 비트코인, 블록체인으로 인해 NFT와 메타버스가 등장해 다음 세상을 어떻게 바꿀지가 논의되고 있다. 이처럼 기술의 발달은 인간이 따라가기에는 그 속도가 너무 빠르다. 내가 책을 쓰고 있는 이 순간에도 세상을 뒤흔들 만한 기술이 어디선가 만들어지고 있을 것이고, 비즈니스는 그 기술들을 앞다퉈 도입하면서 경쟁 우위를 가져가려고 할 것이다.

지금껏 인간은 미래를 알고 싶어 했다. 수천 년 동안 노력해왔던 일이기도 하고, 비즈니스에서 리더들이 가장 바라는 일이기도 하다. 그렇다면, 어떤 인재가 미래를 잘 예측할 수 있을까?

필립 테틀록은 수십 년 전에 예측 경쟁 대회를 개최했다. 다양한 정치적 관점을 지닌 284명의 전문가들을 모았고, 그들에게 미래의 사건들을 예측해볼 것을 요청했다. 테틀록은 2만 8,000건의 예측을 모았는데, 이 과정에서 기명 칼럼니스트와 뉴스 전문 채널 출연자에게는 익명성을 보장하는 조치를 취했다. 그는 전문가들의 예측과 현실 세계의 결과를 비교한 뒤 정확성을 기준으로 예측가들의 등급을 매겼다. 또 실험의 표준으로 삼을 대조군을 마련하기 위해 '어떤 변화도 없을 것이라 예측함', '현재의 변화 속도가 그대로 유지될 것이라 추정함' 같은 단순화된 수학적 예측도 함께 비교했다. 예컨대 향후 10년간 미국의 적자 규모에 대한 예측과 관련해서는 '현재와 똑같을 것'이란 예측이 있었고, 적자가 확대되거나 축소되는 속도를 계산하게 하고 그 결과를 바탕으로 향후 10년을 세밀하게 분석한 예측도 있었다.

테틀록이 모든 예측에 대한 평가를 끝냈을 때 그 결과는 끔찍할 정도로 참담했다. 대부분의 전문가들이 다트 판 위로 다트를 던지는 원숭이보다 나을 게 없었다. 장기적인 추세를 예측해 달라는 요구에 전문가들이 내놓은 예측의 결과는 임의적 추측보다 더 나빴으며, 단순화된 수학적 예측보다도 못했다. 테틀록의 결론에 따르면, 전문가들의 유명도와 예측의 정확도는 역상관관계에 있었다. 또 미디어에 출연하는 빈도가 높을수록 예측의 정확성이 떨어지는 경우가 많았다.

2009년 테틀록은《전문가들의 정치적 판단(Expert Political Judgement)》이라는 책을 출간하기도 했다. 얄궂게도 테틀록의 연구는 언론의 예측 권위를 크게 떨어뜨렸지만 흥미롭게도 언론에 대대적으로 보도됐다. 하지만 테틀록은 통계적으로 유의미한 전문가 집단, 장기적인 예측에서 원숭이보다 나았던 집단을 찾아냈다. 그들의 적중률은 예지력과는 동떨어진 수준이었지만 그들에게는 먼 장래를 동료들보다 더 명확히 보는 뭔가가 있었다.

훌륭한 예측가와 사기꾼을 나누는 것을 무엇일까? 테틀록은 박사 학위가 있고 지능지수가 높다고 해서 예측을 더 잘하는 것은 아니라고 했다. 게다가 권위 있는 기관에 있거나 비밀 정보를 다루는 요원이라고 해서 적중률이 높은 것도 아니었다. 차이를 만드는 것은 바로 그들이 생각하는 방식이었다.

　훌륭한 예측가의 특징은 두 가지로 말할 수 있다. 우선 장기적인 예측을 잘하기 위해서는 다양한 출처에서 오는 단서를 찾아야 한다. 취미와 장난으로 예측하는 아마추어라도 일관된 사고방식을 지닌 전문가보다 예측력이 더 뛰어난 이유는 바로 이 때문이다. 다음으로는 성격적인 특성이 있다. 성격은 한마디로 개방성이라고 할 수 있다. 심리학자들은 이를 성실성, 외향성, 원만성, 신경성, 그리고 호기심으로 말하기도 한다. 아무튼 성공한 예측가들은 경험에 대해 더 개방적이라는 얘기다.

비즈니스 트렌드를 알아야 하는 이유

'비즈니스 트렌드'라고 말하면 사람들은 흔히 '소비 트렌드'를 떠올린다. 아마도 매년 하반기마다 출간되는 트렌드를 다룬 도서에서 영향받지 않았을까 싶다. 하지만 비즈니스에도 이른바 트렌드라는 것이 존재한다. 트렌드는 경영과 비즈니스 혁신에는 물론, 마케팅이나 기술, 그리고 조직문화나 사무 공간에도 존재한다.

비즈니스 트렌드는 단기적으로 움직이지 않고 점진적으로 확산되다가 다시 새로운 트렌드를 맞이한다. 예컨대, 사무 공간에 대한 트렌드는 2010년을 지나면서 스마트 사무 공간이라는 개념으로 확산되기 시작했다. 여기에 기폭제로 작용한 것은 스티브 잡스(Steve Jobs)의 '픽사 스튜디오' 사무 공간 설계 방식이었고, 이어 구글, 페이스북, 그리고 애플의 새로운 본사가 오픈하면서 정점을 찍기도 했다. 하지만 스마트 사무 공간이 구성원들의 집중력을 방해하고 스트레스를 증가시킨다는 연구 결과가 제시되면서 2016년부터 이 유행세는 일단락

된 것으로 보인다. 이처럼 비즈니스 트렌드는 거대한 흐름과 점진적인 확산이라는 특징을 지니는데, 문제는 이 속도가 너무 빠르게 진행되고 있다는 데 있다. 왜냐하면 기술의 변화 속도가 과거와는 차원을 달리하기 때문이다.

최근 등장하고 있는 비즈니스 트렌드는 적어도 10가지 기술의 융합으로 거듭되고 있다.

첫 번째는 인공지능(Artificial Intelligence, AI)이다. 인공지능은 보는 것, 듣는 것, 그리고 이제는 쓰는 것까지 거의 완벽하게 해내고 있으며, 한 걸음 더 나아가 지식의 통합까지 이뤄내고 있다. 불과 10년 전만 해도 인공지능은 일부 대기업이나 정부에서나 활용되던 기술이었다. 그러나 이제는 모든 사람이 인공지능을 누릴 수 있는 시대가 됐고, 최고의 인공지능 알고리즘은 대부분 오픈소스로 개방된 상태다. 그러니 영화 〈아이언맨〉에 등장하는 자비스(JARVIS)가 바로 눈앞에 다가와 있다고 볼 수 있다.

두 번째는 네트워크다. 네트워크 기술은 지난 50년 동안 그야말로 파괴적 혁신의 시기를 거치면서 발달했고, 우리의 모든 삶을 지배하고 있다. 최근에 출간된 《하이프 머신》에서는 발달하고 있는 네트워크로 인해 지구가 마치 거대한 컴퓨터처럼 기능하고 있다고 설명한다. 광섬유케이블, 무선 네트워크, 인터넷 회선, 공중 플랫폼, 위성통신망은 그 모든 것을 대변한다. 그리고 구글의 모회사 알파벳(Alphabet)의 프로젝트 룬(Project Loon), 원웹(OneWeb)의 전 지구 5G 네트워크, 아마존의 '프로젝트 카이퍼(Project Kuiiper)는 네트워크의 새로운 시대를 열어줄 것이다.

세 번째는 로봇공학이다. 아마존이 불과 5년 전에 드론으로 택배 서비스를 시작하겠다고 했을 때 대부분의 사람들은 몽상에 불과하다고 말했다. 2015년 로봇경진대회에 등장한 로봇들은 초라하기 짝이 없었다. 하지만 최근 유니버설로봇(Universal Robot)이 만든 UR3라는 코봇의 판매가격은 불과 2만 3,000달러 정도로 낮아졌고, 산업현장에서 아주 유용하게 사용되고 있다. 첨단 기업들이 로봇을 도입하고 있는 이유는 로봇공학이 그만큼 발전하고 있기 때문이다.

네 번째는 양자컴퓨터다. 이제 무어의 법칙은 한계에 달했다고 주장하는 학자들이 있다. 반도체 칩에서의 채널 거리 때문이다. 1971년의 채널 거리는 1만 나노미터였으나, 오늘날에는 그 간격이 5나노미터까지 줄었다. 따라서 극저온 상태에서 퀀텀비트를 운영할 수 있는 이른바 양자컴퓨터가 등장하게 된 것이다. 이 사업은 구글, IBM, 마이크로소프트와 같은 첨단 기업과 리게티컴퓨팅(Rigetti Computing)이라는 스타트업, 그리고 옥스퍼드대학이나 예일대학과 같은 연구기관에서 추진하고 있다. 또 미국과 중국은 정부 차원에서 추진 중이다.

다섯 번째는 가상현실과 증강현실이다. 가상현실이라는 개념이 처음 등장한 1960대 이후 지난 60년 동안 가상현실은 엄청난 발전을 이뤘다. 증상현실 기술의 발전도 눈부셨다. 현재 엔젤리스트(Angel List)라는 크라우드펀딩 플랫폼에 등록된 증강현실 스타트업체의 수는 1,800개가 넘는다. 가상현실과 증강기술은 불과 10년 전만 해도 아이들 장난감 수준이라고 치부됐지만, 현재 페이스북과 마이크로소프트 그리고 애플은 가상현실과 증강기술을 염두에 두고 시스템과 제품을 개발하고 있다.

여섯 번째는 적층 가공이다. 3D프린팅은 적층 가공의 일부분이다. 몇 년 전 이스라엘의 나노디멘션(Nano Dimension)이라는 회사는 3D 프린터로 회로기판을 만들었다. 같은 시기에 중국에서는 3D프린터로 10채의 집을 24시간 만에 건설했다. 3D프린팅은 현재 생명공학을 만나면서 의료 시장을 완전히 바꾸고 있으며, 이런 변화는 산업 전반에 걸쳐 일어나는 중이다.

일곱 번째는 블록체인이다. 블록체인은 암호화폐를 활성화하기 위해 만들어진 기술 개념이다. 블록체인을 단적으로 표현하면 분산적이고, 가변적이고, 가용적이며, 투명하다고 말할 수 있다. 이제 블록체인은 신분을 확인하고, 물건의 내역과 경로를 검증할 수 있다. 또 스마트 계약을 맺을 수 있고, 스마트 오브젝트(smart object)를 만들 수도 있다. 스마트 오브젝트는 가상세계와 현실 세계 사이에서 가치가 이동되는 새로운 형태의 자산이라고 한다. 그리고 블록체인을 기반으로 NFT(non-fungible token, 대체 불가 토큰)가 활성되고 있는데, 이는 콘텐츠 제작과 인증에 대한 모든 시스템을 바꿀 것으로 예측되고 있다.

여덟 번째는 재료과학과 나노기술이다. 미국은 오바마 정부 때 소재게놈이니셔티브(MGI) 전략을 발표했고, 오픈소스와 인공지능을 바탕으로 재료과학의 혁신 속도를 두 배 올리겠다고 선언했다. 덕분에 현재 과학자들은 수많은 원소를 빠른 속도로 조합해서 비교할 수 있는 수준에 이르렀다.

아홉 번째는 생명공학이다. 생명공학은 생명의 기본적 구성 요소를 생명 조작의 도구로 삼는 것을 말한다. 현재, 인간 게놈의 염기서열분석은 단 며칠 만에 끝낼 수 있고, 비용도 1,000달러 미만으로 가능하다. 이제는 염기서열을 분석하고 크리스퍼(CRISPR) 기술을 적용해 질병을 치료할 수도 있고, 아예 디자이너 베이비를 만들 수도 있다.

열 번째는 음성인식공학이다. 음성 수집과 인식이라는 개념은 2019년부터 회자되기 시작했다. 음성인식은 수십 년 동안 기업의 숙원이었던 개인화 시장을 열 수 있을 것으로 보인다. 음성은 주로 스마트기기를 통해 수집되고 있는데, 이제는 음성으로 정치 성향, 제품과 서비스에 대한 활용도, 심지어 만성 질병까지도 파악할 수 있는 상태다. 2024년쯤이면 음성인식을 기반으로 한 마케팅 시장이 본격적으로 열릴 것이라고 예측되고 있다.

이와 같은 트렌드는 비즈니스의 모든 것을 바꾸고 있다. 첫 번째, 마찰 없는 쇼핑의 개념이 실제 구현되고 있다. 경영 컨설팅 기업 맥킨지(McKinsey)의 연구에 따르면, 2025년에는 소매 산업에서 사용될 IoT 장비의 시장 규모가 최소 4,100억 달러, 최대 1조 2,000억 달러에 달할 것이라고 한다. 게다가 관련 기술의 개발은 거의 끝난 상태라고 한다. 이는 세계 최초의 무인매장인 아마존 고(Amazon Go)와 같은 매장 운영 시스템이 다른 곳에도 적용될 수 있다는 얘기다. 그렇게 하면 고객은 대기 시간이 줄어들고, 기업은 인건비를 절약할 수 있을 것이다.

최근 소매업계에는 엄청난 로봇이 밀려오고 있다. 도미노 피자는 드루(DRU)라는 이름의 배달 로봇을 만들었고, 스타십테크놀로지스(Starship Technologies)는 범용 배달 로봇을 개발했다. 뿐만 아니라 소프트뱅크(Softbank)는 인간의 감정을 인식하는 로봇까지 만들었다.

아마존에서는 프라임 에어라는 드론 배송 프로그램을 발표했으며, 갭(Gap)에서는 고객이 청바지를 주문하면 로봇이 주문된 물품을 분류하고 포장해 발송하고 있다.

덕분에 제작에서 판매에 이르기까지 소매업과 관련한 거의 모든 것이 바뀌고 있다. 리복(Reebok)은 제품 생산의 품질과 속도를 높이기 위해, 뉴발란스(New Balance)는 맞춤형 신발 깔창을 만들기 위해 3D 프린터를 사용하고 있다. 아마존과 알리바바(Alibaba)는 인공지능을 통해 고객들에게 조언을 제공한다. 3D로 신체를 측정하는 기술이 완성돼 입어보지 않고도 옷을 구매할 수 있다. 이제 의류를 선택하고 주문하는 일은 거의 다른 경지에 와 있다.

두 번째, 매스미디어의 시대는 끝났고, 새로운 시대가 온다. 리얼리티 2.0, 웹 3.0 또는 공간 웹이라는 개념이 있다. 원래 웹 1.0 시대에 최선의 광고 수단은 배너광고였다. 그러나 웹 2.0이 나오면서 멀티미디어콘텐츠, 대화형 웹광고 그리고 소셜미디어가 등장했다. 현재는 5G를 앞세운 웹 3.0이 등장하고 있으며, 고용량 대역폭, 증강현실 장비, 그리고 1조 개가 넘는 센서가 융합하면서 더 정교해지고 있다. 이는 곧 사용자가 눈앞에 보이는 물리적 대상 위에 디지털 정보를 겹쳐 제공하는 기술을 경험하게 된다는 뜻이다.

한편 인공지능은 광고 시장에서 실제 광고를 몰아내고 있다. 원래 광고란 무엇을 판매하기 위해서, 사용자들에게 제품의 브랜드를 각인하기 위해서 하는 것이다. 하지만 이제는 제품을 사람이 선택하는 것이 아니라, 인공지능이 선택하는 세상이 되고 있다. 실제로 미래에는 인공지능이 우리의 구매 활동 대부분을 대신하게 될 것이다. 이미 이런 알고리즘의 구현은 완성됐으니 우리는 자신이 원했는지조차 깨닫지 못했던 새로운 제품과 서비스를 제공받을 것이다. 그중에는 첨단기술을 무시하고 살아가는 사람들도 있을 것이다. 그럼에도 불구하고 전통적인 광고는 줄어들며, 인공지능과 음성 복제 그리고 딥페이크 기술로 새로운 광고의 세상이 열릴 것은 분명해 보인다.

세 번째, 즐거움의 새로운 지평이 열리고 있다. 넷플릭스(Netflix)는 우편으로 DVD를 보내주던 서비스로 시작해 인터넷 스트리밍서비스로 전환했고, 이제는 엄청난 금액을 투자하면서 영화와 드라마 시리즈를 제작하고 있다. 2018년에는 콘텐츠 제작 예산을 130억 달러 투자했는데, 이 자금력으로 80편의 영화와 700편의 드라마 시리즈를 만들었다고 한다. 당시 총 영화 제작 편수가 메이저 영화 제작사를 모두 합해도 75편이었다고 하니 넷플릭스의 제작 규모가 얼마나 대단한지 체감할 수 있을 것이다.

현재 누가 콘텐츠를 만드는지를 살펴보면 놀라운 사실들을 찾을 수 있다. 우선 기술의 융합이 일반화되면서 전 세계적으로 수백만 명의 유튜버가 생겨났다. 그야말로 개인 콘텐츠 제작자들이 엔터테인먼트 생태계 전체를 흔들어놓고 있는 것이다. 여기에서는 조만간 블록체인이 화제가 될 전망이다. 창작물에 대한 디지털 기록이 관리될 수 있기 때문이다. 그리고 콘텐츠 제작에는 인공지능이 투입되고 있다. 영화 예고편을 만드는 것은 물론이고, 시나리오를 작성하기도 한다. 또 사용자가 참여할 수 있는 스토리 작성 프로세스가 자동으로 이뤄지기 때문에 보는 사람에 따라서 스토리가 달라지는 영화를 보게 될 날도 머지않았다.

최근에 감성 컴퓨팅(Affective Computing)이라는 개념이 등장했다. 이 개념은 기계가 인간의 감정을 이해하고 모방할 수 있도록 학습시키는 기술을 말한다. 이것이 가능한 것은 인지심리학, 컴퓨터공학, 신경생리학 등의 영역이 인공지능, 로봇공학, 센서 등의 기술과 결합했기 때문이다. 이렇게 되면 새로운 종류의 개인화 기술이 가능하다고 한다. 즉 기존 콘텐츠 중에 적당한 것을 골라 사용자의 기분을 충족하기보다는, 아예 새로운 콘텐츠를 개인의 취향에 맞게 만들어내는 기술이 개발되고 있다는 얘기다. 여기에 딥페이크 기술이 더해지면 이미 고인이 된 옛날 영화배우들을 소환하는 일까지 가능해질 것이다.

위대한 기업의 조건,
파이브 포인트를 파악하라

미래를 예측하는 것은 인류의 숙원이었다. 인간이 만든 예측의 역사는 네 단계를 거치면서 발전해왔다. 첫 번째 단계는 단순한 예측이다. 1854년 영국의 한 의회 의원은 런던 날씨를 24시간 일찍 예측하는 것이 과학적으로 가능하다고 말했다가 웃음거리가 된 적이 있었다. 하지만 시간이 지나면서 예측력은 높아졌다. 대부분 경험에 근거한 추측이었으나 효과가 있었던 것이다. 이러한 경험을 바탕으로 현재의 기상예보는 상당히 정확한 수준에 도달한 것으로 보인다.

두 번째 단계는 무작위 대조실험과 워 게임이다. 의학 분야에서 예측을 높인 건 바로 무작위 대조실험이었다. 무작위 대조실험이 가능해지면서 질병을 치료하기 위해 어떤 치료법을 사용해야 하는지 확신할 수 있게 됐다. 한편, 사회적인 문제를 해결하는 분야에서도 발전이 있었다. 바로 워 게임(war game) 덕분이었다. 워 게임은 19세기 프로이센군 장교였던 아버지와 그의 아들이 만든 전투 시뮬레이션에서 시작됐다. 그들은 그 전투 시뮬레이션을 크릭스슈필(Kriegsspiel)이라고 불렀는데, 독일어로 워 게임을 뜻하는 말이다. 워 게임은 19세기 후반 미국에 도입됐고, 1차 세계대전을 거치면서 더 발전했다. 현재 워 게임은 복잡한 의사결정에 응용되고 있다.

세 번째 단계는 시나리오 플래닝(scenario planning)이다. 시나리오 플래닝은 1960년대 말 피에르 바크(Pierre Wack)와 테드 뉴랜드(Ted Newland)가 석유회사 로열더치셸(Royal Dutch-Shell)에서 개발한 의사결정 도구로, 스토리를 꾸미는 기술이라고 할 수 있다. 불확실성에 초점을 맞추고, 가능한 시나리오를 만들어보는 것이다. 이것은 하나의 예측에 집착하는 것을 거부한다는 점에서 미래 예측과는 다르다. 그러나 시나리오 플래닝은 남다른 의미가 있다. 새로운 것을 생각해낸다는 점에서 큰 도움이 되는 도구다.

네 번째 단계는 사전부검과 레드팀이다. 이 방법들은 복잡한 문제를 풀어내기 위해 고안된 것으로, 사전부검(premortem)은 사후부검에서 순서를 바꾼 것이다. 즉 어떤 일을 진행하기에 앞서 그 일이 실패할 수 있는 이유를 살펴보고, 발생할 가능성이 있는 문제들을 사전에 파악해보는 방법이다. 거꾸로 진단을 해보고 대안을 만드는 방법으로, 시나리오 플래닝과 비슷하지만 다르다.

레드팀(red team)은 마치 악마의 대변인처럼 조직 내에서 적군과 같이 행동하는 역할을 부여받은 팀을 말한다. 선택 가능성을 생각해내고 실제로 적이나 경쟁자라면 어떻게 반응하겠는지 예측해보는 것으로, 최근 사내에 레드팀을 구축하는 기업들이 많다.

인간이 만든 미래 예측 도구에서 우리가 기본적으로 간과하고 있는 것도 있다. 현재와 미래는 아는 만큼 보일 수밖에 없다는 점이다. 인간은 안다는 것을 전제로 다른 사물이나 현상을 평가하거나 진단하고 미래를 구상하기 때문이다. 그래서 나는 이 책에서 기업이 반드시 알아야 하는 다섯 가지 지점을 설명하려 한다. 첫 번째는 비즈니스 혁신 트렌드, 두 번째는 4차 산업혁명, 세 번째는 디지털 전환, 네 번째는 디지털혁명, 다섯 번째는 IoT와 인공지능이다. 이 다섯 가지는 각기 다르지만 어느 지점에서는 접점을 이루거나 교집합을 만들기도 한다. 때로 어떤 개념은 다른 것의 하위 개념이기도 하고, 또 다른 목적의 수단으로 작동하기도 한다. 이 부분들의 개념과 통찰 그리고 사용법을 명확하게 제시하려 한다.

기업은 빠르게 발달하고 있는 기술 그리고 기술 기반으로 만들어진 비즈니스 혁신 차원에서 디지털 전환을 실행하려 한다. 여기에 큰 문제가 있다. 바로 관련 개념들을 잘 모른다는 것이다. 잘 알고 있다고 생각하지만 실제로 보면 그렇지 않다는 현실을 목도하게 된다. 더 나아가 개념을 모르다 보니 맥락을 파악하지 못하고 무엇을 해야 할지 통찰하지 못하는 경우가 많다.

2016년 4차 산업혁명이 유행어가 된 이래, 여러 가지 개념의 비즈니스 트렌드가 지나갔다. 나는 이 분야에 대해 경희대학교 경영대학원에서 강의했다. 4차 산업혁명, 디지털혁명, IoT, 적층 가공, 구독 경제, D2C, 빅데이터, 스마트 팩토리, 플랫폼, 디커플링, 파괴적 혁신 등 현재 비즈니스 전반에서 화두가 되고 있는 내용들이었다. 2016년부터 출간된 관련 도서가 주요한 책만 따져봐도 30여 권에 이른다.

그동안 기업들은 실무자들에게 관련 책을 섭렵하기를 권고했으나,

현실적으로 볼 시간이 없었고, 그러다 보니 디지털 전환의 실행 단계부터 우왕좌왕하고 있는 모습이다. 컨설팅 회사에 일을 의뢰한 대기업들도 상황이 크게 다르지는 않아 보인다. 컨설팅 회사도 마찬가지의 상황이다 보니 의뢰한 기업 쪽에서 결과가 만족스럽지 않다고 느끼는 경우가 많다. 이렇듯 기업들이 디지털 전환의 도입부에서부터 큰 혼선을 겪게 되는 것은 왜일까?

구체적으로 4차 산업혁명은 제조업혁명이며, 4차 산업혁명의 모범 회사는 아디다스(Adidas) 할리데이비슨(Harley-Davidson), 그리고 피렐리(Pirelli)와 같은 제조업이다. 디지털혁명은 플랫폼 기업을 선두로 일어났던 '디지털 파괴'를 의미한다. 하지만 많은 사람이 4차 산업혁명과 디지털혁명을 구분하지 못한다. 한편, 디지털 전환은 이미 제품과 서비스를 갖고 있는 회사가 추진하는 업무의 디지털화 또는 제품과 서비스의 디지털화를 말한다. 나이키의 D2C 전략이나 GE의 IoT 플랫폼 '프리딕스'도 여기에 해당한다. 어도비(Adobe)의 클라우드 전략도 여기에 속한다. 디지털 전환에 대해 스마트 팩토리 구축으로 설명하거나 적층 가공 도입으로 말하지는 않는다.

다음 그림은 내가 디지털 전환이나 기술을 이용해 비즈니스 혁신을 하려는 회사들을 위해 만든 전략 컨설팅 맵이다. 그림에서 확인할 수 있는 것처럼 4차 산업혁명과 디지털혁명 그리고 디지털 전환은 영역이 다르고 구현하는 방법이 다르다. 그럼에도 불구하고 많은 경영자나 임원, 컨설턴트가 이를 제대로 구별하지 못해 제대로 된 통찰에 이르지 못한다. 나는 이 책을 통해 그동안 비즈니스 트렌드로 등장했던 키워드들을 구별할 수 있는 통찰을 제시하고, 나아가 비즈니스 혁신

[그림 1] 디지털 전환을 위한 전략 컨설팅 맵

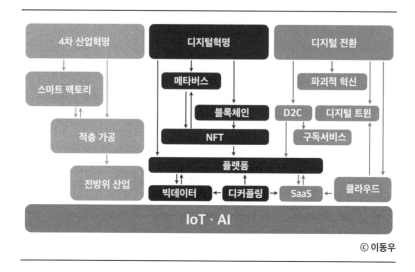

© 이동우

을 위해 어떤 사업을 어떻게 변화시켜야 하는지에 대한 대안을 제시
하려 한다.

> "이 책에 나오는 여러 연구자, 과학자, 사상가가 모두 동의할 수 있는
> 사실이 하나 있다면, 그것은 이제야 겨우 우리가 아는 것이 얼마나
> 없는지 깨달을 만큼 뭔가를 알게 됐다는 점이다."

조이 이토(Joi Ito) MIT 미디어랩 소장이 《나인》이라는 책에서 남긴
말이다. 내가 지금 이 책을 쓰고 있는 동안에도 세상은 엄청나게 빠른
속도로 발전하고 있다. 그리고 그 발전된 기술이 범용 기술로 작용하

면서 비즈니스에서는 더 다양하고 빠른 혁신이 일어나고 있는 중이다. 더 늦지 않으려면 지금에라도 변화를 제대로 인식하고 파악해야 할 때다.

> "세상은 근본적인 구조적 변화의 한가운데에 있다. 우리는 기존에 해오던 것과 맞지 않기 때문에 자칫 무시하기 쉬운 것들을 지켜보고, 적응할 능력을 장착해야 한다. 우리는 세상이 완전히 바뀌는 단계를 통과하는 중이고, 세상은 인공지능으로 인해 우리 생전에 다시 한번 완전히 바뀔지 모른다."

이 말도 역시 이토가 남긴 말이다. 지금부터 나는 다섯 가지 질문을 통해 위대한 기업의 파이브 포인트를 제시하려 한다. 마이클 포터(Michael E. Porter)는 산업구조분석 기법으로 1979년에 '다섯 가지 힘'(Five-Forces Model) 이론을 제시했는데, 이 이론은 지나온 시간으로 인해 퇴색된 느낌이다. 이에 대해서는 뒤에서 다시 한번 언급할 것이다. 이제 시대에 맞는 다섯 가지를 다시 정의하고 숙지할 필요가 있다. 왜냐하면 앞으로의 발전 속도는 그동안의 발전 속도보다 두 배 더 빠를 것이기 때문이다. 자, 그럼 본격적으로 시작해보자.

5 POINT

첫 번째 질문

모든 기업이 파괴적 혁신을
할 수 있는가

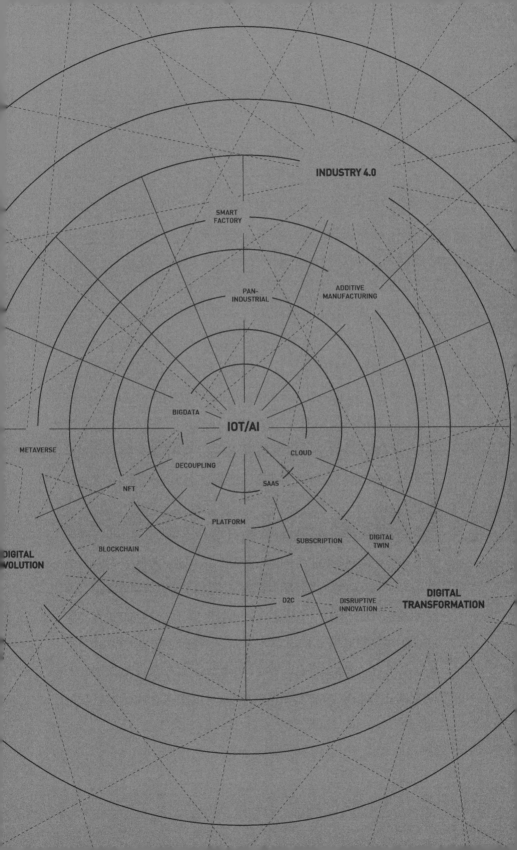

흥미롭게도 나는 '10년 후 세상이 어떻게 바뀔까'라는
질문을 정말 자주 받는다.
하지만 '10년 후에도 바뀌지 않는 것은 무엇일까?'라는
질문을 하는 사람은 거의 없다.
단언컨대, 후자의 질문이 더 중요하다.
시간이 지나도 바뀌지 않는 것들을 중심으로
비즈니스 전략을 세울 수 있기 때문이다.

— 제프 베이조스, 아마존 최고경영자

피터 드러커가 남긴 다섯 가지 질문

'뷰카'(VUCA)라는 단어가 있다. 이 단어를 처음 접했던 것은 2015년에 리즈 와이즈먼(Liz Wiseman)이 쓴 《루키 스마트》였다. 뷰카란 변동성(Volatility), 불확실성(Uncertainty), 복잡성(Complexity), 모호성(Ambiguity)이 강한 환경을 지칭하는 신조어로, 높은 경각심과 기민한 상황 판단을 요구하는 환경을 말한다. 이러한 환경에서는 여건이 빠르게 바뀌고, 실수를 저지르기 쉬우며, 사방에 의외의 요소가 숨어 있기 마련이다. 뷰카라는 개념은 오늘날 수많은 리더가 접하는 현실과 비슷하다. 세상에 존재하는 정보의 총량은 약 18개월마다, 의학 분야의 지식은 약 2, 3년마다 두 배로 늘어난다. 유튜브(YouTube)에는 1분마다 500시간이 넘는 콘텐츠가 업로드되고 있다. 이 속도는 해마다 더 빨리지고 있다. 구글에서 VUCA라는 단어로 검색했을 때 유튜브에서만 2만 1,800개의 콘텐츠가 존재했다(2022년 6월 기준).

세상이 급변하다 보니 안정적이어야 할 직장은 매일같이 폭풍이 몰아치고, 혁신해야 한다는 얘기는 매년 들어야 하는 레토릭이 됐다. 새로운 제품과 서비스는 엄청난 속도로 쏟아지고 있는데, 과거와는 달리 지금은 미래의 경쟁자가 어느 지역에서 어떤 형태로 등장할지도 짐작하기 힘든 시대가 됐다.

한편 컨설턴트와 기업의 임원 그리고 최고경영자는 나름대로 이 속도를 쫓아가야 한다고 말하지만 현실적으로 그것 또한 불가능하다는 사실을 알고 있다. 어떤 혁신 이론이 유행인가 싶어 따라가다 보면 금세 새로운 혁신 이론이 등장해 기존의 것을 폐기해야 하나 말아야 하나 고민하게 만든다. 그 누구라도 모든 것을 알지는 못하기 때문에 마치 장님 코끼리 만지듯 이 시대 현상을 바라보고 분석하려고 한다. 뷰카라는 단어가 존재하는 이유일지도 모른다. 이 세상은 뷰카의 세상이기 때문에 그 어떤 것도 불확실하고, 자신이 알지 못하거나 실수하는 것은 당연한 일이라는 생각이 일종의 변명으로 작용한다.

피터 드러커(Peter F. Drucker)는 늘 '질문'의 중요성을 역설했다. 그는 "심각한 오류는 잘못된 답 때문에 생기는 것이 아니다. 정말로 위험한 것은 잘못된 질문을 던지는 것이다"라고 말했다. 사업이 혼란에 빠졌다면, 조직이 방향을 잃고 헤매고 있다면, 가장 급선무로 바로잡아야 할 것은 질문을 제대로 던지는 것이어야 한다. 대화가 질문으로 시작하듯, 비즈니스와 혁신의 모든 것은 질문으로 시작해야 한다. 문제는 우리가 이것을 자주 잊고 있다는 데 있다.

드러커는 다섯 개의 질문을 남겼다. '왜, 그리고 무엇을 위해 존재하는가?', '반드시 만족시켜야 할 대상은 누구인가?', '그들은 무엇을 가치 있게 생각하는가?', '어떤 결과가 필요하며, 그것은 무엇을 의미하는가?', '앞으로 무엇을 어떻게 할 것인가?' 이 다섯 가지의 질문은 지금부터 살펴볼 모든 비즈니스 혁신 이론과 맞닿아 있다. 드러커 이후 수많은 경영학자와 컨설턴트가 여러 가지 혁신 이론과 원칙을 만들어왔지만, 결국 드러커의 손바닥에서 벗어나지 못하고 있다는 것을 알게 되는 지점이다.

첫 번째 질문은 '미션은 무엇인가'다. 이 질문은 기업에서 수없이 강조하고 있는 대목이기도 하다. 그러나 의외로 '우리의 미션은 무엇인가?'라는 질문에 명확한 답을 제시하는 경우는 많지 않다. '왜, 무엇을 위해 존재하는가?'라는 핵심 질문이 가장 중요하다는 사실은 모두 알고 있지만, 어느 순간이 되면 돈을 위해 미션을 무시하게 되는 경우가 많아지는 것이다. 그러므로 미션은 그저 명목상 중요한 질문일까? 세상이 빠르게 변한다고 해서 미션도 달라져야 한다고 생각하는 사람들도 있다. 그러나 세상이 빠르게 변한다고 해서 본질적인 미션이 달라지는 것은 아니다.

그렇다면, 효과적인 미션을 수립하는 방법은 무엇일까? 가장 중요한 것은 조직이 가진 기회와 역량 그리고 대상을 정확하게 일치시켜야 한다. 우리 주변의 모든 상황은 계속 변한다. 예컨대 인구구조와 니즈는 계속 움직이고 있다. 이것은 한편으로 조직이 직면한 도전이자 기회다. 따라서 미래를 예상하고 대응할 수 있는 미션을 만들어야 한다.

그런데, 미션은 조직을 위한 것만은 아니다. 사람들은 미션을 조직을 위한 것이라고만 생각하는 경향이 있지만, 개인을 위한 미션 선언문도 필요하다. 잘 알려진 것처럼, 사람은 다음의 세 분류로 나눌 수 있다. 첫 번째, 재미는 있지만 의미가 적은 오락 활동을 하는 사람들. 두 번째, 재미는 없지만 의미 있는 활동에 많은 시간을 투자하는 사람들. 흔히 이 범주의 사람들은 자신이 수도승처럼 산다고 느끼기도 한다. 그러나 가장 행복한 이들은 세 번째 범주에 속한 사람들로, 행복과 의미를 동시에 제공하는 활동에 대부분의 시간을 쓰는 사람들이다. 따라서 자신의 목표가 무엇이고, 어떤 일에 얼마만큼의 시간을 투자할 것인지는 자신의 미션에 따라 결정해야 한다.

두 번째 질문은 '고객은 누구인가'다. 이 질문은 무척 중요하다. 고객의 정의는 '당신이 제공하는 가치를 인정하고, 원하며, 그것을 중요하다고 느끼는 사람'이다. 이 정의에 따르면, 고객은 '가치에 대해 돈을 주고 구매하는 사람'이라는 의미로만 한정되지 않는다. 비영리단체에서는 '고객'이라는 단어를 사용하지 않는다고 한다. 고객의 정의를 잘못 내리고 있는 데 기인한 것이다. 따라서, 앞서 설명한 고객의 정의를 대입하면, 해석이 달라질 수 있다. 이른바 조직이 결과를 달성함으로써 만족하는 대상이 있다면, 고객이 있는 것이다.

고객에는 두 가지 유형이 존재한다. 바로 1차 고객과 지원 고객이다. 1차 고객은 조직의 활동을 통해 삶이 변화되는 사람들이고, 지원 고객은 직원, 회원, 파트너, 중개자, 기부자, 자원봉사자처럼 함께 일하는 구성원들이다. 일반적인 통념과 달리 지원 고객도 고객에 포함된다. 그런데, 1차 고객의 특성이 변화할 때 지원 고객에 대한 새로운 시각이 필요하게 된다. 즉, 지원 고객이 달라져야 1차 고객에 대한 전략을 만들 수 있다.

그런데, 중요하게 생각해봐야 할 부분이 있다. 바로 시대가 변했다는 점이다. 이것은 두 번째 질문에서 반드시 짚어야 하는 내용이다. 기업은 고객이 원하는 가치에 집중해야 한다. 일각에서는 주주 가치가 중요하다고 얘기하지만, 이것은 고객가치에 집중한 결과이고 파생물일 뿐이다. 그리고 많은 기업이 고객 관계 관리 기법인 CRM을 도입하고 있지만, 정보만으로는 부족하다고 한다. 데이터로 설명되지 않는 부분들이 많다는 것이다.

고객은 변하고 있다. 고객은 고정되지 않으며 계속 진화한다. 고객의 규모, 니즈, 요구, 꿈은 끊임없이 진화하고 있다. 따라서 고객에 대한 정의는 매번 다시 이뤄져야 한다.

또 다른 사실은 사람들이 이제 제품을 목적을 위한 수단으로 생각한다는 점이다. 예컨대 제트엔진을 구매하는 것은 비행기에 동력을 전달하기 위함이 아니라 연료의 효율성을 높이기 위해서다. 마찬가지로 고객들은 빛을 내기 위해 전구를 사는 게 아니라, 효율성을 누리기 위해 절전과 수명이 긴 전구를 구매한다. 이처럼 고객들이 물건을 구매하거나 서비스를 이용하는 가치는 이미 변했다.

세 번째 질문은 '고객가치는 무엇인가?'라는 것이다. 이 질문은 '고객은 무엇을 가치 있게 여기는가'와 같은 말이다. 문제는 이 답은 오직 고객들로부터 구할 수 있는데, 대부분 조직의 리더는 해답을 짐작하려고만 한다는 점이다.

기업인이자 경영대학원 교수인 필립 코틀러(Philip Kotler)는 많은 조직이 고객에게 전달하고 싶은 가치가 무엇인지는 명확하게 알고 있다고 말했다. 그러나 그들은 그런 가치가 고객의 관점에서 나와야 한다는 점은 깨닫지 못한다고 얘기했다. 우리가 고객들에게 전달하고 싶은 것들이 정말 '고객들이 가치 있다고 여기는 것들'인지 다시 생각해봐야 할 것이다.

네 번째 질문은 '결과는 무엇인가?'다. 이제 결과를 파악하고 평가하는 일이 남았다. 조직의 발전과 성취는 정성적인 관점과 정량적인 관점으로 측정할 수 있다. 우선 정성적 측정 지표는 구체적인 관찰을 통해 패턴을 파악해야 한다. 그러나 정량적 측정 지표는 명확한 기준으로 파악할 수 있기에 정성적인 지표로도 측정을 해야 한다.

정성적이든 정량적이든 일단 결과를 얻고 나면 인정해야 할 것들이 존재한다. 즉, 기업은 미션과 집중력 그리고 결과를 일치시켜야 하는데, 이 말은 이익이 많은 곳에 성공할 수 있는 요인들을 더 집중시켜야 한다는 뜻이다. 하지만, 어느 조직에서나 구성원들은 쓸모없어진 것에 집착하는 경향을 보이기 마련이다. 그러므로 필요 없는 것과 필요한 것을 구분하고 자원을 재배치해야 한다.

마지막 질문은 '계획은 무엇인가?'다. 계획은 미션, 비전, 목표, 목적, 실행방법, 예산, 평가 등 모두를 포함한다. 그러나 미래를 완벽히 대비하기 위해 계획을 수립하는 것은 아니다. 계획을 수립하는 이유는 도달하기 원하는 특정 지점과 그 방법을 규명하기 위함인데, 이 계획이 완벽하다는 것은 있을 수 없다.

그럼에도 불구하고 가장 어려운 일은 근본적이고 장기적인 방향을 합의하는 일이다. 조직은 쉽게 합의하지 않고, 쉽게 움직이지 않는다. 그리고 계획이 효과적이려면 다섯 가지 요소가 포함돼야 한다. 여기에는 폐기, 집중, 혁신, 위험 감수, 분석이 있다.

기업은 너무 복잡하다

아마존과 월마트(Walmart)의 싸움에서 결국 아마존이 승리하게 될까? 월마트는 아마존에 대항하기 위해 제트닷컴(Jet.com)을 인수했는데, 그 결과는 어땠을까? 한편 아마존과 베스트바이(Best Buy)가 고객의 구매 패턴을 두고 경쟁했을 때, 아마존이 베스트바이를 공격했던 것은 사실일까? 난공불락이라고 여겨졌던 질레트(Gillette)는 왜 달러셰이브클럽(Dollar Shave Club)에 두 자릿수 이상의 시장점유율을 빼앗기게 됐을까? 스티브 잡스의 애플이 성공했던 것은 단순히 픽사 스튜디오의 전략을 사용했기 때문일까? 컴퓨터 시장점유율의 공룡 마이크로소프트는 막강한 윈도우 운영체제와 마이크로소프트 오피스 프로그램이 있었음에도 불구하고 왜 스마트폰 시대 이후의 변화에 적응하지 못했을까? 한때 비디오 시장의 거대 기업이었던 블록버스터(Blockbuster)는 왜 넷플릭스에게 왕좌를 물려주게 됐을까? 넷플릭스가 공격해서 승리했기 때문일까?

비즈니스에서 일어나는 현상들을 관찰하다 보면 끝없이 복잡해진다. 피터 드러커는 단순한 다섯 가지 질문만으로 성공적인 비즈니스를 만들 수 있다고 했지만, 그 이후 등장한 비즈니스 전략들은 한결같이 복잡해졌다. 물론 때로는 간결한 구호로 비즈니스의 성공을 가져올 수 있다고 장담했던 전략도 있었다. 바로 2005년경 등장했던 '블루오션 전략'이다. 위키백과에 따르면, 블루오션 전략이란 기업이 성공하기 위해서는 경쟁이 없는 독창적인 새로운 시장을 창출하고 발전시켜야 한다는 내용이다. 많은 경쟁자가 비슷한 전략과 상품으로 경쟁하는 시장을 레드오션으로 규정하고, 경쟁자가 없는 새로운 시장인 블루오션을 창출해야 한다는 것이 이 전략의 요지다. 그러나 모든 블루오션은 금세 레드오션이 된다는 게 비즈니스를 하는 모든 리더가 인정하는 바다.

블루오션 전략 이후, 정확히 2007년 하반기에 이르러 스티브 잡스가 아이폰을 세상에 내놓으면서 판도가 바뀌기 시작했다. 이때부터 비즈니스의 상식들이 송두리째 깨지기 시작했다.

첫 번째, 대기업의 강점이었던 규모의 경제는 더 이상 강점이 아니게 됐다. 경쟁자들이 너무 많이 늘어났으며, 새로 등장하는 경쟁자들은 첨단기술과 발 빠른 전략을 앞세워 대기업들이 잘 대응하지 못하는 방향으로 움직였다.

두 번째, 플랫폼 기업이 등장하면서 전통적인 경제학으로는 도저히 설명할 수 없는 성공을 만들어내기 시작했다. 이른바 플랫폼 기업의 부상이다. 뒤에 나오는 디지털혁명 부분에서 살펴보겠지만, 성공한 모든 플랫폼은 모회사가 없다는 점을 주목해야 한다.

세 번째, 고객이 만드는 수요혁명이 일어나기 시작했다. 고객 입장에서 보면, 너무 많은 대안을 갖게 됐다는 데서 문제가 시작된다. 이에 기업은 고객을 파악하려고 했으나 고객 설문조사의 한계 등으로 고객 파악은 여전히 한계점에 봉착해 있다. 최근에는 음성 수집을 통해 고객을 파악하고 개인화 시장을 열겠다는 움직임이 많다.

시장이 파악하기 어려울 정도로 복잡해지자 기업도 복잡해지기 시작했다. 기업의 복잡성은 일반적으로 시스템 구성 요소의 수와 그 구성 요소 간의 다양한 관계 그리고 구성 요소와 관계들의 변화로 정의될 수 있다. 복잡성은 기업 경영에서 문제를 더 키우는 측면이 있다. 복잡성은 다양성, 상호 의존성, 불확실성이 높기 때문에 목적 달성에 도움이 되는지 아닌지 구분하기도 어렵다.

기업에서 드러나는 복잡성은 대략 세 가지로 나눌 수 있다. 제품과 서비스에서 발생하는 복잡성, 기업 내 프로세스에서 발생하는 복잡성, 그리고 조직에서 발생하는 복잡성이 있다. 보편적으로 성장하는 기업은 복잡성이 증가하는 경향이 있다. 복잡성은 의도된 결과물로 볼 수도 있고, 의도하지 않은 결과물로 볼 수도 있다. 왜냐하면, 성장 지향적인 대부분의 기업은 매출을 높이기 위해 복잡성이 주는 폐해를 눈감거나 아예 인식하지 못하기 때문이다.

회사에서 판매하는 제품들의 종류와 양이 증가하면 복잡성은 더 증가하게 된다. 그러면 모든 구성원은 더 열심히 일하게 되고, 더 많은 규율과 제도, 또는 이것을 바로 잡기 위한 규칙을 만들게 된다. 이로 인해 복잡성은 더 증가하고 결과적으로 회사의 이익은 줄어든다.

복잡성이 가져다주는 폐해를 심각하지 않게 생각할 수도 있다. 하지만, 복잡성이 우리 사회와 기업에 주는 폐해는 매우 크고 방대해서 말로 설명하기 힘들다. 먼저 복잡성은 안개와 같아서 그 속에 있으면 폐해를 감지하기 어렵다. 예컨대, 당신이 다니는 회사에서 어제 하루 동안 근무한 시간 중 실질적으로 회사의 이익 창출에 기여한 생산적인 시간은 얼마였을까? 대부분의 경우 일하는 시간보다 일 외적인 부분들이 더 많을지도 모른다. 일 이외의 나머지 시간은 불필요하거나 필요 이상의 일들을 처리하기 위한 시간이라고 해도 과언은 아닐 것이다. 하지만 대부분의 회사는 그렇게 일을 하고 있다. 결국 복잡성에 사로잡혀 직무상 불필요한 업무를 처리하는 상황을 당연하게 생각하기도 한다.

복잡성이 만드는 폐해의 종류는 다음과 같다. 자원을 낭비하게 하고, 동기부여를 저해하며, 민첩성을 떨어뜨린다. 또 복잡성은 이익을 낮추는데, 한 조사에 따르면, 복잡성이 초래하는 회사 이익의 감소는 10~40퍼센트나 된다. 그렇다면 기업들은 왜 복잡성을 줄이지 못할까? 먼저, 복잡성을 없애기 위한 단순화를 추구하는 데 필요한 용기를 내지 않기 때문이다. 다음으로, 복잡성으로 인해 여전히 이익을 보는 사람들이 존재하기 때문이다. 이 이익은 소수에게 집중되는 경향이 있기 때문에 이들은 문제의 본질로 가는 단순화를 방해하는 경우가 많다. 마지막으로 인식의 문제인데, 사람들은 복잡한 문제를 해결하려면 복잡한 해결책이 필요하다고 오해를 한다. 그 결과 문제는 더 복잡해지게 된다.

보통 기업들은 '객관적'이나 '과학적'이라는 말로 포장된 분석적 방법론을 선호한다. 거기에 시장과 관련한 데이터나 사례들이 포함되는 건 당연한 일이다. 기업들은 늘 그렇게 한다. 기본적인 비즈니스 활동은 명확한 전략을 통해야 하고, 이익을 추구하기 위해서는 제대로 된 전략을 가동해야 한다고 믿는다. 기업들은 빈번한 전략 변화, 너무 많고 불명확한 전략, 복잡한 전략 계획 프로세스를 겹겹이 쌓아놓고 실행하려고 한다. 그렇게 한 결과 기업의 전략은 너무나 복잡해져버렸다.

기업이 성공하기 위해서는 전략을 단순화해야 한다. 왜냐하면, 전략이 기업에서 의미가 있으려면 내부에서 쉽게 이해되고 공유돼야 하기 때문이다. 반면 전략의 복잡성이 증가하면, 많은 돈을 들여 만든 전략이라도 이해되기 어렵다. 결국 리더는 리더 나름대로 시간을 낭비하고, 직원들은 방향을 잃어간다. 전달 체계는 왜곡되고 분석은 마비되며 사기는 저하되고 프로세스에만 집착하게 되는 것이다. 그럼에도 불구하고 기업들은 단순한 전략을 무식하다거나 역량 부족이라고 생각한다. 하지만 그렇지 않다. 단순한 전략은 주의력을 집중시키고 정보처리 방식을 단순하게 해 더 나은 성과를 거두게 만든다.

중요한 것은 고객이 느끼는 가치다. 가치는 크게 두 가지로 나눌 수 있다. 첫 번째는 사용경험에서 오는 가치, 두 번째는 제품과 서비스가 주는 의미의 가치다. 그러나 과거 제조업 중심의 사고방식은 지나치게 이익에만 몰입하기 때문에 고객이 느끼는 가치를 생각하지 못한다. 스탠퍼드대학교 경영대학원 교수 이타마르 시몬슨(Itamar Simonson)은 지금까지의 마케팅 전략을 버리고 고객이 느끼는 절대 가치를 생각해야 한다고 강조했지만, 아마도 그것을 실천하고 있는 기업은 극소수에 불과할지 모른다.

대다수 기업들은 고객들의 다양한 니즈를 반영해 시장점유율과 이익을 극대화하려고 한다. 따라서 기업이 성장하면서 많은 기능을 가진 제품을 개발하거나 다양한 종류의 제품과 서비스를 출시하는 것은 당연한 일이다. 하지만 이러한 행동은 프로세스와 조직 내 복잡성을 초래한다. 제품에 과도한 기능을 추가하는 것은 고객이 원하는 게 아니다. 다양한 종류의 제품이나 서비스를 출시하는 것도 기업 전체의 이익을 증가시키는 일이 아니다.

제품과 서비스의 복잡성 증가와 수익성에 대한 한 연구가 있다. 이 연구 결과에 따르면, 성장과 시장점유율을 목적으로 제품과 서비스를 증가시키면 이익이 어느 정도 증가하다가 일정한 수준으로 다시 감소한다. 따라서 일반적으로 8020 법칙과 같이 많은 수의 제품과 서비스가 이익을 발생시키는 것이 아니라, 관리 비용을 포함해 숨어 있는 비용을 증가하게 한다.

이 이론을 증명하는 사례는 너무나 많다. 필립스(Philips)는 1990년대까지 세계 최대 가전업체 중 하나였다. 한때 5만 가지가 넘는 제품을 시장에 공급했으니, 필립스 왕국이라고 해도 과언은 아니었다. 그러나 21세기에 접어들자 매출이 40퍼센트 하락했고, 창사 이래 최대 영업 손실을 내면서 주가가 대폭락하고 말았다. 결국 경영진은 극단적인 해결책을 내놓게 되는데, 2016년 헬스 테크 한 분야만 남겨놓고 모든 사업 부문을 정리하거나 매각해버렸다.

또한 애플은 스티브 잡스가 다시 복귀하고 난 뒤 거의 모든 사업을 정리했고 단순화해버렸다. 애플이 성공하게 된 것은 여러 가지 이유가 있겠지만, 단순화 전략이 중요한 부분을 차지했다는 것에 이견을 제시하기는 힘들어 보인다. 물론 많은 기업은 여전히 제품과 서비스에 대한 단순화 작업을 불안해한다. 왜냐하면, 단순화된 제품과 서비스는 브랜드를 약화한다고 믿기 때문이다.

파괴적 혁신의 근원지, 실리콘밸리?

지금부터는 비즈니스 혁신전략의 큰 흐름을 살펴보자. 먼저 파괴적 혁신부터 따져보자. 비즈니스 리더들은 흔히 혁신을 말하면 '파괴적 혁신'을 떠올리는 경우가 많다. 이 용어는 이제 어느 정도 비즈니스 레토릭 또는 메타포(metaphor) 정도의 느낌으로 작용하고 있는 것 같다.

비즈니스 혁신전략은 점진적 혁신전략과 파괴적 혁신전략으로 구분한다. 점진적 혁신전략은 보통 대기업들이 이미 제품과 서비스를 갖고 있는 경우에 실행하는 것을 말하고, 파괴적 혁신전략은 가격이 낮거나 신규 시장에서 초기 품질이 좋지 않은 경우에 사용하기 때문에 보통은 대기업과 경쟁하려는 스타트업들이 많이 선택한다. 이렇게 구별하다 보니 대부분 파괴적 혁신의 근원지는 실리콘밸리라고 생각하는 사람들이 많다.

실리콘밸리는 파괴적 혁신의 근원지일까? 가끔은 이런 주장을 하는 책들이 있어 이 부분에 대해서는 짚고 넘어가야겠다. 결론부터 말하자면, 실리콘밸리가 파괴적 혁신의 근원지라고 얘기하는 것은 파괴적 혁신의 정의를 잘 모르거나 아니면 파괴적 혁신의 개념을 아주 포괄적으로 설정하고 있기 때문이다.

실리콘밸리는 디지털 기술의 문화와 산업을 구현한 기업집단을 말한다. 예컨대, 페이스북, 아마존, 우버, 구글, 애플, 스냅챗(Snapchat), 테슬라(Tesla)를 한꺼번에 지칭한다. 이 중 대표 격인 기업들을 GAFA (Google, Amazon, Facebook, Apple)라고 하기도 하는데, 이 기술기업집단은 지금 세계에서 가장 막대한 야심과 힘을 지니고 우리의 미래를 만들어가고 있다. 소매업, 엔터테인먼트, 커뮤니케이션, 관광 등 거의 모든 분야를 바꾸고 있다.

1971년에 탄생한 '실리콘밸리'라는 용어는 샌프란시스코만 지역 남부 산타클라라에 있는 일단의 실리콘칩 제조업체들을 지칭했다. 그러나 현재 실리콘밸리는 문화, 정신, 기풍, 언어 그리고 미학을 뜻하기도 한다. 실리콘밸리를 말하는 공통적인 비유와 가치 체계가 있다는 것이다. 예컨대, 시애틀에 소재한 아마존도 직관적으로는 실리콘밸리 브랜드로 여겨진다. 실리콘밸리는 부족 같은 성격이 강하고, 진화를 거치면서 여러 층위가 겹친 현재의 상태가 됐다.

실리콘밸리의 초창기 활동은 1939년부터 스탠퍼드대학교와 그 하부 조직들이 이끌어왔다. 그 당시에는 미 육군과 해군을 주요 대상으로 한 스템(STEM) 연구의 허브로서 기능했다. 이른바 당시의 혁신은 연방정부의 자금으로 전쟁을 돕는 일이었다는 것이다. 그러나 전쟁이 끝나고 실리콘밸리는 전화, 통신 플랫폼, 컴퓨터 등을 만드는 혁신의 메카로 부상하게 된다. 이때부터 스타트업 문화가 영향력을 갖게 됐고, 실리콘밸리 때문에 '붕괴시키다', '혁신하다', '유니콘기업' 같은 용어가 문화어 사전에 편입됐다.

1970년대에 들어 실리콘밸리는 많은 변화를 겪게 된다. 주된 변화는 비즈니스 시스템 제공에서 소비자에게 직접 제품과 아이디어를 제공하는 일로 바뀐 것이다. 마이크로칩과 블루칩 테크 비즈니스의 전성기였으며, 1971년에 마이크로 프로세서를 출시한 인텔과 빅블루(Big Blue)가 등장한 시기기도 했다. 참고로 빅블루는 당시 IBM을 뜻했다고 한다. 아무튼 이때부터 기술과 자유의 결합이 시작된다. 샌프란시스코에 열광하는 집단들은 기술을 반문화적 도구이자 해방을 위해 정부 시스템을 피하는 무기로 보기 시작했다.

1980년대는 퍼스널 컴퓨팅의 출현으로 기술이 대량 소비자 제품으로 전환된 시기였다. IBM은 마이크로소프트가 제공하는 운영체제로 자체 PC를 만들었고, 애플도 바로 이 시기에 컴퓨터를 만들었다.

1990년대가 되면서 인터넷이 등장했다. 소비자 중심 인터넷은 실리콘밸리의 창의력, 비즈니스, 혁신의 용광로 역할을 했다. 이제 인터넷은 새로운 인재, 돈, 관심을 끌어들이는 블랙홀이 됐고, 아마존, 냅스터(Napster)부터 구글, 이베이(eBay)에 이르기까지 수많은 닷컴 기업이 등장했다. 그 뒤로 실리콘밸리는 붕괴, 즉 디스럽션(disruption)의 탄생과 변화를 무섭고 불길한 것이 아니라, 멋지고 바람직하며 진보적인 것으로 바라보게 만들었다. 실리콘밸리는 다른 사업과 사업 모델의 붕괴를 유도하고 돈을 벌었는데, 이는 이른바 기술 결정론의 탄생이라고 표현되기도 한다.

소비자들, 특히 청년들은 실리콘밸리라는 개념을 정치적 리더로서 우호적으로 보는 것 같다. 한 조사에서 미국 소비자의 84퍼센트가 대통령을 포함한 공직자 자리에 실리콘밸리 리더가 출마하면 투표하겠다고 응답했다. 이런 성향은 젊은 응답자일수록 더 강했는데, 15세부터 20세는 무려 90퍼센트가 실리콘밸리 리더에게 투표하겠다고 응답했다. 그래서인지 마크 저커버그(Mark Zuckerberg)가 대통령이 되려는 야심을 품었다는 주장이 끊임없이 이어지고 있다. 밀레니얼들이 선거 입후보 연령에 도달한 지금 이러한 의심은 과장이 아닐 수도 있다.

그런 것이 아니더라도 실리콘밸리는 정치에 엄청난 영향을 주고 있다. 페이스북은 전 세계에서 가장 큰 언론사로 급부상할 가능성이 있다. 문제는 인공지능을 탑재한 기술 트렌드가 개개인들을 타깃으로 뉴스를 전송하고 개인의 반응에 따라 변화를 줄 수 있다는 점이다. 예를 들어 저커버그가 대통령에 출마하지 않겠다고 해도 페이스북은 유망한 후보자를 선정해 선거 결과에 영향을 줄 수도 있다. 이는 강력한 힘이 될 것이다. 플랫폼은 민주주의, 선거 그리고 정부에 필수적이다. 그런데 소비자와 시민을 가장 잘 알고 있는 것은 누구일까? 그렇다. 바로 실리콘밸리다. 따라서 실리콘밸리가 정치와 무관하다는 건 순진한 생각일지 모른다.

그런데 문제는 더 크고 실제적인 영향력이다. 실리콘밸리는 미국이나 다른 정부들보다 더 큰 재정적 영향력을 행사할 수 있다. 예컨대, 영국 정부는 보건 서비스를 위한 머신러닝에 구글의 딥마인드를 사용하고, 미국 정부는 군대나 정부가 활용할 수 있는 신기술의 지분을 확보하려고 적극적이다. 그러나 실리콘밸리 입장에서 자신들의 이익에 반하는 일이 진행되거나 그들 구성원의 수익 발생이 저지당해 집단행동에 나서는 일이 발생하면, 실리콘밸리와 정부의 관계는 복잡해지게 될 것이다.

또한 실리콘밸리는 국경을 넘어서고 있다. 아마존은 이미 자체적인 전 지구적 정부 체제라고 해도 과언이 아니다. 자체적인 법률, 가격정책, 조건을 설정하고 있으며, 그 아래에는 항상 소비자 우선주의를 깔고 있다. 그렇다면 소비자 입장에서는 마냥 좋은 일이기만 할까? 여러 면에서 소비자들에게는 이익이 되겠지만, 아마존의 규모 때문에 가격이나 거래 조건에 대해 통제력을 상실한 공급자들에게는 전혀 이롭지 않을 것이다. 예컨대, 소비자들의 만족을 위해 공급자들을 압박한다면 플랫폼 생태계의 한쪽 갈등을 다른 쪽으로 이전하는 결과가 된다.

물론 아마존은 여전히 소비자 우선주의를 표방한다. 그래야만 사람들을 고객으로 확보할 수 있기 때문이다. 하지만 아마존이 독점기업이 된다면 우리 역시 지금 아마존의 공급자들이 처한 신세가 될 것이다. 가까운 미래까지는 소비자들이 아마존을 통제할 수 있겠지만 결국 아마존은 모든 소비자의 구매를 독점하게 될 것이다. 따라서 소비자들은 아마존의 거래 조건을 무조건 따라야만 하는 상황이 될 수도 있다.

미국 여론조사기관 퓨리서치센터(Pew Reaserch Center)에 따르면, 62퍼센트의 미국인들이 소셜미디어에서 뉴스를 얻고 있으며, 그중 18퍼센트는 자주 얻는다고 한다. 한편 소비자들은 기성 매체와 맺었던 관계를 끝내고 있으며, 40퍼센트의 밀레니얼 세대는 스트리밍서비스나 인터넷에 전적으로 의존한다고 한다. 충분히 이해할 수 있는 대목이다. 페이스북은 이용자 규모만으로도 몇 개의 미디어 매체를 합한 것과 비슷하다. 이 막대한 규모의 영향력이 자유방임적이고 자동화된 크라우드소싱으로 움직인다. 기성 언론 조직이 가진 뉴스 심사나 사실 확인 정책은 여기에 존재하지 않는다.

실제 페이스북, 트위터, 구글은 소셜미디어 플랫폼 이상의 성격을 지닌다. 예전에는 런던의 플리트 스트리트와 뉴욕의 언론사들 안에서 일하는 편집자들이 권력을 견제하는 제4계급이었다면, 오늘날에는 실리콘밸리가 그들을 대체하고 있다. 우리는 아마존, 애플, 페이스북, 유튜브, 트위터 등에서 뉴스를 받고 또 보고 있다. 문제는, 실리콘밸리 제국이 언론을 침해하면서 역사적으로 언론이 수행해온 크고 중대한 기능인 권력 견제 기능을 저지하고 있다는 점이다. 언론이 지닌 기능은 정부는 물론, 실리콘밸리도 견제할 수 있었다. 그러나 이제 실리콘밸리가 뉴스의 중재자이자 큐레이터 그리고 뉴스 채널이 되고 있다. 더 나아가 뉴스의 생산자가 될 것이 분명해 보인다.

실리콘밸리의 기업들은 인터넷이 닿지 않는 전 세계 지역을 대상으로 대규모 투자를 시행하고 있다. 페이스북은 저개발국가에 저비용 인터넷을 제공하기 위해 일종의 자선단체를 만들었다. 바로 www.internet.org다. 구글은 디지털 기술 분야에서 1,000만 명의 아프리카인을 육성하고, 아프리카 스타트업들에 자금을 지원할 것이라고 발표한 바 있다. 그러니까 아프리카에서의 인터넷이란, 기독교와 마찬가지로 경제를 해방하고 사람들의 힘을 길러서 잠재력을 성취시켜주는 위대한 문명 개화자인 것이다. 이들은 나름대로 국제구호단체와 같은 행동을 취하고 있지만, 여기에는 음흉한 속셈이 있다고 주장하는 사람들도 많다.

실리콘밸리에 대한 의견들이 예전 같지는 않아 보인다. 실리콘밸리의 영향력이 막대해지고 실리콘밸리가 전 세계에 영향력을 미치면서 상황이 달라지고 있다. 실리콘밸리 기업들을 반기던 초창기 소비자의 환호와 순수한 호감은 빠르게 사라지고, 집단적 의혹이나 더 심하게는 나쁜 평판이 커지고 있다. 심지어 전 세계를 연결하겠다는 실리콘밸리의 비전에 대해, 이타주의의 기치를 내걸고 있지만 한편으로는 나머지 세계를 식민지화하는 데 눈독을 들이는 처사라는 비난의 소리도 있다.

어쩌면 중국을 제외한다면, 실리콘밸리에 저항하고 있는 유일한 집단은 유럽일지도 모른다. 구글의 시장점유율은 미국에서 64퍼센트인 반면, 유럽에서는 90퍼센트나 된다. 애플, 구글, 페이스북, 아마존이 유럽에서 너무 번창했기 때문에 유럽은 더 적극적으로 실리콘밸리를 방어할 수밖에 없는 것이다. 예컨대 유럽은 2018년 5월 데이터 사용과 개인적 통제에 관한 새로운 개인정보보호법인 일반개인정보보호법을 시행했는데, 이는 누가 봐도 실리콘밸리 기업들의 행동에 대한 반감이 고조된 데 따른 것이다. 또 독일에서는 에어비앤비의 사용자들이 시의 허가 없이 단기간에 아파트의 50퍼센트 이상을 임대하는 것을 금지했고, 암스테르담과 런던은 연간 60박 또는 90박 이상의 숙박 임대를 규제하고 있다. 그러나 이런 사례들은 여전히 작은 움직임에 불과하다.

파괴적 혁신

하버드대학교 경영대학원의 교수였던 클레이튼 크리스텐슨(Clayton M. Christensen)은 2015년 하버드비즈니스리뷰(HBR)에 발표한 논문에서 전 세계의 컨설턴트, 임원 그리고 최고경영자들이 자신의 논문이나 책을 한 권도 읽지 않고선 혁신을 얘기할 때마다 '파괴'를 운운한다며 다소 감정 섞인 글로 자신의 입장을 밝힌 바 있다. 크리스텐슨 교수에 따르면, 대부분의 사람들이 파괴적 혁신이라는 말을 제대로 알지 못하고 있다는 얘기다. 그는 정확히 다음과 같이 언급했다.

> "곤혹스러운 우려는 또 있다. 우리가 경험한 바로는 '파괴'(disruption)를 거론하는 사람들 중에 이 이론을 다룬 책이나 글을 제대로 읽어보지 않은 사람이 너무 많다. 그런 사람들이 자신이 하려는 일을 혁신의 개념으로 옹호하기 위해서 이 용어를 어설프게 사용하는 사례를 흔히 볼 수 있다. 많은 연구자, 작가, 컨설턴트는 업계가 재편되고

과거에 성공적이었던 기업이 쓰러지는 '모든' 상황을 설명하기 위해서 '파괴적 혁신'을 사용한다. 그러나 이는 너무나 광범위한 용어의 남용이다."

크리스텐슨의 주장은 파괴적 혁신의 개념이 잘못 사용되고 있다는 말이다. 즉 많은 사람이 생각하고 있는 그 개념과 크리스텐슨이 주장하는 개념은 다를 수 있다. 파괴적 혁신이란 자원을 지닌 작은 기업이 기존 기업에 도전해 성공할 수 있는 절차나 혁신의 방법을 말한다. 파괴적 혁신이 완성되려면 다음과 같은 두 가지 조건이 필요하다. 첫 번째, 저가 시장 또는 신규 시장에서 시작돼야 한다. 두 번째, 작은 기업은 초기 품질이 좋지 않아야 한다. 따라서 파괴적 혁신을 일으키는 회사의 초기 품질은 고객의 니즈를 따라잡을 때까지 주류 고객에게 인기를 끌지 못하는 경우가 대부분이다.

클레이튼 크리스텐슨

클레이튼 크리스텐슨(1952년 4월 6일~2020년 1월 23일)은 비즈니스 분야에서 가장 영향력 있는 아이디어라고 불리는 '파괴적 혁신' 이론을 개발했다. 그가 만든 파괴적 혁신 이론은 1995년부터 하버드비즈니스리뷰에 등장하기 시작했고, 《혁신기업의 딜레마》, 《성장과 혁신》, 《미래 기업의 조건》을 통해 널리 알려졌다. 하버드대학교 경영대학원의 교수로 재직했으며, 이코노미스트(Economist)는 그를 가리켜 '당대 가장 영향력 있는 경영 사상가'라고 불렀다.

이와 같은 관점으로 본다면, 일론 머스크(Elon Musk)의 테슬라는 파괴적 혁신 기업이라고 할 수 없다. 많은 사람이 테슬라를 파괴적 혁신이라는 용어로 설명하고 있지만, 테슬라는 초기 시장에 진입할 때 '모델 S'라는 고성능의 고가 제품으로 시작했기 때문이다. 따라서 테슬라는 크리스텐슨의 파괴적 혁신 이론에 비춰보면, 파괴적 혁신 기업이 아니다.

[그림 2] 기존 기업과 파괴적 기업의 제품 성능 궤적

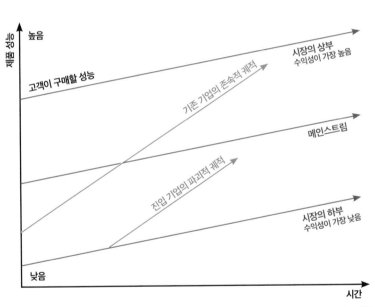

출처: 하버드비즈니스리뷰 2015년 12월호
클레이튼 크리스텐슨(Clayton M. Christensen), 마이클 레이너(Michael Raynor),
로리 맥도널드(Rory McDonald)

파이브 포인트

앞의 그래프를 보자. 아래 그림은 기존 기업의 제품 성능 궤적과 파괴적 기업의 제품 성능 궤적을 표시하고 있다. 기존 기업은 시장 상부의 고객층을 만족시키기 위해 품질이 향상된 제품이나 서비스를 만든다. 반면 파괴적 혁신 기업은 초기 품질은 낮지만 점차 빠르게 제품 성능이 높아지면서 다수의 주류 고객층에게 도달한다는 것을 확인할 수 있다. 제품 성능 궤적은 완만하게 상승하고 있지만, 파괴적 혁신 기업의 제품 성능 궤적은 가파르게 상승하고 있는 것을 확인할 수 있다. 파괴적 기업은 저가 시장이나 신규 시장에서 시작하고, 초기 품질이 좋지 않은 경우가 많기 때문에 기존 기업의 의도적인 경쟁심을 유도하지 않는다.

우리가 여기에서 확인할 수 있는 것은 적어도 두 가지다. 첫 번째, 파괴적 혁신은 존속적 혁신과는 구별된다는 점이다. 보통, 기업은 존속적 혁신을 취하는 경우가 대부분이다. 스마트폰의 기능을 늘리고 더 편리하게 만들거나, 자동차의 성능이 개선되면서 연비가 좋아지고 승차감이 나아지는 경우가 여기에 해당한다. 하지만 파괴적 혁신은 저가 시장에서 초기 품질이 좋지 않은 경우에 해당하므로 이 두 가지 혁신은 구별돼야 한다. 여기에서 하나 더 얻을 수 있는 통찰은 대기업은 파괴적 혁신을 하는 경우보다 존속적 혁신을 하는 경우가 더 많다는 점이다.

두 번째, 파괴적 혁신을 하는 기업은 고객들에게 열등한 것으로 간주된다는 점이다. 시장 포지셔닝이 그렇게 되기 때문이다. 고객들은 가격이 싸다는 이유만으로 제품과 서비스를 선택하지 않는다. 이 문제는 가격의 형성과도 연관돼 있기 때문에 통상적으로 품질이 높아지면서 가격이 상승하게 되고 고객들이 선택하는 경우가 많아지게 된다.

파괴적 혁신 이론은 20여 년이 지난 오늘날까지도 강력한 성공 수단으로 작용하고 있지만, 안타깝게도 많은 경영자가 이를 제대로 파악하지 못한 채 잘못된 방법으로 적용하고 있는 경우가 많다. 파괴적 혁신 이론을 잘 이해하는 경영자들도 전략적 결정을 내릴 때 흔히 다음과 같은 점을 간과하거나 오해하는 경향이 있다.

첫 번째, 파괴는 오랜 시간에 걸쳐 전개되는 과정이다. 파괴적 혁신은 대부분 뛰어난 기술이나 제품, 서비스가 어느 날 갑자기 파란을 일으키며 나타나는 것이 아니다. 저가 시장이나 신규 시장에서 시작해 주류 시장을 잠식하는 과정을 거치려면 시간이 걸리기 때문에 기존 사업은 대응에 나설 수 있다. 하지만 대부분의 기업의 리더들은 시장의 일부에서 파괴적 혁신이 일어나기 시작하면 서둘러 대응하려고 하는 경우가 많다. 기업이 제품과 서비스를 런칭할 때는 빠르게 도입하는 것이 좋은 선택이지만, 외부 자극에 대해 반응하는 것은 빠르고 좋은 것만은 아니다.

두 번째, 파괴적 기업은 기존 기업과 아주 다른 사업 모델을 구축한다. 애플의 아이폰은 혁신적 사업 모델을 통해 파괴를 일으킨 대표적인 사례다. 2007년에 출시된 아이폰 자체는 스마트폰 시장에서 일어난 존속적 혁신에 해당한다. 기존 기업들과 같은 고객을 겨냥하고, 제품의 우월성을 토대로 성공했기 때문이다. 그러나 아이폰의 뒤이은 성장은 파괴로 설명하는 것이 정확하다. 아이폰이 파괴한 대상은 인터넷에 접속하는 주된 도구로 쓰이던 노트북이었다. 이 파괴는 제품 개선만이 아니라 새로운 사업 모델의 도입을 통해 이뤄졌기 때문이다. 아이폰은 앱 개발자와 사용자를 연결하는 플랫폼 기반 사업 모델을 구축함으로써 아이폰을 개인용 컴퓨터와 비슷하게 만들었다.

하지만 아이폰 이후 애플이 만든 앱스토어는 파괴적 혁신 이론보다는 플랫폼이라는 측면에서 설명하는 것이 더 명확한 방법일 수 있다. 플랫폼이라는 것을 저가 시장이나 신규 시장이라고 지칭할 수는 있지만, 초기 품질이 좋지 않다는 평가를 하기는 힘들 수 있기 때문이다.

세 번째, 실패하는 파괴적 기업도 있다. 결과에만 초점을 맞추면 성공한 기업만 파괴적이라는 평가를 받을 수 있다. 모든 파괴적 경로가 성공으로 이어지는 것은 아니며, 모든 성공이 파괴적 경로를 따르는 것 또한 아니다. 세계적으로 택시 사업을 변화시키고 있는 우버는 눈부신 성장을 이뤘지만, 저가 시장이나 신규 시장을 개척한 것이 아니라, 기존에 택시를 탔던 고객들을 대상으로 입지를 구축했다. 또한 파괴적 혁신과 다르게 질 낮은 서비스를 제공하지도 않았다. 존속적 혁신의 속성에 속하는 우버의 성공 사례를 '파괴'라고 여기면, 잘못된 성공 전략을 적용할 위험이 생긴다. 뒤에서 다시 언급하겠지만 우버는 최악의 비즈니스 모델을 지닌 것으로 평가되는 경우가 많다.

네 번째, '파괴하지 않으면 파괴당한다'는 말은 오해를 낳을 수 있다. 이것은 기업의 최고경영자들이 흔히 하는 말이다. 파괴적인 경쟁자가 등장해서 자신의 회사를 파괴하기 전에 스스로 먼저 파괴해야 한다고 주장하는 경우가 많다. 기존 기업들은 시장에서 일어나는 파괴에 대응해야 하지만, 수익성을 갖춘 사업을 폐기하는 과잉 반응을 보여서는 안 된다. 대신 존속적 혁신에 투자해 핵심 고객과의 관계를 계속 강화하면서 한동안은 아주 다른 두 가지 사업을 계속 운용해야 한다.

요컨대, 파괴적 혁신 이론은 어떤 기술이나 제품이 파괴적 혁신이라고 판단하기보다는 기업이 현장에서 존속적 혁신 경로를 선택할 것인지, 파괴적 혁신 경로를 선택할 것인지에 관한 전략을 결정하는 데 도움을 준다. 만약 대기업이라면 존속적 혁신을 선택하는 경우가 더 많다. 바로 사업 모델을 혁신하는 것이다. 물론 많은 사람이 사업 모델 혁신의 중요성을 강조한다. 특히 회사가 성공하기 위해서 사업 모델을 혁신해야 한다고 생각하는 임원의 비율은 50퍼센트가 넘을 정도다. 하지만 실제로는 그렇게 하지 않는 경우가 다반사다. 다국적 기업은 사업 모델을 개발하는 데 10퍼센트도 투자하지 않는다. 왜냐하면 사업 모델 혁신의 정의가 무엇인지도 모르고, 어느 순간에 사업 모델을 혁신해야 하는지도 알지 못하기 때문이다.

반면 신생기업이 더 나은 제품이나 서비스를 비슷한 가격에 제공하는 존속적 전략을 택한다면, 성공할 확률이 크게 낮아질 것이다. 신생기업은 신제품 개발로 기존 기업에 정면으로 도전장을 던져야 한다. 그러나 그렇게 한다면, 기존 기업은 사업을 지키기 위해 혁신 속도를 더 높일 것이고, 결국 신생기업을 물리치거나 아예 인수해버리는 방법을 택할 것이다. 이와 같은 내용은 이미 수치로도 증명되고 있다. 신생기업이 존속적 전략을 사용할 경우 성공확률은 6퍼센트에 불과하다.

만약 신생기업이 파괴적 전략을 채택해도 성공하지 못한다면, 그 이유는 범주를 잘못 설정했기 때문이다. 따라서 올바른 자원과 가치관, 적절한 의사결정 절차를 선택하는 것부터 혁신을 저해하는 요소가 무엇인지, 언제 새로운 사업 모델이 필요한지, 파괴적 사업에 어떻게 대응해야 할지에 이르기까지 파괴적 혁신을 이루는 요소를 세심하게 살피는 것이 중요하다.

문제는 경영자들이 파괴적 혁신과 존속적 혁신을 구별하지 못하고, 모든 혁신은 파괴라고 설명하거나 시도 때도 없이 파괴적 혁신을 해야 한다고 주장하는 일이 아직도 많다는 데 있다. 거듭 강조하지만, 이 두 가지 개념을 명확히 하고 기업 규모와 상황에 맞는 선택을 할 필요가 있다.

디커플링 전략

파괴적 혁신 이론 다음에 살펴봐야 할 것은 바로 '디커플링' 이론이다. 파괴적 혁신은 하버드대학교 경영대학원 크리스텐슨 교수가 주장한 이론이고, 디커플링은 하버드대학교 경영대학원의 브라질 태생의 막내 교수였던 탈레스 테이셰이라(Thales S. Teixeira)가 만든 개념이다. 국내에서는《디커플링》이라는 제목으로 출간됐는데, 책이 출간된지 얼마 지나지 않아 크리스텐슨이 유명을 달리했다. 테이셰이라는 시장의 변화를 제대로 관찰하려면 파괴적 혁신 이론이 아니라, 고객 중심으로 보는 디커플링을 적용해야 한다고 주장했는데, 파괴적 혁신 이론이 저물고 디커플링 이론이 뜨면서 실제로 그 이론을 주장한 학자들의 명암이 교체되는 듯한 묘한 상황이 만들어지기도 했다.

디커플링(decoupling)은 고객 가치사슬을 끊어내는 과정이라고 할수 있다. 고객 가치사슬의 단계는 비즈니스나 산업 또는 제품의 세부 내용에 따라 다르다. 고객 가치사슬은 일반적으로 '평가하기, 선택하기, 구매하기, 소비하기'의 4단계로 구분한다(자동차 구매와 같은 경우는 18단계로 구분될 수도 있다). 파괴자들은 각 단계를 이어주는 연결 고리를 일부 깨트린 후, 자기가 그다음 자리를 차지하기 위해 하나 또는 몇 개의 단계를 훔쳐가는 방식으로 위협을 가하는데, 이 과정을 디커플링이라고 한다.

아마존의 사례로 디커플링의 개념을 설명해보자. 아마존은 비교 쇼핑을 활성화하기 위해 모바일 애플리케이션을 만들었다. 만약 오프라인 매장에 있는 쇼핑객이라면 어떤 제품이라도 검색, 바코드 스캔, 사진 촬영을 통해 아마존 가격과 비교할 수 있다. 즉 아마존은 고객의 선택과 구매 활동을 잇는 연결 고리를 손쉽게 끊을 수 있다는 것이다. 다시 말해서 제품 선택 단계는 오프라인 매장, 예컨대 베스트바이에서 하고, 제품 구매 단계는 아마존에서 하는 것으로 분리된다. 여기에서 파괴가 일어난다고 보는 것이 테이셰이라의 입장이다.

디커플링은 모든 파괴에서 발견되는 공식이다. 각 업계에 불어닥친 디스럽션은 근본적으로 동일한 과정, 즉 디커플링을 거치게 된다. 신생기업은 기존의 성공 기업이 온전히 관리하던 고객의 가치사슬 중 일부를 분리한다. 그리고 그 부분만을 특화해서 서비스를 만들어버린다. 이 현상은 모든 업계의 파괴적 변화에서 공통적으로 일어나는 현상이다.

앞서 설명한 파괴적 혁신은 기존 기업의 성능 향상 궤적과 파괴적 기업의 성능 향상 궤적을 두고 비교한다. 파괴적 기업은 저가 시장 또는 신규 시장에서 초기 품질이 좋지 않은 제품을 등장시켜 새로운 경쟁을 시작하기 때문에 기존 기업의 견제를 받을 필요가 없다. 왜냐하면 기존 기업은 품질이 좋지 않은 저가 시장에서 경쟁해야 한다는 생각을 하지 않기 때문이다.

하지만 디커플링 이론은 파괴적 혁신과는 입장을 달리한다. 고객은 누구나 고객 가치사슬을 따르게 되는데, 이 가치사슬 중 일부분에서 가치사슬을 파괴하는 시장진입자가 등장하고 고객이 이를 선택한다는 논리다.

디커플링이 일어나는 것은 바로 고객이 원하기 때문이다. 쉽게 말하자면, 고객이 원하는 가치가 다른 곳에 존재하기 때문이다. 때로 이것은 비용으로 직접 산출되기도 하고, 편의성의 기준이 되기도 한다. 고객이 전형적인 고객 가치사슬을 따르지 않고 분리하려는 것은 그것이 더 나은 가치를 제공하기 때문이다. 대표적으로 쇼루밍(showrooming)을 생각해보면 이해가 쉬울 것이다. 쇼루밍은 제품을 선택하는 행위와 구매하는 행위를 분리한다. 소비자는 매장에서 제품을 확인할 수 있지만, 굳이 매장에서 구매하지 않는다. 가격이 더 싼 온라인 쇼핑이 있기도 하고, 들고 가기도 귀찮기 때문이다. 즉 고객은 가치를 따지기 시작했고, 여기에서 파괴가 일어난다.

'무엇이 파괴를 부르는가?' 이 질문은 오랫동안 해결하지 못한 숙제인지도 모른다. 인터넷이 등장하고 난 뒤 우리는 혁신 기업들이 등장할 때마다 '디지털 파괴'(Digital Disruption)라고 부르고 있다. 아마존, 넷플릭스, 페이스북, 우버와 에어비앤비, 달러셰이브클럽 등이 바로 그 파괴적 혁신의 주인공들이다.

이 지점에서 냉정하게 따져봐야 한다. 시장 파괴 현상이 기술혁신의 문제일까? 예컨대, 에어비앤비의 기술이 특출 나서 성공한 걸까?

달러셰이브클럽의 기술이 대단하기 때문에 질레트의 아성을 무너뜨렸을까? 만약 기술 때문이라면 미국의 국민 의류라 불렸던 제이크루(J.Crew)는 어떤가? 제이크루는 나름대로 디지털 기술을 도입했고, 혁신을 하려고 했다. 그러나 결과는 우리 모두 아는 바다. 이런 사례들을 볼 때, 파괴적 혁신은 기술 때문에 일어나는 일이 아니다. 기술이 모든 것을 주도한다는 생각은 접어야 할지도 모른다.

결론은 간단하다. 디지털 파괴를 주도하는 진범은 소비자, 즉 고객이다. 더 자세히 말하자면, 고객의 변화하는 욕구다. 고객의 관점에서 시장을 보면 그때부터 새로운 관점을 가질 수 있다. 하지만 일반적으로 전통적인 전략적 프레임워크는 기업 중심적이다. 경쟁사와 비교하면서 자기 회사가 가장 잘하는 것에 집중하는 경우가 대부분이다. 그러다 보면, 고객이 무엇을 원하는지 놓치게 된다. 그로 인해 우리는 지금까지 시장 파괴의 원인은 기업의 경쟁력, 예컨대 기술에 있다고 믿었는지도 모른다. 하지만 기술혁신이 중요한 것이 아니라, 정작 중요한 것은 비즈니스 모델이다. 고객의 변화는 기업의 비즈니스 모델의 변화로 촉발되는 것이다.

디커플링에는 세 가지 유형이 존재한다. 첫 번째는 가치 창출 디커플링이다. 가치 창출 디커플링은 두 개 이상 연결된 가치 창출 활동의 사슬을 분리하는 비즈니스와 관련돼 있는데, 디커플링을 하는 기업이 그중 하나를 고객에게 제공하는 것이다. 예컨대, 트위치(Twitch)는 비디오게임 관람성을 취하고 있지만, 게임을 개발하지는 않는다.

두 번째는 가치 잠식 디커플링이다. 이것은 파괴자가 가치 창출하기와 가치 잠식하기 활동의 연결 사슬을 깨는 것이다. 비디오게임이 등장하면서 플레이어들은 게임을 하기 위해 집 밖으로 나가지 않아도 된다. 다시 말해 그동안 해왔던 일들을 하지 않아도 되는 경우가 생기는 것이다. 이것을 가치 잠식 디커플링이라고 할 수 있다.

세 번째는 가치에 대한 대가를 부과하는 디커플링이다. 가치 창출 활동과 가치에 대한 대가를 부과하는 활동을 분리하는 것이다. 여기에는 대부분의 모바일게임이 해당된다. 모바일게임 대부분은 무료로 사용할 수 있다. 대신 가치에 대한 대가 부과하기는 자사 게임에 빠진 사람들에게 앱 내 구매를 유도한다. 이는 게임 구매하기와 게임하기 사이의 연결 고리를 해체한 것이라고 할 수 있다.

이와 같은 디커플링의 기본적인 과정, 그리고 디커플링의 비즈니스 모델 파괴는 업계를 불문하고 어디에나 존재한다. 왜냐하면, 고객이 존재하기 때문이다. 2016년에 미국 성인의 72퍼센트는 에어비앤비나 우버와 같은 공유 서비스 또는 주문형 서비스 11개 중 적어도 하나를 이용했다. 퓨리서치센터에 따르면, 미국인 다섯 명 중 한 명은 이런 서비스 중 네 개 이상을 섞어서 사용한다. 문제는 이 같은 소비자들이 업종을 넘나들며 고객 가치사슬을 분리하고 있다는 점이다.

디커플링에 대해 기존 기업들이 대체적으로 대응하고 있는 방법을 살펴보자. 먼저 신규 진입 기업을 따라 하거나 인수해버리거나 그것도 아니면 가격을 대폭 낮춰 상대를 질식시키는 방법이 있을 것이다. 사실, 대부분의 기존 기업들은 이런 행동들을 한다. 그러나 신규 진입 기업을 따라 하거나, 가격을 대폭 낮추는 것은 기업의 이윤이 크게 줄어들 우려가 있다. 또 해당 기업을 인수하는 문제도 쉬운 일은 아니다. 타임워너(Time Warner)가 AOL을 인수하거나, HP가 오토노미

(Autonomy)를 인수했던 것, 그리고 마이크로소프트가 노키아(Nokia)를 인수했던 것도 사실, 최악의 인수합병으로 꼽힌다.

구체적으로 두 기업의 대응을 통해 디커플러에 대한 대응 방법을 찾아보자. 우선 실패 사례로 질레트가 있다. 질레트는 1975년부터 특허를 내기 시작했고, 2017년 7월 기준으로 2,000여 개의 특허를 보유하고 있었다. 면도기를 만드는 회사에 왜 이렇게 많은 특허가 필요했을까? 시장진입을 어렵게 만들기 위해서였을 것이다. 게다가 질레트는 많은 기업을 인수하기도 했다. 대체 사업 모델로 시장에 나올 조짐이 있는 기업들을 인수하는 전략을 세운 것이다. 그러나 질레트는 결국 달러셰이브클럽이 등장하면서 무너지기 시작했다.

반면 베스트바이의 대응은 달랐다. 앞서 언급했던 아마존이 디커플링한 것은 바로 베스트바이였다. 처음에 베스트바이는 매장 안에서 아마존을 통해 검색하는 것을 막아보려고 했다. 그러다가 유일한 해결책을 발견했다. 바로 쇼루밍을 하는 고객 그리고 아마존과 공존하는 길을 찾은 것이다. 베스트바이는 주요 제조사의 쇼룸 역할을 하는 비즈니스 모델로 변신해 입점 수수료를 받기 시작했다. 2019년 기준으로 본다면, 베스트바이 수익의 상당 부분이 입점 수수료에서 나온다. 많은 기업은 베스트바이에서 디커플러에 대응하는 방식을 배워야 할지도 모른다. 디커플링을 제거하거나 디커플링 하는 상대를 인수하려 하기보다는 그들과 평화적으로 공존할 방법을 찾는 게 낫기 때문이다.

많은 기업이 미래를 예측하려고 한다. 그러나 미래를 반드시 예측해야 하는 것은 아니다. 미래를 대비해 계획을 세운다는 것은 상당히 어렵고 다소 헛된 일이다. 물론 지금까지는 그렇게 하는 것이 정석이라고 배웠을지 모른다. 경영진이 먼저 미래를 살펴보고, 회사가 어떤 위치를 목표로 하는지 결정한 다음, 그에 필요한 전략적 자산을 결정하기 위해 장기적인 계획을 하는 접근방식을 따랐을 것이다. 하지만, 이제 무언가를 예측하기에 미래가 너무 불확실하다.

그러므로 디커플링에 주목해야 한다. 디커플링 이론은 파괴를 고객이 주도하는 현상으로 간주한다. 고객들은 변화의 필요성을 느끼고, 그에 따라 새로운 소비자행동이 나타나며, 이는 기업에게 진화하는 고객의 욕구를 더 잘 충족시키는 제품을 제공할 기회를 열어주기도 한다. 따라서 이를 작은 변화로 여겨서는 안 된다. 고객에게 폭넓은 영향을 미치는 변화에 주목해야 한다. 그리고 이렇게 고객 주도적 변화 현상에 초점을 맞추면, 먼 미래를 예측해야 한다는 부담에서 자유로워질 수 있다.

또한 광범위한 영역에서 전 산업의 변화를 읽어내야 한다. 자신의 시장에만 집중한다면 파괴 물결을 재빨리 포착하기 어렵다. 그리고 고객 전체 지출의 91퍼센트를 차지하는 산업에 주목해야 한다. 바로, '어디에서 살 것인가', '어떻게 이동할 것인가', '무엇을 먹을 것인가', '무엇을 입을 것인가', '어떻게 배울 것인가', '어떻게 즐길 것인가', 그리고 '어떻게 자신을 치유할 것인가'다. 이 중에서 여섯 분야는 대부분 디커플링이 되고 하나가 남았다. 그 분야가 바로 '어떻게 배울 것인가'에 대한 문제다. 따라서 이 부분에 대한 시장은 관심 있게 지켜봐야 한다. 내 예측이 맞다면, 교육 분야에서 대대적인 디커플링이 일어날 테니 말이다.

고객중심주의

고객이 중요하다는 것은 누구나 다 알고 있는 사실이다. 그렇다면 기업은 고객중심주의에 따라 일을 하고 있을까? 상황을 제대로 파악하고 있다면 '아니다'라고 말할 가능성이 크다.

비즈니스에서 고객에 대한 입장은 3단계에 걸쳐 바뀌었다. 첫 번째 단계는 고객이 아닌 소비자의 시대였고, 이때 소비자는 기업이 이용하고 공략해야 하는 대상에 불과했다. 이 문제는 더 과거로 거슬러 올라간다. 적어도 100년은 더 거슬러 올라가야 한다. 오래전 프레더릭 테일러(Frederick Taylor)는 노동자들의 생산성을 끌어올리는 방법을 연구했다. 또 헨리 포드(Henry Ford)는 이동식 조립라인 시스템을 만들었고, 대량생산과 대량소비 환경에서는 누구나 자신의 능력을 업그레이드할 수 있었다.

이때 알프레드 슬론(Alfred Sloan)이 등장한다. 그는 대량생산 소비재의 핵심은 기술이 아닌 소비자의 심리를 이용하는 것이라는 것을 간파해, 자동차에 연례 모델 체인지 제도를 도입하고 자체 금융 서비스를 만들었다. 슬론이 공략한 것은 바로 더 많이 사려는 심리였다. 그리고 이것은 거의 모두에게 정서적 만족을 높일 수 있는 기회를 제공했다. 이때부터 인간은 대량생산을 하고 대량소비를 하는 시대를 맞이하게 된다.

결국, '우리는 왜 물건을 구매하는가'라는 질문을 던져보면, 사람들은 단지 새로움이나 지위 향상 때문에 물건을 사지 않는다는 사실을 알 수 있다. 상처받은 자존심, 사무실 업무에 대한 불만, 숨 막히는 생활에서 벗어나기 위해 구매를 한다. 마치 약물처럼 소비재가 온갖 종류의 정서적 문제와 사회적 문제를 조절하도록 돕는 것이다.

물론, 사회는 인간의 단기적 이익을 제지해왔다. 적어도 1929년 대공황 이후까지 단기적 만족을 저지하기 위한 노력은 계속 이어졌다. 이때까지만 해도 새로운 차원의 번영을 준비하기 위해 노력했고, 공동체를 존중하고 사회규범을 따라야 했다. 그리고 2차 세계대전 후에는 장기적인 투자와 직원 교육이 이뤄지면서 다시 소비로 이어지는 시대가 열렸다. 사회 권력과 개인 권력은 균형점에 도달한 것처럼 보였다. 하지만, 그런 시간이 길지는 않았다.

두 번째 단계는 고객이 무시되던 시기다. 고객이 존재하지만 고객의 존재는 별로 의미가 없었다. 이는 마이클 포터가 1979년 하버드비즈니스리뷰에 발표한 '다섯 가지 힘'에서 찾을 수 있다. 포터는 비즈니스에서 중요한 다섯 가지 힘을 정의했다. 그 다섯 가지는 바로 '신규 진입자', '대체재', '공급자', '구매자', 그리고 '산업 내 경쟁 강도'다. 여기에서 구매자에 대해 살펴보자. 포터는 구매자의 협상력이 강하면 시장 매력도가 떨어지고, 구매자의 협상력이 약하면 시장 매력도가 올라간다고 했다. 쉽게 말해, 구매자의 목소리가 강하면 기업 입장에서는 그 시장의 매력도가 떨어진다는 얘기다.

포터가 이렇게 주장한 것은 당시 비즈니스 구도에서 그 이유를 찾을 수 있다. 당시는 대량생산과 대량소비의 시대였고, 거대 기업들은 매스미디어 마케팅을 주로 사용해왔기 때문에 고객을 개별적으로 알아야 한다는 생각 자체를 하지 않았다. 게다가 비즈니스라는 것은 오로지 '경쟁' 또는 '전쟁'으로 비유됐기에 기업이 집중해야 하는 것은 경쟁사나 잠재적인 경쟁자지 고객은 중요한 고려 대상이 아니었다.

세 번째 단계는 바로 고객중심주의 등장이다. 고객중심주의는 하나의 이론으로 등장한 것이 아니라 시장 전체를 좌우할 수 있는 패러다임 자체가 변하면서 만들어졌다. 인터넷과 스마트폰이 등장하고 소셜미디어를 통한 각 개인의 목소리가 사회에 표출되면서 거스를 수 없는 대세가 되었다.

기업의 마케팅 환경에서는 불변의 진리라고 통하는 것들이 있다. 오죽하면《마케팅 불변의 법칙》이라는 책이 존재하겠는가. 그 불변의 진리들은 다음과 같다.

1. 오늘날 기업의 브랜드는 과거 어느 때보다 더 중요하다.

2. 브랜드에 대한 고객충성도 향상은 마케팅의 최대 관심사이자 최우선 과제다.

3. 모든 고객은 비합리적이다.

4. 고객은 선택지가 너무 많으면 어떤 것을 골라야 할지 잘 모른다.

  그러나 이런 마케팅 불변의 법칙은 변하고 있다. 아니, 이미 변화해 버렸다. 우선 다양한 의사소통을 통해 제품의 품질을 완벽히 파악하게 된 소비자는 자신에게 진짜 가치가 높은 제품을 구입하게 됐다. 그 결과 브랜드의 영향력은 급락했거나 급락하고 있다. 또 정보를 쉽게 얻을 수 있는 상황에서 과거 경험은 선택 행위에 큰 역할을 하지 못한다. 이는 소비자가 같은 브랜드의 다른 상품에 대한 좋은 경험이 있다 하더라도 새로운 구매 결정은 상품의 실제 성능을 기준으로 매번 다르게 한다는 의미다. 새로운 정보 환경 덕분에 소비자들은 절대 가치에 의존해 더 현명한 선택을 할 수 있게 됐다. 비합리적인 소비자에서 이성적인 소비자로 진화 중인 것이다. 뿐만 아니라 비합리적이라고 여겨졌던 소비자들은 다양한 정보검색도구를 사용하면서 활용 가능한 정보를 효과적으로 취사선택할 수 있게 됐다. 마지막으로, 마케팅 담당자가 제공하는 정보에 많은 영향을 받았던 과거에는 소비자들이 한 가지 특성에 의존해 제품을 비교하는 것이 가능했다. 그러나 세부적이고 다양한 정보를 이용하는 오늘날의 소비자들에게 이 방식은 더 이상 통하지 않는다. 이들이 한 가지 특징에만 집중하고 다른 요인들을 무시할 가능성은 거의 없기 때문이다.

  요컨대 이전 소비자들은 상품을 선택할 때, 브랜드, 가격, 과거의 사용경험 등에 따라 의사결정을 내렸다. 하지만 기존의 마케팅 전략들이 오늘날 사회에서 더 이상 통하지 않는다는 징후들이 나타났다. 소비자들이 마케터가 제시하는 '상대 가치'가 아닌 '절대 가치'에 의존해 상품을 선택하기 시작한 것이다.

최근에는 마케팅 전략에 영향을 덜 받는 의심 많고 똑똑한 '새로운 소비자'에 대한 논의가 활발하다. 하지만, 정말로 새로운 소비자가 등장한 것은 아니다. 인간은 50년 전이나 지금이나 본질적으로 똑같다. 그리고 50년 후에도 똑같을 것이다. 소비자들이 마케팅 전략에 영향을 덜 받는 것은 더 똑똑하거나 논리적이어서가 아니다. 검색 엔진의 발전, 다른 사용자들의 평가, 전문가와 지인들에 대한 전례 없는 접근성 등 여러 가지 도구 때문이다. 이런 도구들이 없었다면 상대적 사고가 여전히 소비자들을 지배했을 것이다.

예컨대, 30년 전에 카메라를 구매할 때 소비자들은 가족과의 귀중한 순간을 보존하라는 광고의 영향을 받았다. 하지만 오늘날 각종 평가에 등장하는 언어들은 더 구체적이며 사실 지향적이다. 카메라의 품질과 활용에 더 집중한다. 전문가나 친구들로부터 정보를 얻을 경우 과장 광고에 덜 노출된다는 장점도 있다. 하지만 좋은 점만 부각해 소비자들의 정서에 호소하는 광고들의 영향력은 아직도 만만치 않다. 단지 이성적 정보를 중요시하는 매체들의 도전에 직면함으로써 그 영향력이 조금 줄었을 뿐이다.

이 같은 소비자 인식에 변화를 준 것은 세 가지 행동에 기인한다. 첫 번째는 카우치 트래킹(Couch Tracking)이다. 카우치 트래킹은 소파에 누워서 스포츠 경기를 탐색하는 것처럼 상품에 대한 정보를 검색하고 추적하는 행위를 말한다. 카우치 트래킹이 중요한 이유는 소비자가 구매 행동을 결정했다면 구매 전에 이미 어떤 물건을 살 것인지 결정됐다는 의미이기 때문이다. 이것은 과거의 소비자행동 이론과 정면으로 대비된다. 두 번째는 빠른 의사결정이다. 소비자들이 상품이나 서비스를 구매하기 전에 검색하는 것은 그 양이나 질, 출처 그리고 비용에서 과거와는 큰 차이를 보인다. 세 번째는 이성적 결정이다. 상품과 서비스에 대한 평가를 보면 볼수록 우리는 이성적 정보를 더 얻게 될 가능성이 크다. 이는 소비자는 감성으로 움직인다는 이론과 대비되는 것이다. 결국, 이 변화들로 인해 지금까지 대세임을 주장하던 수많은 마케팅 이론은 사라지거나 효과를 잃어가고 있다. 스탠포드대학교 경영대학원 교수 이타마르 시몬슨은 《절대 가치》라는 책에서 지난 30년 동안 자신이 가르쳐왔던 모든 마케팅 이론은 틀렸고, 이제는 새로운 마케팅 시대를 준비해야 한다고 말했다. 과거와 달리 지금은 고객중심주의 시대기 때문이다.

우버에는 주문형 사업을 관장하는 부서인 우버에브리싱(UberEverything)이 있다. 이를 통해 새롭게 만든 비즈니스 중에는 우버이츠(Uber Eats), 우버러시(Uber Rush), 우버블랙(Uber Black) 등이 있다. 전달하고 배달한다는 핵심역량을 바탕으로 그들이 할 수 있는 비즈니스를 찾은 결과다. 얼핏 보면, 고객중심주의를 따르는 것 같지만 사실 우버는 자원중심주의를 따르고 있는 것이다.

2001년 당시 베인앤컴퍼니(Bain & Company) 런던 지사 전략 부문 공동 대표였던 제임스 앨런(James Allen)은 《핵심에 집중하라》라는 책을 냈다. 그는 이 책에서 핵심역량(core competency)을 정의하고 이를 잘 발휘할 수 있는 시장을 찾아야 한다고 주장했다. 하지만 앨런은 핵심역량이라는 것이 기술인지, 과정인지 또는 능력인지에 대해서는 정확하게 언급하지 못했다. 그러나 대부분의 기업은 핵심역량을 나름대로 정의하고 여기에 맞거나 이 능력을 잘 발휘할 수 있는 시장을 찾아 포지셔닝 하는 것이 올바른 전략이라고 배워왔다. 이를 다르게 표현하면, 자원중심주의라고 할 수 있다.

자원중심주의에 따르면, 특정 기업이 소유한 자원은 가장 귀중한 재산이기 때문에 모든 비즈니스에서의 의사결정은 이 자원을 어떻게 확장하고 활용해야 하는지에 초점을 맞춘다. 자원중심주의의 관점에서 봤을 때 우버는 제대로 된 방향을 설정했다고 할 수 있다. 하지만 자원중심주의는 적어도 다음의 두 가지 문제를 초래한다.

첫 번째, 자원중심주의는 현재 고객과는 상관없는 새로운 시장을 개척해야 한다. 자원중심주의는 흔히 기업의 핵심역량과 인접한 영역에서 새로운 비즈니스를 찾는다. 그래야 구현하기가 쉽기 때문이다. 그러나 실패하는 비즈니스의 상당 부분이 여기에 해당되는 경우가 많다. 기업 입장에서 자신들이 잘할 수 있는 것을 한 것은 맞지만, 고객이 원하는 것은 아니었기 때문이다.

두 번째, 자원중심주의는 기업이 지속적으로 자사의 자원을 활용한 비즈니스를 찾도록 요구한다. 왜냐하면 자사가 보유한 기술과 조직, 자원 등을 최대한 효과적으로 활용해야 하기 때문이다. 문제는 기업이 자원중심적으로 움직일수록 고객과는 멀어진다는 데 있다.

시장조사기관인 포레스터리서치(Forrester Research)는 고객중심주의가 향후 20년 동안 비즈니스에서 가장 중요한 이슈가 될 것이라고 전했다. 물론 여전히 기업 혁신이라는 테마도 유효할 것이다. 고려해야 할 점은 이제 기업의 모든 혁신은 고객중심으로 만들어져야 한다는 사실이다.

두 가지 단순화 전략

기업은 전략을 단순화해 극단으로 움직이기도 한다. 이 전략을 선택한 기업들은 최근 20년 사이 등장해 전 세계를 집어삼키고 있는 플랫폼과 같은 경우는 아니다. 오히려 전통적인 산업에 더 가깝고, 역사가 짧지 않다는 측면이 있다. 하지만 여기에 새로운 기업이 등장하지 말라는 법도 없기 때문에 여전히 단순화 전략은 기업의 가장 기본적인 전략에 해당한다. 우리가 '단순화'에 주목해야 하는 이유다.

단순화 전략에는 두 가지가 있다. 가격을 단순화하는 '가격 단순화'와 재화와 서비스를 단순화하는 '상품 단순화'가 있다. 이 두 전략은 서로 판이하게 달라 두 전략이 공존하는 경우는 거의 존재하지 않는다. 따라서 기업이 단순화 전략을 취할 때는 반드시 하나만 선택해야 한다.

먼저, 가격 단순화(price simplifying) 전략부터 살펴보자. 가격 단순화 전략은 상품이나 서비스 가격을 절반이나 그 이하로 인하하는 것이

다. 이 전략을 사용한다면, 때로는 수년 이내로 90퍼센트까지 가격인
하를 단행해야 할 수도 있다. 산업을 불문하고 불가능한 얘기라고 생
각할 수도 있지만 가격을 단순화하는 기업들은 경험곡선의 가격을
낮춰야 하므로 원가절감분을 상쇄하기 위해 마진을 극도로 제한해야
한다. 일종의 박리다매 전략을 써야 한다는 말이다.

가격 단순화 전략은 기업의 가장 기본적인 전략 중 하나다. 그렇기
때문에 이 분야에서의 경쟁은 언제나 치열하다. 예컨대 가격 단순화
를 실행하는 기업이 대중 시장을 창출하는 경우가 발생한다고 가정
해보자. 이때 기존 시장은 붕괴되거나 최소한 해당 시장에 있는 다른
기업들의 매출은 크게 감소할 수 있다. 결국 최저 가격에 최고 가치를
제공하는 단 하나의 새로운 대중 시장만 남게 되는데, 이렇게 되면 가
격 단순화 전략을 선택한 회사의 승리로 기억될 수 있다.

가격 단순화 전략은 막강한 파워를 자랑한다. 가격 단순화의 이문
은 낮지만 비즈니스 방어 가능성은 매우 크다. 이것이 가격 단순화에
성공한 기업 다수가 오랫동안 선두를 놓치지 않는 이유다. 가격을 단
순화하는 기업은 경쟁사들이 도전하기 힘든 비용 절감을 달성하기도
하고, 사업을 보호할 목적으로 비즈니스 시스템 전체를 재설계하기
도 한다.

역사적으로 보면 가격 단순화를 통해 성공한 기업들이 적지 않다.
네 가지 사례를 따져보자. 첫 번째로 포드 자동차(Ford)다. 포드는
1905~1906년에 각각 1,000달러, 2,000달러인 두 가지 모델을 판매
하다가, 이후 자동차를 대중화하겠다는 목표로 가격을 낮추기 위한
생산 체계를 만들었다. 단순화와 규모의 효과 덕에 1914년 모델 T의

가격을 550달러까지 낮췄고, 24만 8,307대를 팔았다. 1920년에는 무려 125만 대를 팔았다. 포드 자동차의 모델 T는 가격 단순화 전략의 가장 기본적인 전략에 해당한다.

두 번째로 이케아(IKEA)다. 이케아의 목표는 유행에 뒤처지지 않는 맵시 있는 가구를 저렴한 가격에 판매하는 것이다. 저렴한 가격을 유지하기 위해 운송비의 대부분을 없애고, 매장을 도시 변두리에 설치하며, 직접 가구를 디자인한 뒤 제조업체를 선정하는 등의 방식을 택했다. 이케아는 연간 매출액 290억 유로를 자랑하며, 2위 경쟁사보다 거의 10배 이상 규모가 크다.

세 번째로 맥도날드(McDonald)다. 맥도날드는 양질의 제품을 특별히 싼 가격에 제공하는 것을 목표로 한다. 메뉴의 가짓수를 한정해 음식의 질을 올리고, 제조공정을 효율화해 일종의 햄버거 조립라인을 만든 최초의 식당이다. 현재 119개국 3만 5,000개 매장에서 매일 6,800만 명의 고객에게 음식을 제공하고 있다.

네 번째로 코카콜라다. 전 세계적으로 단일한 음료를 합리적인 가격에 판매한다는 전략으로, 100년 이상 지속된 기업이기도 하다. 하지만 코카콜라의 최근 행보를 보면 가격 단순화 전략이 생각만큼 영원하지 않을 수도 있다는 생각이 든다. 코카콜라, 다이어트 코크, 스프라이트, 환타를 비롯해 세계에서 가장 유명한 브랜드들을 보유하고 있는 코카콜라사를 보면 그들이 탄산음료의 최강자 자리를 꾸준히 유지하고 있다고 생각하기 쉽다. 그러나 실상은 그렇지 않았다. 2000년대 초반 당시, 코카콜라사 매출의 50퍼센트 이상을 차지하던 주력 브랜드 코카콜라는 쇠퇴 일로를 걷고 있었다. 이때 코카콜라사는 회사를 탄산음료 기업에서 생수와 커피, 주스를 포함하는 종합 음료 기업으로 전환하려 했다. 이 결정이 모든 것을 바꿨다. 이런 전략 변화는 경영진이 예상하지 못한 변수인 '극도의 복잡성'을 낳았다. 그 동안 규모의 성장을 목표로 했던 코카콜라의 전략과 시스템, 디자인 은 더 이상 필요 없게 됐다. 과거 코카콜라사를 세계 최고로 이끌었던 전략은 상호연결되고 급변하는 세계에서 성장하는 데 필요한 민첩성을 제공하지 못했던 것이다. 그러나 코카콜라사는 디자인 접근법을 활용해 더 영리하고 빠르고 날렵한 조직으로 다시 거듭났다.

민첩성을 지향하는 디자인 방식을 통해 기업은 더 빨리 학습하고 빨리 실패한 뒤, 더 영리해져서 위험을 줄일 수 있다. 코카콜라는 민 첩성을 높이기 위해 레고를 조립하는 듯한 모듈 시스템을 디자인했 다. 이는 매우 다양하고 항상 변화하는 조건에 잘 대응할 수 있는 탄 력적 시스템이다. 통일성을 유지하면서도 지역별 조건을 반영한 다 양한 종류의 보틀, 냉장고, 매대, 광고, 유통망 등 모든 것을 디자인해 서 빠르게 적용할 수 있는 시스템을 구상했다. 민첩성의 세계에서는 옵션이 많을수록 좋다. 더 많은 요소, 더 많은 옵션을 가진 기업일수 록 상황에 유연하게 대처하고 적응할 수 있기 때문이다.

다음으로, 상품 단순화(proposition simplifying) 전략을 살펴보자. 상 품 단순화 전략은 유용하고 매력적이며 사용하기 쉬운 제품과 서비 스를 개발하는 일과 관련이 있다. 이러한 제품에는 보통 더 높은 가 격이 책정된다. 상품 단순화를 실행하는 기업은 확연히 우수한 제품 에 더 높은 값을 지불하려는 소비자의 의향에 기대기 때문에 대량판 매에 제약을 받는다. 상품 단순화 전략의 목표는 디자인이 전부라 해도 과언이 아니다. 제품을 소비자의 애용품으로 만드는 것이다. 더 사용하기 쉽고, 가능하면 더 쓸모 있으며, 아름답게 만드는 것이 중요하다.

상품 단순화 전략은 큰 순이익을 유지할 수 있다. 애플의 경우 최대 40퍼센트까지 순이익을 내기도 했다. 그렇기 때문에 상품 단순화 전략을 하는 기업들은 서로 치열한 경쟁을 할 필요가 없다. 시장에 이미 상품 단순화에 성공한 기업이 있다고 해도, 각 기업마다 고유한 상품을 개발할 수 있기 때문이다. 상품 단순화 기업은 이를 모방하는 기업이나 더 독창적이고 매력적인 제품을 고안해내는 새로운 상품 단순화 기업의 공격에 취약하다. 그런 의미에서 상품 단순화에는 부단한 혁신이 필요하다.

상품 단순화 전략을 사용하는 기업으로는 대표적으로 애플이 있다. 애플의 목표는, 스티브 잡스의 말대로 '기막히게 위대한' 제품을 만드는 것이다. 시장의 판도를 바꿀 만큼의 혁신으로 다른 어떤 제품이나 서비스와 확연히 달라 보이도록 만드는 것이 목표였다. 애플의 이 전략은 매우 효과적이었던 것으로 보인다.

우버도 빼놓을 수 없다. 우버의 시스템은 지극히 심플하다. 테크놀로지를 이용해 운전자와 탑승자를 연계하는 중개인 역할이 우버가 제공하는 상품의 전부다. 광고를 하지도 않고, 차량을 보유하지도 않는다. 하지만 우버는 짧은 기간에 큰 성공을 거뒀는데, 전체적인 시스템이 간결하고 완성도 있게 만들어졌기 때문에 가능한 일이었다.

요컨대, 두 가지 단순화 전략은 여전히 기업의 기본적인 전략이며, 어떤 기업이라도 한 번쯤 시도해보고 싶은 욕망을 불러일으킨다. 하지만 여기에는 두 가지 걸림돌이 있다.

첫 번째는 조직의 복잡성이다. 기업들은 실적에 문제가 있다고 판단하면, 즉각 문제를 해결하기 위해 구조, 절차, 시스템을 새로 도입하려고 한다. 하지만 새로운 요소가 추가될 때마다 조직의 구조와 절차는 한층 더 번잡해진다. 5,000명 이상의 직원을 둔 유럽 300개 기업의 경영진 600명을 대상으로 한 설문조사가 있다. 조사 결과에 따르면, 조직 내 복잡성을 증가시키는 원인 중에 조직 설계에서 오는 복잡성이 가장 크게 나타났다고 한다. 따라서 의사결정 구조는 더 복잡해졌고, 기업들이 이를 만회하려고 할수록 더 복잡한 조직을 만들게 됐다는 것이다.

한국 기업들의 경우는 더 심각하다. 컨설팅 기업 맥킨지가 100개의 국내 기업에서 일하는 직원 4만 명을 대상으로 기업문화를 진단한 적이 있다. 결과에 따르면, 77퍼센트에 달하는 기업이 조직건강도 부문에서 글로벌 하위권을 차지했다. 특히 리더십, 조율과 통제, 역량, 외부 지향성의 4개 영역에서 취약하다는 것이 확인됐다. 상습적인 야근, 비효율적인 회의, 상명하복이 만연해 조직 내 복잡성이 심각한 수준으로 증가한 것으로 보인다. 이 복잡성이 증가할수록 자율성은 감소하고, 자신이 맡은 일만 처리하려는 관료주의는 더 늘어난다.

이렇게 만들어진 조직의 복잡성은 조직의 시간 낭비를 불러온다. 조직 내 복잡성이 증가하면 무가치하게 낭비되는 시간이 늘어나는 것이다. 대표적인 것이 커뮤니케이션 과부하로 인한 시간 낭비고, 그중에서 가장 큰 낭비 요인은 이메일이었다. 또 조직 내 복잡성 증가는 시간 낭비뿐만 아니라, 필요 이상의 실제 비용 증가를 불러오기도 한다. 예컨대, 관리자를 한 명 채용할 때마다 급여 수준 이상의 비용이 추가되고, 부하 직원들의 업무량도 따라서 증가한다. 일부 기업들은 이런 문제를 깨닫고 처방에 나서기도 하지만, 대부분의 조직은 반대로 가고 있다.

두 번째는 프로세스의 복잡성이다. 한때 기업들은 대규모 생산, 대규모 판매를 이상적으로 생각했던 적이 있었다. 이제 기업들은 다품종 소량생산이라는 새로운 변화에 적응해야 한다는 주장에 직면해 있다. 그러나 기업들의 프로세스는 여전히 소품종 대량생산방식을 취하고 있다는 데 문제가 있다. 특히 공급망을 새로 디자인하고 프로세스가 잘 대응하도록 조정해야 했으나, 기업의 관리 역량이 따라가지 못하면서 프로세스의 복잡성은 더 가속화되고 있다.

프로세스가 복잡해지는 것은 다른 측면에서도 입증할 수 있다. 먼저 프로세스는 크게 두 가지로 나눌 수 있다. 기계 기반 프로세스와 지식 기반 프로세스가 그것인데, 기계 기반 프로세스는 인간이 기계와 상호작용하면서 처리되는 프로세스를 말한다. 반면, 지식 기반 프로세스는 주로 사람과의 작용을 통해 처리되기 때문에 예측하기가 힘들고 같은 결과를 얻기 위한 다양한 방식이 존재한다.

언제나 단순하게 일하고 집중해서 일하는 것이 중요하다. 하지만 대부분의 기업들은 그렇게 할 수 없는 구조적인 문제를 지니고 있다. 기업들은 우선 인력 활용률을 극대화하기 위해 업무량을 늘리는 쪽을 선택하려고 한다. 하지만 조직이 커지고 소요 시간이 더 늘어날수록 전체 프로세스는 더 느려지는 결과가 초래된다. 문제는 이와 같은 일이 반복되면 더 많은 사람을 투여해도 상황은 더 나빠진다는 것이다. 새로운 투입은 자원 가동률을 줄여 일시적으로 소요 시간을 줄일 수는 있다. 하지만 프로세스와 조직 간의 복잡한 상호작용은 궁극적으로 전체 복잡성을 더 증가하게 만든다.

에지 전략

비즈니스 혁신과 관련한 컨설팅을 하다 보면 기업의 구체적인 니즈가 한참 시간이 지나서야 공유되는 경우가 있다. 혁신을 추진하려는 이유는 회사마다 다르다. 멋진 혁신전략을 만들어 자사가 변화를 시도하고 있다는 메시지를 전달하려는 경우가 있고, 겉으로 보이는 것뿐만 아니라 실질적인 변화를 만들어야겠다고 최고경영진 차원에서 결정하고 일을 시작하는 경우도 있다. 이 두 가지 경우와는 다르게, 매출을 10퍼센트 정도 올리는 것을 목표로 기업의 혁신을 추진하는 경우도 있다. 아마도 이 경우가 적지 않을 것이다. 이때 기업들이 가장 쉽게 도입할 수 있는 전략이 바로 에지 전략이다.

'에지'(edge)는 주변부를 가리킨다. 기업의 핵심 사업 자체가 아니라 그 주변부를 말하는 것이다. 따라서 에지 전략은 말 그대로 핵심 사업의 주변부에는 오히려 기회가 있음을 의미한다. 하지만 기업들은 다음과 같은 이유로 에지 전략을 잘 사용하지 못한다.

첫 번째, 에지 전략을 잘 모른다. 가장 쉬운 전략적 개념이라 그다지 어렵지 않고, 우리 주변에서 볼 수 있는 사례도 많지만 그 현상들을 에지 전략이라고 파악하지 못했기 때문에 전략 도입 자체에서 많은 의문점을 갖는다. 그러나 실제로는 이보다 더 못한 경우가 대부분으로, 많은 기업은 스스로 어떤 기회를 놓치고 있는지도 파악하지 못하는 게 다반사다.

두 번째, 기업들은 대부분 자사 주변에 어떤 사업적 기회가 있는지 잘 파악하지 않는다. 보통 이런 기회는 고객의 입장에서 생각해봐야 하는데, 기업은 여전히 고객이 아닌 제품과 서비스를 만드는 입장에서 보기 때문에 고객의 니즈를 잘 파악하지 못한다.

에지 기회는 멀리 있는 것이 아닌, '주력 사업과 그 너머 시장의 경계'에 있다는 사실을 인지해야 한다. 에지는 모든 산업에 존재하며 기업의 규모나 사업의 종류와는 관계가 없다. 누구에게나 기회가 있다는 말이다. 그러나 기업이 이런 유형의 기회를 파악하고 실현하는 경우는 10퍼센트에도 미치지 못하는 것으로 드러났다.

세 번째, 에지 전략이 다른 모든 비즈니스 전략과 마찬가지로 위험성이 있을 것으로 판단하는 것이다. 하지만 에지 전략은 주력 사업에 비해 위험 수준이 덜하고, 수익률은 높다. 또한 에지 전략을 활용하면 고객 요구를 더 다양하게 충족함으로써 제품의 품질을 향상하는 동시에 고객 만족도를 높일 수 있다.

에지 사고방식을 갖춘 기업은 고객과 기업의 관계에 대해 다각도로 접근이 가능하고, 성장 기회를 찾는 일이 전보다 수월해진다. 의외로 에지 기회를 찾는 일은 간단한데, 먼저 고객을 이해하는 것이다. 이후 제품과 서비스를 분할해 생각하고, 고객의 구매 여정에 동참해본다. 또한 자신의 사업체나 기업의 기초자산을 철저히 분석하고, 에지 기회의 우선순위를 정한 뒤 구체적인 에지 전략을 실행한다.

한편 에지 전략의 종류에는 세 가지가 있다. 첫 번째는 제품 에지다. 이는 고객의 요구 그리고 제품과 서비스 사이에 일어나는 간극을 이용하는 전략이다. 본래 기업의 핵심 전략은 상품이 고객의 요구 목록에 완전히 부합하는 것을 목표로 한다. 그러나 현실에서는 불가능한 전략이다. 따라서 사소하지만 작은 차이, 즉 다양한 고객이 원하는 가치를 찾을 수 있게 만드는 것이 제품 에지 전략의 핵심이다. 어떤 산업에서든 일부 고객은 주력 상품에 만족하더라도 그 이상의 것을 바라는 경향이 있다. 아무리 제품과 서비스를 공급하는 기업이 일을 제대로 하더라도 일부 고객의 요구는 주력 상품의 경계를 벗어난 지점에 존재할 수밖에 없다.

제품 에지 전략을 가장 잘 구사하는 기업이 바로 애플이다. 이 분야에서 스티브 잡스보다 뛰어난 제품 전략가는 앞으로도 없을지 모른다. 애플은 고객들에게 선택적인 상품을 구매하도록 유도함으로써 기존 제품의 성능을 강화한다. 최근에 애플은 같은 컴퓨터라도 사양을 달리해서 구매할 수 있도록 하고 있는데, 이런 방법도 제품 에지에 해당한다. 그리고 애플의 아이튠즈와 앱스토어, 액세서리 사업도 제품 에지 전략의 방법이다.

두 번째는 여정 에지가 있다. 고객은 어떤 목표를 염두에 두고 제품이나 서비스를 구매한다. 사실 고객은 거래 자체보다 훨씬 더 원대한 목표를 추구하는 경향이 있다. 예컨대 항공사는 비행기 티켓을 판매한다. 그러나 이것은 고객의 목표에 대해 잘못된 결론을 내린 것일 수도 있다. 비행기를 타는 행위는 어느 도시로 이동하기 위해서가 아니라, 그 도시에서 누군가를 만나기 위해서일 가능성이 높다. 따라서 그 여정을 이해한다면, 공항에서 도심으로 들어가는 방법까지 안내할 수 있다.

여정 에지의 사례로는 홀푸드마켓(Whole Foods Market)을 들 수 있다. 홀푸드마켓은 1978년 설립 당시만 해도 매장 내에 착석한 고객에게 조리된 식사를 제공하지는 않았다. 그러던 홀푸드마켓이 변했다. 홀푸드마켓의 델리 매대는 조리된 각종 고급 요리와 일류 서비스를 제공하기 시작했다. 2017년 홀푸드마켓은 조리 식품과 제빵 부문에서 27억 달러의 매출을 올렸는데, 이는 총매출의 20퍼센트에 달하는 수치다.

여정 에지를 발견하기 위해서는 다음 질문에 답을 찾아야 한다. '고객이 우리 회사 제품을 이용해 궁극적으로 완수하려는 사명은 무엇인가? 우리 회사에 사명 완수를 지원하도록 허용할 것인가?'다. 한편 여정 에지의 흥미로운 점은 기업이 아무런 조치를 취하지 않아도 저절로 발현되는 경향이 있다는 사실이다. 따라서 이러한 경향이 발견되면 기업은 그 일을 특수한 예외 정도로 치부해서는 안 된다.

세 번째는 사업 에지가 있다. 사업 에지는 식별해내기가 가장 어렵지만, 가장 꾸준한 이익을 창출하는 경향이 있다. 사업 에지를 발견하려면 완벽한 외부인의 관점에서 기업을 바라봐야 한다. '내가 이미 소유한 것으로 할 수 있는 일은 무엇일까?'와 같은 생각을 던져야 한다.

사업 에지에는 세 가지 유형이 있다. 먼저, 부산물로 수익 창출하기가 있다. 정유 산업에서는 휘발유 생산으로 수소 등의 여러 가지 부산물이 발생한다. 대부분의 정유 공장은 부산물을 판매하거나 화학 처리 시설에서 이를 다른 물질로 가공하기도 한다. 이런 일련의 활동을 부산물로 수익 창출하기라고 부른다. 다음으로, 잠재 능력 발현하기가 있다. 잠재 능력 발현하기는 자산의 유휴생산능력에서 기회를 찾을 수 있다. 대부분 생산 공장은 유휴생산능력이 있고, 이를 통해 수익을 만든다. 마지막으로, 무제한 자산이나 무형 자산 활용하기가 있다. 2000년대 초반, 아마존은 클라우드 기반의 디지털 인프라를 구축하기 시작했고, 2003년 아마존웹서비스(AWS)를 설립했다. AWS는 무형 자산 활용하기의 대표적 사례라고 할 수 있다.

5 POINT
두 번째 질문

4차 산업혁명과
Industry 4.0
4차 산업혁명은 어떻게 다른가
The Fourth Industrial Revolution

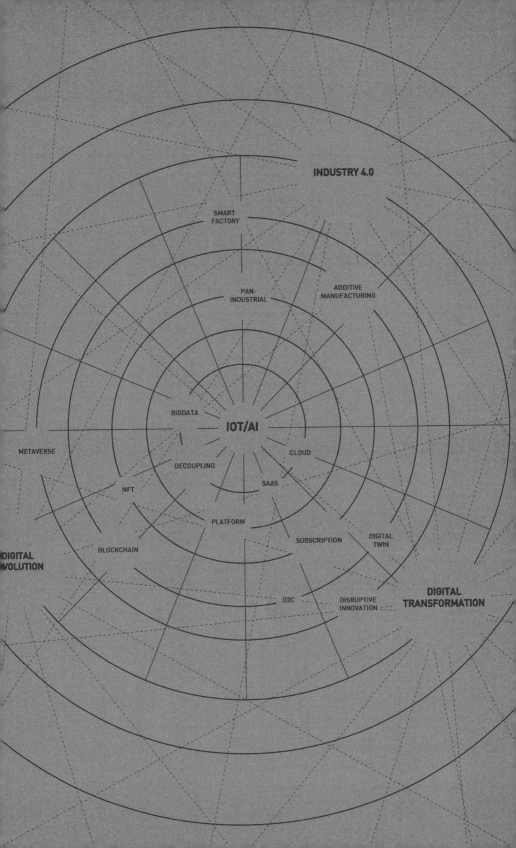

INDUSTRY 4.0

SMART
FACTORY

PAN-
INDUSTRIAL

ADDITIVE
MANUFACTURING

BIGDATA

IOT/AI

METAVERSE

CLOUD

DECOUPLING

SAAS

NFT

PLATFORM

SUBSCRIPTION

DIGITAL
TWIN

DIGITAL
EVOLUTION

BLOCKCHAIN

D2C

DISRUPTIVE
INNOVATION

DIGITAL
TRANSFORMATION

스티브 잡스 솔루션은 또 어떤가.

그는 분명 영웅적인 리더였다.

애플 역시 영감이란 무엇인지에 대한 다양한 사례를 우리에게 보여주었다.

하지만 자유분방한 예술혼과 기술력을 결합하는

잡스의 특별한 비전이 모든 업계에 적합한 것은 아니다.

타 업계 리더의 성공에 오롯이 초점을 맞춰서 벤치마킹하려 한다면,

당신 회사의 독자적인 시장에서 판을 뒤엎는 기회를 만들어낼

당신만의 능력을 잃어버릴 수도 있다.

리더는 남들이 보지 못하는 것을 봐야 한다.

단, 잡스를 흉내 냄으로써가 아니라,

자신만의 경험의 깊이와 실천적 지식,

자신의 산업 지형에 대한 폭넓은 렌즈를 통해서 말이다.

— 크리스티안 마두스베르그, 미켈 B. 라스무센《우리는 무엇을 하는 회사인가?》

'도대체' 4차 산업혁명이란 무엇인가?

2016년부터 '4차 산업혁명'이라는 용어는 시대를 대변하는 키워드로 사용되고 있다. 은행이 블록체인을 이용해 새로운 인증 시스템을 만드는 것도 4차 산업혁명이고, 소매업을 앞세운 리테일이 고객서비스를 강화하는 것도 4차 산업혁명이며, 자동차 제조회사가 자율주행 시스템을 만드는 것도 4차 산업혁명이다. 심지어 정부기관이 새로운 온라인 창구를 만드는 것도 4차 산업혁명이다. 이쯤 되면 기업이 변화와 혁신을 하는 데에 4차 산업혁명이 아닌 분야가 있을까 의구심마저 든다.

시간이 다소 흘러서, 4차 산업혁명이라는 용어가 이미 많은 사람의 관심 밖 주제가 됐을 수도 있다. 지금까지 여러 분야에서 복잡하게 사용되고 있었기에 다시 정의 내리기가 애매한 것도 사실이다. 그럼에도 불구하고 한 번쯤은 4차 산업혁명이라는 용어를 제대로 따져보고 넘어갈 필요는 있다. 정확한 정의를 알지 못하면, 이후에 등장하는 디지털혁명, 디지털 전환과 혼동되기 때문에 비즈니스 실행단계에서 무척 난감한 상황에 처할 수 있다.

먼저 4차 산업혁명이라는 용어가 유행하는데 트리거 역할을 했던 《클라우스 슈밥의 제4차 산업혁명》이라는 책부터 얘기해보자. 이 책의 원서 제목은 'The Fourth Industrial Revolution'으로, 직역하면 '4차 산업혁명'이라는 뜻이다. 이 책은 출간 때부터 화제가 돼 한국에서만 수십만 부가 팔리는 위력을 보여주기도 했다. 그렇다면 질문을 하나 하겠다. 'Industry 4.0'(독일어로는 'Industrie 4.0')은 한국말로 뭐라고 번역해야 할까? 정답은 '4차 산업혁명'이다. 이쯤 되면 당신이 알고 있던 뭔가가 잘못되었다는 생각을 하게 될 것 같다. 맞다. 우리가 지금껏 알고 있던 의미의 4차 산업혁명과 또 다른 의미의 4차 산업혁명이 있다.

클라우스 슈밥이 말한 4차 산업혁명이라는 의미로 본다면, 앞으로 다가오는 거의 모든 변화는 4차 산업혁명에 해당한다. 산업혁명의 1차는 증기기관, 2차는 전기, 3차는 인터넷이었다. 그리고 지금 4차 산업혁명은 융합과 혁신이다. 슈밥의 맥락대로 어떤 학자는 4차 산업혁명을 다음과 같이 정의하고 있다. 'GE가 백스물다섯 살짜리 스타트업이 되고, 구글이 제조업에 뛰어드는 시대'라는 것이다. 물론, 이와 같은 정의에 대해서 동의를 하지 않는 학자들도 적지 않다.

그러면서 4차 산업혁명이라는 용어는 쓸데없는 논쟁을 만들기도 했다. 너무나 많은 분야가 한꺼번에 변화하고 있기 때문에 4차 산업혁명을 정의하기도 어렵고, 정의하기 어려운 문제의 해답을 찾는 일도 어렵다는 주장이 이어졌다. 이 같은 맥락에서 보자면 4차 산업혁명은 키워드 두세 개로 정리될 수 없으며, 따라서 지금 변화의 전체를 이해하는 것은 불가능하다는 입장이다. 이러한 주장에 대해 나는 일부분만 동의한다. '변화의 전체를 이해하는 것은 불가능하다'는 뉘앙스 정도다.

어떤 학자는 4차 산업혁명을 다음의 아홉 가지 키워드로 축약해서 언급했는데, 이런 주장은 대체적으로 2017년부터 2018년 사이에 일어났다. 첫 번째 키워드는 미래 자동차다. 그중에서 주목할 것은 우선 전기자동차다. 전기자동차 시대가 가능한 것은 배터리 가격이 낮아지기 때문이다. 학자들은 배터리 가격이 점점 낮아져 2020년대는 전기자동차의 10년이 될 것이며, 테슬라와 중국을 중심으로 전기자동차 시장이 움직일 가능성이 크다고 예측했다.

미래 자동차의 또 다른 분야는 자율주행 자동차다. 2017년에는 완전 자율주행 자동차가 2020년 내로 상용화될 가능성이 크다고 예측됐었다. 테슬라는 2018년, 애플은 2019년, 구글은 2020년에 완전 자율주행 기능을 완성한다는 것이 업계의 일반적인 관측이었다.

미래 자동차의 마지막은 수소차다. 과연 수소차가 대안이 될 수 있을까? 세계경제포럼의 수소차위원회에는 토요타(Toyota), 현대자동차, BMW, 혼다(Honda), 다임러(Daimler)가 포함돼 있다. 그러나 여전히 수소차는 비싸고, 연료전지 촉매인 백금도 희귀하기 때문에 비싸다. 그리고 충전소 네트워크 구축은 정부와 기업 모두에게 부담이기에 아직까지 수소차가 성공할 것이라는 확신은 미미한 상태다.

두 번째 키워드는 드론이다. 드론은 사람이 타지 않고 하늘, 지상, 해상, 수중에서 다닐 수 있도록 원격으로 조종하는 기기를 말한다. 드론의 개념은 1960년에 처음 등장했는데, 지금까지 군용으로 이용되다 이제 상용화 단계로 접어들고 있다.

드론 시장의 70퍼센트는 중국 DJI(Da Jiang Innovation)가 점유하고 있다. 또한, 구글, 페이스북, 아마존은 각각 드론을 이용한 생태계를 구축하는 중이다. 따라서 한국 기업들이 드론 시장에서 색다른 전략으로 시장을 지배하기란 쉽지 않다. 한국에서 드론을 생산, 판매하는 업체는 30여 곳에 불과하고, 이 기업들이 글로벌 경쟁력을 갖기에는 아직 부족하다. 이에 대한 대안으로 드론 전용 배터리를 눈여겨보라. 드론 핵심기술 중 하나인 드론 전용 배터리는 승산이 있는 분야다.

세 번째 키워드는 인간의 마지막 발명품, 인공지능이다. 인공지능은 이미 사용되고 있다. 인공지능 컴퓨터시스템인 IBM 왓슨(Watson)은 의료진단, 법률상담, 안내용 로봇 등에 활용되고 있다. 그리고 인공지능 변호사 로스(Ross), 페페(Pepe)는 인간형 로봇으로 활용되고 있다. 그 외에 금융권에서도 이미 인공지능이 점차 확대되고 있는 상황이다.

인공지능의 핵심은 빅데이터라는 점을 상기해야 한다. 인공지능은 스스로 생각하고 인간처럼 사고하는 컴퓨터가 아니다. 물론 처음에는 사람처럼 생각하는 인공지능 기계를 만들려고 했지만, 현재는 빅데이터를 기반으로 한 인공지능이 대세가 됐다. 그리고 2026년경이 되면 로봇의 능력을 확인할 수 있는 시대가 된다는 예측도 있다.

인공지능에 대해서는 긍정하는 입장과 부정하는 입장이 극명하게 갈린다. 마크 저커버그는 인공지능이 인간의 삶을 풍요롭게 해준다고 주장한 반면 일론 머스크는 인공지능을 개발하는 일은 악마를 불러내는 일이라고 말했다. 아직까지 어느 쪽이 맞을지는 모르지만, 분명한 건 많은 전문가가 향후 5년 동안 500만 개의 일자리가 기계로 대체될 거라고 예견하고 있다는 점이다.

네 번째 키워드는 ICBM이다. 이것은 사물인터넷(Internet of Things), 클라우드(Cloud), 빅데이터(Bigdata), 모바일(Mobile)을 통합한 단어다. 그중에서 먼저 IoT를 살펴보자. 최근 관심이 집중되고 있는 것은 모든 것이 연결되는 세상인 IoT다. IoT는 미래의 산업구조 변화를 이끌어가는 바탕이 되는 기술이다. 그러나 IoT가 제대로 완성되려면 아직은 갈 길이 멀다. 우선 저전력 통신을 위한 반도체와 배터리가 개발돼야 한다. 그리고 본격적인 IoT 시대를 열기 위해서는 5G가 개발돼야 한다. 그럼에도 불구하고 IoT가 어느 정도 부가가치를 만들어 낼 수 있느냐에 대해서는 여전히 부정적인 시각도 존재한다.

다음은 클라우드를 살펴보자. 인공지능 시대가 다가오면서 클라우드 시장이 폭발적으로 성장하고 있다. 인공지능에는 수많은 CPU와 빅데이터를 연결해야 하기 때문이다. 그러나 이미 미국 기업이 글로벌 클라우드 시장의 51퍼센트를 장악하고 있다. 한국 기업들이 참여한다고 해도 아직은 기술 격차가 있고 시장점유율에서 뒤처지고 있기 때문에 이를 극복하기는 쉽지 않아 보인다.

마지막으로 빅데이터와 모바일을 살펴보자. 인공지능의 핵심 경쟁력은 빅데이터라는 사실을 명심해야 한다. 그래서 앞으로는 비정형 데이터를 어떻게 관리할 것이냐가 화두로 부상할 것이다. 또한 모바일 시장은 성장을 거듭하고 있으며, 특히 중국 기업들이 내수 시장을 기반으로 급부상하고 있다.

다섯 번째 키워드는 가상현실이다. 가상현실의 시작은 1962년 '센소라마'(Sensorama)였다. 센소라마는 컴퓨터 기술이 아니라 영사 화면이 연결된 진동의자를 통해 가상체험을 할 수 있게 만든 장치였다. 그 후 가상현실 기술은 1969년 나사(NASA)의 아폴로 계획에서 우주 비행사들을 훈련하는 방법에 사용되기도 했다. 그리고 1980년대에는 전투기 조종사들을 위한 비행 시뮬레이션이 만들어지기도 했지만 오랫동안 제대로 된 사업이 없었던 것도 사실이다. 그러나 최근 가상현실에는 스마트폰 시장을 타개할 사업 이상이라는 의미가 부여되고 있다. 물론 이 부분에 가장 관심을 두고 있는 회사는 페이스북이다.

여섯 번째 키워드는 차세대 실리콘 반도체다. 이미 반도체 시장은 성장이 둔화되고 있어 조만간 M&A가 활발해질 전망이다. 반도체 분야는 기술적인 필요에 의해 계속 요구되는 산업이다. 특히 인공지능으로 인해 반도체 수요는 더 늘어나게 될 것이다. 따라서 반도체는 차세대 실리콘 세대로 진입해야 한다.

일곱 번째 키워드는 디지털 헬스케어다. 2045년에 평균수명이 120세에 도달하게 되면 스마트헬스 데이터 시장과 인공지능 시장이 급성장할 전망이다.

여덟 번째 키워드는 스마트 팩토리다. 스마트 팩토리는 IoT, 센서, 클라우드, 빅데이터, 정밀 제어 기술이 제조업과 융합한 결과물이다. 특히 스마트 팩토리를 적극적으로 추진하고 있는 국가는 독일, 일본, 미국으로, 이미 스마트 팩토리에 대한 표준화를 완료했다. 다시 말해, 독일과 미국이 스마트 팩토리의 기계 간 통신 표준을 이미 합의한 상태이며, 우리가 주도권을 잡기에는 늦었다는 얘기다.

아홉 번째 키워드는 우주산업이다. 이미 스페이스X나 아마존과 같은 회사는 우주산업을 추진하고 있다. 이들은 2018년 우주 관광 시대가 시작될 거라고 예상했지만 그 실현은 2022년에나 이뤄졌다. 스페이스X는 675억원을 낸 민간인 세 명을 태우고 유인우주선 크루 드래곤을 발사했다. 이는 정부 소속 우주비행사 없이 오직 민간인만으로 이뤄진 첫 우주정거장 방문 사례로 꼽힌다. 한편 구글은 2012년 플래니터리리소시스(Planetary Resources)라는 회사를 설립해, 이를 기반으로 소행성에서 자원을 채굴할 계획을 세우고 추진 중에 있다.

지금까지 나열한 아홉 가지 키워드가 4차 산업혁명일까? 어떤 학자들은 이 같은 입장을 가진 것으로 보인다. 게다가 4차 산업혁명은 미국에서 시작됐으며, 4차 산업혁명의 모범 회사로는 아마존, 구글, 페이스북, 애플 등이 있기 때문에 4차 산업혁명의 시대적 흐름에 올라타기 위해서는 이 회사들의 현황과 전략 그리고 리더십을 벤치마킹해야 한다는 주장이 매우 설득력 있게 들리는 것도 사실이다. 하지만 안타깝게도 이 같은 맥락은 잘못된 것으로 보인다. 단언컨대, 4차 산업혁명을 그런 의미로 해석하는 한 디지털혁명과 디지털 전환 등 다른 비즈니스 트렌드와 구별이 어려워서 실무적으로는 전혀 도움이 되지 않는다. 그렇다면 도대체 4차 산업혁명은 무엇을 의미하는 것일까?

1980년 레이거노믹스와 산업공동화

기업에게 자유가 부여된 것은 불과 최근의 일이다. 1970년대 미국 소비자 지수는 큰 폭으로 하락하면서 새로운 대안이 필요해졌다. 1980년대 미국의 제40대 대통령 로널드 레이건(Ronald Reagan)은 자유방임주의로 레이거노믹스 정책을 실시했는데, 그래야만 기업들이 살아날 수 있다고 판단했기 때문이다. 결국, 새로운 정치철학으로 해방된 기업들은 신기술을 접목하면서 비용 절감과 이윤 극대화를 추구하기 시작했다. 수익에 보탬이 되지 않는 사업은 철수하고 자산을 매각할 수 있는 권한을 얻은 것이다. 이 시기에 "탐욕은 선한 것이다"라는 말이 유행했고, 자유시장을 극대화로 보여주는 사례로 '기업사냥'이 등장했다. 미국 기업문화에서 탐욕은 곧 선이었고, 기업사냥은 경제의 구세주였다. 이때 수많은 미국 기업들이 차례로 인수되고 해체됐다.

기업 경영에서 자주 사용되는 구호인 '주주 가치 극대화'도 이 시기에 등장했다. 기업은 스스로 자본과 경영을 분리하고, 경영진에게 회사 주식을 보수로 지급하기 시작했다. 스톡옵션이 만들어진 것이다. 이때부터 경영진이 고려해야 하는 우선순위와 경영 전략이 바뀌기 시작했다. 경영진은 주가에 집착하면서 비용 절감을 중요하게 여겼고, 이는 주주들이 선호하는 전략이었으니 더할 나위 없었다. 결국 기업들은 주가를 기준으로 한 효율적 시장의 지혜를 선호하게 됐고, 이에 동참한 회사들은 번성했지만, 그렇지 않은 회사는 후퇴하고 말았다. 월가는 이것을 '주주혁명'이라 부르면서 합리화해나갔다. 기업이 주주뿐 아니라 노동자와 지역사회를 지키는 의무는 실종됐는데, 경제학자 밀턴 프리드먼(Milton Friedman)은 "기업의 유일무이한 사회적 책임은 기업의 자원을 이용해 이윤 증가 활동에 전념하는 것"이라고 할 정도였다. '주주 가치'라는 용어는 기업 지도자의 새로운 교리가 됐고, 비용 절감을 위해 대량 해고를 발표하는 것이 정설이었다. 이때 대량 해고를 가장 잘했던 최고경영자는 바로 잭 웰치(Jack Welch)였다. 그는 훗날 그의 마지막 책《잭 웰치의 마지막 강의》에서 1980년대 주주 가치를 위해 대량 해고 했던 당시의 일들을 회상하며 후회하는 말을 남기기도 했다.

1980년대 기업 경영에서 주주 가치의 극대화만큼 기업 경영에 큰 변화를 준 이슈가 하나 더 있다. 바로 컴퓨터의 등장이다. 컴퓨터 덕분에 기업들은 이윤 창출 기회를 더욱 빠르게 활용할 수 있었다. 그리고 컴퓨터의 진정한 공로는 비용 절감으로 나타났다. 컴퓨터가 등장하기 전 기업에서 수익 타당성을 확인하기 위해서는 수기로 된 장부를 모두 계산해야 하는 번거로움이 있었다. 하지만 컴퓨터가 등장하고 난 뒤에는 장부를 일일이 계산하지 않고도 어느 분야에서 주주 가치 극대화를 이루지 못하는지 쉽게 파악할 수 있었다.

컴퓨터의 등장으로 제조업체는 복잡하고 많은 작업을 자동화하면서 생산량을 증가시키고 노동 비용도 줄일 수 있었다. 이렇게 기업들의 놀라운 성장세는 이어졌다. 1990년대가 되자 기업의 이윤이 증가하면서 주주 수익률도 올라갔고, 컴퓨터의 성능이 향상되면서 기술주가 급등하기도 했다. 그러나 이것은 엄밀히 말해, 전쟁 후 선조들이 만든 번영과는 달랐다. 즉, 미국 재계는 정부 개입이나 사회적 의무에 방해받지 않고 효율적으로 기업을 운영할 수 있었다. 기업은 인원 감축을 강하게 실행했고, 사라진 일자리는 다시 돌아오지 못했다. 잭 웰치가 1981년부터 5년 동안 10만 개의 일자리를 없앤 것도 이 시기다. 기업들은 인력 투자를 줄이고 컴퓨터와 관련 장비에 투자했다.

한편 기업의 전략도 바뀌기 시작했다. 1980년대 주주혁명 이후 기업의 경영자들은 금융시장을 만족시키려고 노력하고 있었다. 분기별 목표 수익률을 공격적으로 설정하고 이 수익률을 지키기 위해 극단적인 행동도 하기 시작했다. 1990년대 후반 거물급 항공사였던 록히드마틴(Lockheed Martin)의 사례로 그 당시 분위기를 엿볼 수 있다. 록히드마틴의 경영진은 월가의 주식 분석가들과 만나 앞으로 투자할 예정인 첨단기술을 소개한 적이 있다. 당시 최고경영자였던 노먼 오거스틴(Norman Augustine)의 회고에 따르면, 투자 계획 발표가 끝나자마자 주식 분석가들이 말 그대로 발표장을 쫙 빠져나가더니 록히드마틴의 주식을 팔아버렸다고 한다. 이후 나흘 만에 록히드마틴의 주가는 11퍼센트나 떨어졌다. 깜짝 놀란 오거스틴은 당시 발표회에 참석했던 주식 분석가 친구에게 전화를 걸어 왜 신기술에 투자하려는 기술업체에게 시장이 불이익을 주느냐고 물었다. 그 친구는 이렇게 답했다. "우선은 연구가 성공하더라도 15년은 걸려. 그런데 자네 회사의 일반 주주들이 주식을 보유하는 기간은 18개월이야. 지금으로부터 15년이면 그 주주들은 아마 보잉사의 주식을 갖고 있을 거야. 그리고 주주들은 자네의 좋은 구상을 반기지 않아. 거기에 비용을 댈 생각도 없지." 이어 그 친구는 오거스틴에게 '결정적 한 방'을 날렸다. "우리 투자사는 그렇게 근시안적인 경영을 하는 회사에는 투자하지 않는다네."

1990년대가 되자 기업은 새로운 변화를 찾기 시작했다. 바로 오프쇼어링(off-shoring)이다. (위키백과에 따르면, 오프쇼어링은 기업 업무의 일부를 타국으로 이관하는 행위를 말한다. 업무를 떠넘긴다는 점이 큰 틀에서 아웃소싱에 해당한다. 같은 아웃소싱인 하도급(하청)과의 차이점은 그 스케일이 국경선을 넘는다는 점과 대상 업무가 주 업무마저 넘긴다는 점이다. 즉 누구한테 넘기는 게 아니라 어디로 넘긴다는 것이 다르다. 특히 기업이 통째로 타국으로 넘어가는 해외 이전의 경우에 많이 사용된다. 오프쇼어링은 반대말로 '리쇼어링'이 있다.) 당시 거대해지고 있던 기업들은 선진국 내에서 올라가는 인건비를 계속 부담하는 것이 안 좋은 방법이라고 생각해 해외로 눈을 돌리기 시작했다. 이때부터 '글로벌 시스템'이 만들어지기 시작했다. 교통과 통신이 발달하면서 가능한 전략이었지만, 근본적으로는 1995년 인터넷이 상용화되면서 글로벌 운영 시스템과 물류 시스템이 충분히 가능한 전략으로 파악됐기 때문이다.

이때 선진국의 수많은 기업이 자국에 있던 공장을 아시아 지역으로 보냈고, 심지어 콜센터와 소프트웨어 개발 거점까지 아시아 지역으로 보내는 경우가 많았다. 이때 가장 큰 수혜를 받은 지역은 바로 인도다. 이 같은 역사적 배경 때문에 벵갈루루는 '인도의 실리콘밸리' 라고 불린다. 현재까지 세계 유명 IT 기업들이 모이고 있는 곳도 바로 벵갈루루다. 벵갈루루는 인도의 수도 델리에서 항공편으로 2시간 30분 정도 거리에 있으며, 인구는 대략 1,000만 명을 웃돈다. 벵갈루루는 북인도에 비해 교육열과 문자 해독률이 높다. 그래서 벵갈루루에는 80여 개에 달하는 기술대학이 있고, 항공우주나 방위 분야의 연구기관이나 국영기업도 다수 있다.

벵갈루루가 발전할 수 있었던 이유 중 하나는 바로 STPI(Software Technology Parks of India)라고 할 수 있다. STPI는 1991년부터 실시된 IT 진흥책 중 하나로, 인도 정부는 그때까지 지속돼온 폐쇄정책을 버리고, 통신 환경 정비나 세금 우대 조치를 실시했다. 그래서 마이크로소프트, 인텔, 시스코 등 글로벌 IT 기업들이 차례로 벵갈루루에 진출할 수 있었던 것이다. 게다가 벵갈루루 IT 기업들은 젊고 우수한 인재를 확보하기가 쉬웠고, 이는 기업이 성장하는 배경이 될 수 있었다.

벵갈루루가 발전할 수 있었던 또 다른 측면이 있다. 바로 오프쇼어 개발 거점이 벵갈루루였기 때문이다. 위탁을 하거나 자사 거점을 설치하는 일이 모두 벵갈루루에서 이뤄졌다. 선진국들은 어느 쪽을 선택하더라도 매우 싼 비용으로 위탁을 하거나 거점을 둘 수 있었다. STPI의 면세 혜택도 컸지만, 무엇보다 인도의 인건비가 저렴했기 때문이었다.

하지만 오프쇼어링에 대해서는 재고해야 할 지점이 있다. 이는 선진국들의 깊은 반성에서 기인한다. 선진국들은 자국에서 나타나는 경제위기가 1995년에서 2005년 사이 제조업들이 선진국에서 신흥 개발도상국으로 엄청나게 이전한 결과로 발생했다는 사실을 찾아내기 시작했다. 산업공동화라 불리는 전례 없던 이 현상은 낮은 투자 비용과 최대로 저렴한 가격에 끌린 서구 소비자들의 요구에 굴복한 결과이기도 했다. 중국인의 1시간 노동 비용이 같은 수준에 해당하는 미국이나 유럽의 노동 비용보다 40배가 낮다는 보도가 이어지던 시기였다. 선진국들은 하루라도 빨리 여기에 달려들어 이러한 기적을 활용해야 했다. 이로 인해 새롭게 생긴 실업자를 지원하는 데 드는 비용은 어떻게 할 것인가 따위는 생각하지 않고 말이다. 결국 사회복지 비용은 폭발적으로 증가했고, 무엇보다 이 전례 없는 영향의 야만성 앞에서 세계 경제는 붕괴에 다다른 것이다.

20세기 후반의 이러한 움직임이 끼친 영향은 OECD 국가의 산업 점유율 급락, 수백만 개의 비숙련 일자리 상실로 끝나지 않았다. 이 현상으로 인해 선진국이 전체 산업의 상당 부분을 상실한다는 의미에서의 산업공동화가 나타났다는 사실을 뒤늦게 깨달은 것이다. 결과적으로 서구는 지난 2세기 동안 누렸던 '지도자'의 지위를 잃었다. 서구는 이제 미래가 자신들에게 덜 호의적이라는 사실을 알고 있다. 이러한 움직임 자체를 피할 수 없었다지만, 향후에는 그렇게 하지 않기로 결심하기 시작했다. 개발도상국으로 이전했던 공장들을 다시 불러들이기 위해 제조업을 혁신하고 선진국 내에서도 제조업이 원활히 움직일 수 있도록 혁신전략을 만들기 시작한 것이다. 그 시대적 사명이 바로 4차 산업혁명, 이른바 '인더스트리 4.0'이다.

선진국의 오프쇼어링으로 성장해
리버스 이노베이션으로 반격하는 인도의 실리콘밸리

무엇이 인도를 강하게 만드는가? 인도가 급부상할 수 있었던 요인에 대해서 조금 더 살펴보자.

첫 번째, 거대한 인도 IT업계가 있다. 전 세계 아웃소싱 시장에서 인도가 차지하는 비중은 56퍼센트다. 특히 포춘 500개 회사 가운데 80퍼센트가 인도를 활용하고 있다. IT 서비스 분야가 58퍼센트, 경리와 인사 등 업무 관련 BPO가 23퍼센트, 제품과 서비스 상품 관련이 19퍼센트 정도다. 그리고 인도 IT업계의 직접 고용은 370만 명이라고 하는데, 일본 IT업계의 경우 약 90만 명이라고 하니까, 실로 대단한 수치다.

비록 처음에는 오프쇼어 거점에서 시작했으나 현재 인도는 고급 공정까지 다루는 일대 거점이 되고 있다. 벵갈루루는 오랫동안 미국과 유럽의 거대 기업들의 하류 공정을 맡아왔다. 그러다 보니 노하우가 점차 쌓이고 그 분야의 지식이 쌓이게 되면서 그 업종의 핵심을 파악할 수 있었다. 또한 같은 일을 하며 앞으로 어떤 기술적 흐름이 도래할지, 그 배경에는 어떤 비전이나 전략이 있는지 재빨리 파악할 수 있었다. 결국 좀 더 고난도 프로젝트가 가능한 상황이 된 것이다. 인포시스(Infosys)나 위프로(Wipro) 같은 인도 기업은 이러한 과정을 통해 세계 정상급 실력을 갖추게 됐다.

인도의 IT 서비스 기업들은 거대해지고 있다. 인도 최대 규모의 IT 서비스 기업은 타타컨설턴시서비스(Tata Consultancy Services, TCS)다. 2016년 이 회사의 매출은 176억 달러, 직원 수는 38만 7,000명에 달했다. TCS는 최근 '이그니오'(Ignio)라는 인공지능 툴을 발표했다. 한편 인포시스는 2017년에 직원이 무려 20만 명으로 늘었다. 이들은 '마나'(Mana)라는 지식 기반의 인공지능 플랫폼을 개발했다. 그리고 위프로의 직원 수는 18만 명이다. 이 회사는 제품이나 서비스 개발 분야에 강점이 있는데, 최근 위프로는 인공지능 플랫폼 '홈스'(HOLMES)를 발표했다.

이렇게 10만 명이 넘는 IT 서비스 기업을 인도에서는 어렵지 않게 볼 수 있다. 벵갈루루에 진입하는 해외 기업들도 수천 명에서 수십만 명의 직원을 고용하고 있다. 벵갈루루 전성시대라고 해도 과언은 아니다.

두 번째, 스타트업이 있다. 해외시장에서 인도의 스타트업들은 유명하다. 최근 구글, 야후, 페이스북과 같은 미국 IT 기업들은 스타트업을 높은 가격에 매입하기 시작했으며, 이 숫자는 점차 더 늘어나고 있다. 앞서 인도의 스타트업 수도 늘어나고 있다고 언급했는데, 2020년에는 스타트업의 수가 1만 개 늘어날 것으로 보고 있다. 미국에 이어 세계 두 번째 스타트업 대국이 되는 것이다.

사실 인도에서 스타트업이 늘어나는 배경은 따로 있다. 외부에서는 인도 경제가 성장해 부유층뿐만 아니라 생활에 여유가 있는 중산층이 늘어났기 때문이라고 분석한다. 그러나 가장 큰 요인은 스마트폰이 급속하게 보급되고, 인터넷으로 다양한 비즈니스를 제공할 수 있게 된 데 있다. 게다가 스마트폰이 보급되면서 잠재적인 고객층도 급속히 늘어나고 있다. 인도의 평균연령은 25세로, 그만큼 젊고 또 디지털 환경에 익숙하다. 이처럼 고급 IT인력이 풍부하기 때문에 인도에서 스타트업이 빠르게 증가하는 것이다.

그리고 스타트업을 위한 에코시스템도 한몫을 하고 있다. 예컨대, 벤처캐피털은 180개, 엔젤 및 개인투자가는 350명이다. 2016년 투자 총액은 무려 40억 달러로, 이는 이스라엘이나 일본을 훨씬 웃도는 수준이다. 또 늘어나고 있는 인큐베이터와 액셀러레이터는 스타트업이 발달할 수 있는 좋은 환경을 만들고 있다.

인도에는 성공한 스타트업 기업들이 많다. 우선 인도 최대 이커머스 기업으로 플립카트(Flipkart)가 있다. 인도에서는 아마존이 플립카트를 쫓아가고 있는 상황이라고 한다. 그리고 배차 서비스 앱인 오라(OLA)라는 브랜드가 있다. 오라는 우버와 같은 스마트폰 앱에 기반을 두고 배차 서비스 사업을 전개하고 있다. 또한 세계 최대 빅데이터 전문회사 뮤 시그마(Mu Sigma)가 있다. 이 회사는 디시전사이언스 그리고 빅데이터 분석을 한다. 마지막으로 2007년에 창업한 인모비(InMobi)가 있다. 이 회사의 본사는 싱가포르에 있는데, 모바일 광고 네트워크 사업을 한다.

세 번째, 인도의 인재들이 있다. 인도는 글로벌 인재 배출국이라고 할 수 있다. 세계적인 IT 기업의 경영인 가운데 인도인을 어렵지 않게 볼 수 있다. 마이로소프트와 노키아, 구글과 네트워크어플라이언스의 최고경영자도 모두 인도인이다. 그리고 기업의 최고 직위는 아니지만, IT업계에서 활약하는 인도의 인재는 수도 없이 많다. 뿐만 아니라 명문대학 비즈니스 스쿨의 고위직에도 인도인은 많다. 하버드대학, 시카고대학, 코넬대학, 오하이오 주립대학의 비즈니스 스쿨 학장은 모두 인도인이다.

인도인들이 해외에서 뛰어난 역량을 보이는 것은 새삼스러운 일이 아니다. 세계적 기업에서 활약하는 인도인은 대부분 인도에서 대학을 졸업하고, 미국에 있는 대학원으로 유학한 뒤 이후 커리어를 쌓아 기업 최정상으로 승진한 경우가 압도적으로 많다. 인도 입장에서 보면 두뇌 유출의 한 유형으로 자리 잡고 있는 것이다. 2015년을 기준으로, 35만 명 이상이 유학을 하고 있다.

그렇다면, 인도인들의 능력은 어떻게 길러지는 걸까? 보통 인도인들의 강점은 경영 능력이나 리더십 또는 다양한 환경에 적응하는 능력이라고 일컬어진다. 그 이유가 바로 인도 국내의 카오스 때문이라는 분석도 있다. 인도에서는 돈이 많아도, 가난해도 집 밖으로 나가면 다양한 위험에 직면하게 된다. 일상에서 많은 위험에 노출되기 때문에 누구도 안전을 보장해주지 않는 것이다. 이런 환경에서 자라면 인간은 강해질 수밖에 없다. 늘 주변을 살피고 조심하며 컨트롤할 수 없는 현실에 맞서는 법을 배우는 것이다. 이런 다양한 환경 속에서 적응력이나 생존력이 생겼고, 그래서 인도인들이 글로벌 리더로 성장하는 소질을 계발할 수 있었다는 것이다.

네 번째, 리버스 이노베이션이 있다. 리버스 이노베이션은 다트머스대학 경영대학원 교수 비제이 고빈다라잔(Vijay Govindarajan)이 제창한 새로운 이노베이션의 개념이다. 즉 신흥국 시장에서 태동해 선진국으로 퍼져가는 이노베이션을 뜻한다. 기존에 이노베이션은 선진국에서 발생해 신흥국으로 전해지는 것이 상식이었다. 첨단기술이나 노하우를 보유한 곳은 아무래도 선진국이었기 때문이다. 하지만 고빈다라잔은 최근 인도와 같은 신흥국에서 이노베이션이 태동해 선진국으로 확산되는, 기존과는 다른 개념의 흐름이 발생하고 있다고 주장한다. 그리고 그 중심이 바로 벵갈루루가 되고 있다.

신흥국에서 이노베이션이 일어나는 가장 큰 요인은 환경이 갖춰지지 않았기 때문이다. 환경이 열악하기 때문에 선진국에서 사용되는 제품을 사용하지 못하는 경우가 많다. 선진국 모델은 보통 더 편안하게 더 쾌적하게 같은 편리성을 추구하지만, 신흥국에는 빈곤층이 많기 때문에 편리성보다는 비용이 우선시되곤 한다. 따라서 선진국과는 전혀 다른 방법으로 발전하는 것이 최근 신흥국 시장의 트렌드다. 이제 신흥국에서 만든 제품이 다시 이노베이션을 만드는 이른바 리버스 이노베이션이 가능해진 것이다. 그리고 인구가 13억 명이나 되는 인도는 이 모든 것을 시작하기에 최적의 장소다.

4차 산업혁명은 독일에서 시작됐다

4차 산업혁명이라는 말이 유행하기 시작한 이후 지금까지, 4차 산업 혁명은 지나치게 광범위한 개념으로 인식돼온 것 같다. 그 근원지는 앞서 설명한 대로《클라우스 슈밥의 제4차 산업혁명》이고, 이 개념이 4차 산업혁명에 대한 광의의 개념을 차지하면서 제대로 된 4차 산업 혁명(Industry 4.0)이 설 자리가 없어진 듯하다.

그럼에도 불구하고 4차 산업혁명은 거의 매일 포털 검색어 상위권 에 오를 정도로 이 시대를 정의하는 가장 중요한 키워드가 됐다. 사람 들은 그 정의를 이세돌 9단을 꺾은 알파고로 대표되는, 그러니까 미 국 IT 기업들이 뽐내는 혁신 기술의 향연 정도로 파악한다. 그러다 보 니 많은 회사는 완벽한 인공지능과 로봇을 만들고, 전기자동차를 넘 어 자율주행 자동차를 만들면 4차 산업혁명에 참여할 수 있다고 믿는 것 같다. 그러나 그것은 4차 산업혁명이 아니다.

정리하자면 4차 산업혁명은 제조업의 주도권을 미국과 아시아에 빼앗긴 유럽에서 제조업의 주도권을 회복하기 위해 처음 촉발된 이슈다. 여기에는 저임금 국가에 빼앗긴 제조 공장을 자국으로 되찾아오고 싶은 선진국들의 의지와 생산성 하락으로 어려움을 겪고 있는 수많은 제조 기업의 생존 전략이 숨어 있다. 그러므로 단순한 기술 혁명이 아니라 제조업의 복권이라는 역사적이고 산업적인 맥락을 이해하는 것이 중요하다.

우선 4차 산업혁명에 대한 명칭부터 얘기해보자. 독일에서는 인더스트리 4.0(Industrie 4.0)이라고 부르고, 미국과 영국에서는 '첨단 제조', 프랑스에서는 '미래 공장', 벨기에에서는 '차이를 만드는 미래 공장' 그리고 네덜란드에서는 '스마트 산업'이라고 부른다. 이 명칭들이 사실은 모두 4차 산업혁명이며, 동시에 제조업의 혁명이다.

그중에서 원조는 바로 독일이다. 4차 산업혁명은 바로 독일 인더스트리 4.0에서 시작됐다고 할 수 있다. 독일은 우리가 알고 있듯이 제조 강국이다. 원래부터 독일이 제조업의 강국이었던 것은 아니다. 역사적으로 보면 파운드와 금의 고정환율이 존재했던 스털링 체제에서 영국은 제조업에 대한 비전을 줄이고 금융 강국으로 지배력을 높이는 것을 목표로 했다. 이때 영국은 독일에서 제품을 수입하기도 했는데, 당시 독일의 제조업 수준은 형편없었다고 한다. 그래서 영국은 강제로 독일에 제품을 생산할 때 반드시 독일에서 생산했음을 표기할 것을 조건으로 달았다. 그렇게 해서 만들어진 것이 바로 'Made in Germany'의 시작이고, 이후 각 나라에서 제품을 생산할 때 반드시 표기해야 하는 관례로 작용하게 된다.

독일은 이때부터 제조업의 중요성을 간파한 것으로 보인다. 영국으로부터 받은 설움이 있기도 했고, 제조업을 강화하다 보니 제조업이 발달해야만 전체적인 국가경쟁력이 올라간다는 것을 깨달았다. 따라서 지금의 제조 강국이 된 것이다. 2008년 미국발 금융위기가 발발했을 때, 유럽연합에서 높은 지위에 있던 독일은 이탈리아, 그리스 등 서비스업을 중심으로 구조가 만들어져 있는 국가들에게 강력한 구조조정을 요구했는데, 제조업을 기반으로 국가경쟁력을 키운 독일이었기 때문에 가능했던 일이다.

독일은 2010년 인더스트리 4.0이라는 개념을 만들어내기 시작했다. 이것은 지속적인 디지털화 그리고 연결성을 강조하는 개념이다. 이 개념은 2011년에 하노버 박람회에서 처음 소개됐고, 그 후 2016년 다보스포럼에서 4차 산업혁명이라는 용어로 변형돼 사용됐다. 즉, 우리가 알고 있는 4차 산업혁명은 바로 이때부터 알려진 개념이고, 독일에서 시작된 제조업혁명이다. 어떤 학자들은 아직도 4차 산업혁명이 미국에서 만들어졌다고 주장하는데, 이는 4차 산업혁명을 디지털혁명과 혼동하기 때문에 일어나는 현상일 수 있다.

주의할 것은 이렇게 알려진 4차 산업혁명이 조금 더 포괄적인 개념이라는 점이다. 원래 4차 산업혁명은 제조업을 부흥시키고자 하는 인더스트리 4.0에 기반한다. 그리고 이것은 다시 메이커 운동(Maker Movement)이나 팩토리 4.0과 같은 협의적 용어와는 구별돼야 한다.

사람들은 4차 산업혁명이 만들어놓은 게임의 규칙을 보고서 완전히 새로운 산업혁명이라고 생각하기 쉽다. 우선 4차 산업혁명은 생산과정의 자유와 유연성이 핵심이기 때문에 일대일 고객맞춤형 제품 생산이 가능하다. 과거에는 대량생산과 대량마케팅 방식이었지만,

더는 그런 패러다임이 통하지 않는다. 게다가 전통적 산업 경계가 희미해지고 산업과 비산업 응용 분야 사이의 경계도 흐려지고 있다. 예컨대, 자동차 산업은 전통적으로 진입장벽이 가장 높은 산업이었지만, 이제는 그렇지 않다. 이미 테슬라가 이 공식을 깨버린 지 오래다. 따라서 기업들은 모든 것을 바꿔야 살아남는다는 식의 두려움을 한가득 안고 있다.

중요한 것은 4차 산업혁명의 목표를 아는 것이다. 앞서도 언급했듯이 4차 산업혁명은 인공지능을 만들고 로봇을 만드는 것이 목적이어서는 안 된다. 4차 산업혁명의 첫 번째 목표는 비용과 효율성의 극대화라고 할 수 있다. 특히 데이터의 흐름을 끊는 인터페이스를 줄이는 것으로 시작해야 한다. 이렇게 하면 생산 비용과 자원의 효율성을 극대화할 수 있다. 따라서 더 많은 자동화, 더 좋은 부품을 추구하던 과거의 방식과는 다르다.

4차 산업혁명의 두 번째 목표는 자산회전율과 수익을 증가시키는 것이다. 이때 4차 산업혁명을 자동화와 혼동해서는 안 된다. 물론 많은 사람이 4차 산업혁명을 산업자동화라고 생각하기 쉽다. 이것은 잘못된 비즈니스 상식이다. 그리고 4차 산업혁명은 새로운 기술도 아니다. 제조업의 생산성을 높이는 방향이라고 생각해야 한다. 사실, 자동화는 기업들이 이미 많이 해왔다. 자동화로 투자 효과가 나타나면 기업은 자본이익률은 그대로 유지하면서 자본집약적으로 움직인다. 그렇게 해서 큰 공장, 큰 기업들이 태어났던 것이다. 이것은 4차 산업혁명이 아니다. 4차 산업혁명은 그 나라의 경쟁력을 바탕으로 자산회전율과 수익을 증가시키는 것이 목적이다.

많은 비즈니스 현장에서 4차 산업혁명의 핵심은 기술이라고 생각하는 경우가 많다. 하지만 4차 산업혁명의 시작이었던 인더스트리 4.0은 새로운 기술이 아니다.

4차 산업혁명의 기반은 가상 물리 시스템이다. 4차 산업혁명과 관련해서 '가상 물리 시스템'이라는 용어가 자주 등장하고 있다. 이 시스템이 4차 산업혁명의 기반이기 때문인데, 가상 물리 시스템은 인간과 기계와 자원이 서로 직접 소통하는 것을 말한다. 물론, 가상 물리 시스템은 그 실체가 명확하지 않아 어느 정도는 상상 속으로 이해해야 하는 측면도 있다. 예컨대, 이 시스템을 통해 만들어지는 제품을 굳이 스마트 제품이라고 한다면, 그 제품 하나가 만들어질 때마다 어떻게 생산되고 어디로 배송되고 사용될지 스스로 문서화할 수 있다. 따라서 가공물, 도구, 생산 공장, 물류가 임베디드 소프트웨어를 통해 인터넷에 연결된다. 즉 가상 물리 시스템은 최적의 생산활동과 물류 그리고 소비활동까지 완벽히 통제할 수 있다.

이미 많은 기업이 이 시스템을 사용하기 시작했다. 누군가가 시간을 허비하고 있는 사이, 인더스트리 4.0을 실행하는 기업들은 늘어나고 있다. 4차 산업혁명의 모범 회사를 따져보자. 기업체 임원들과 얘기를 나누다 보면 대부분 4차 산업혁명의 모범회사로 아마존, 애플, 구글, 페이스북 등 ICT 기업들이나 플랫폼 기업들을 떠올리는데, 그들을 4차 산업혁명 기업이라고 하기 힘들다. 유럽 최대 컨설팅 회사 롤랜드버거(Roland Berger)는 4차 산업혁명의 모범 기업 3개를 내부 보고서에서 언급한 바 있다. 그 기업은 바로 아디다스, 할리데이비슨, 피렐리다. 이들 모두 제조업이라는 특징이 있다.

아디다스는 아시아 지역에서 시행하던 대량생산 체제를 버리고 스피트 팩토리를 세웠다. 신발 만드는 회사도 4차 산업혁명의 대표 주자인 것이다. 할리데이비슨도 마찬가지다. 할리데이비슨은 21일이나 걸리던 제조공정을 6시간으로 줄였고, 고객들은 바이크 빌더를 통해 주문할 수 있다. 그리고 타이어 제조업체 피렐리는 IT 환경으로 14단계나 되는 타이어 제조 과정을 3단계로 축소했다. 피렐리가 더 고급화되고 있는 자동차 시장에 빠르게 대응할 수 있게 된 것은 4차 산업혁명 덕분이다.

이렇듯 4차 산업혁명은 진행 중이며 이미 선진 산업 강국들은 4차 산업혁명 대열에 뛰어들었다. 우선 방어적이고 공격적인 독일이 있다. 독일의 자본이익률은 2000년 12퍼센트에서 2014년 30퍼센트로 급증했다. 고용률의 소폭 하락에도 불구하고 부가가치는 80퍼센트 상승했고, 수익은 158퍼센트나 뛴 것이다. 그리고 독일은 시장지배력을 더 키우기 위한 솔루션 개발에 전념하고 있다.

다음으로, 산업을 다시 부활시키고자 하는 프랑스가 있다. 사실 프랑스의 제조업은 약하다. 제조업 분야의 일자리는 370만 개고, 제조업이 차지는 비중은 GDP의 12퍼센트로 생각보다 적다. 왜냐하면 낡은 제조 기계, 줄어드는 일자리, 부가가치와 수익률이 모두 하락하고 있기 때문이다. 따라서 프랑스에서는 디지털화 그리고 가상현실과 같은 전문 분야에 희망을 걸고 있다.

또 산업을 재배치하는 미국이 있다. 미국에서는 2000년부터 2014년 사이에 500만 개의 일자리가 사라졌다고 한다. 그러나 제조 산업과 관련한 절대적 수치로 보면 미국 산업은 독일의 세 배, 중국에 이어 두 번째 위치에 해당한다. 미국은 모든 산업 시설을 현대화하고 있다. 특히 자동화 솔루션과 저렴한 로봇 생산 시설을 도입하는 것으로 노동생산성을 올리고 있다. 미국은 특히 도널드 트럼프(Donald Trump) 전 미국 대통령 시절부터 해외로 생산 기지를 이전했던 기업들을 대상으로 적극적인 리쇼어링 전략을 펼친 바 있는데, 이는 4차 산업혁명이 만든 결과라고 할 수 있다.

한편, 산업 성장을 회복하려는 일본이 있다. 일본의 제조업은 지난 10년 동안 40퍼센트 축소됐으며, 200만 개의 일자리가 사라졌다. 그래서 2015년부터 4차 산업혁명과 관련된 프로그램을 쏟아내고 있는 것이다. 일본은 이미 초고령사회로 진입한 상태지만 자동화 수준이 높기 때문에 경쟁력과 유연성을 확보할 수 있다고 생각하고 있다.

예외적 산업화를 꿈꾸는 중국이 있다. 중국도 이미 저비용 수출 분야가 한계라는 것을 잘 알고 있다. 그래서 중국이 생각한 유일한 방법은 프리미엄 서비스다. 즉, 독일과도 경쟁이 가능한 산업 솔루션을 확보하려고 하는 것이다.

그러나 4차 산업혁명은 국가 간 경쟁을 파악한다고 해서 이해할 수 있는 것은 아니다. 4차 산업혁명에서 제조 공장의 기계와 기계가 통신할 수 있는 표준화 작업을 누가 선도하느냐에 대한 문제는 여전히 미해결 과제로 남아 있다. 그리고 이 표준화를 누가 거머쥘 것인지에 따라 산업의 판도는 달라질 것으로 보인다. 4차 산업혁명이 진행되면서 촉발되는 일자리 문제 또한 중요하다. 늘 그렇듯, 산업혁명이란 수많은 일자리를 없애고 또 수많은 일자리를 만들어왔다. 그것은 변하지 않는 진리일지 모른다.

21세기 제조업혁명

21세기에 접어들면서 4차 산업혁명으로 제조업의 혁명이 시작되고 있다. 얼핏 보면 이 변화는 디지털혁명 또는 디지털 전환과 비슷해 보이기도 한다. 그러나 비용과 효율의 극대화라는 측면을 살펴보려면 플랫폼을 앞세운 디지털혁명과는 구별돼야 한다. 물론 기업이 제조업의 기반에 디지털 전환을 도입해 불량률을 줄이겠다는 목표로 IoT 등의 장비를 도입하는 경우가 있지만, 이는 오히려 디지털 전환이 아닌 스마트 팩토리의 초기 단계로 이해해야 하는 부분이 많다.

4차 산업혁명으로 가장 크게 변하고 있는 분야는 분명 제조업이다. 특히 제조업은 최근 적층 가공 분야의 발전으로 전혀 다른 혁신을 만들어내고 있다. 예컨대 미국 항공기 제조사 록히드마틴은 적층 가공(additive manufacturing, AM) 기술을 도입해 F35 전투기의 동체와 내부 전체를 약 3개월 만에 프린트할 수 있게 되었다. 전통적인 기술을 이용해 동일한 전투기를 제조하는 데 2~3년이 걸리던 것과 비교하면 엄청난 발전이다. F35 전투기는 동체 길이가 15미터 이상이고, 날개 길이가 10미터, 무게가 (비무장 시) 약 12톤이다. 록히드마틴의 목표는 제작 기간을 3주로 단축하는 것이다.

더욱 인상적인 것은 전투기를 기지로 복귀시키지 않고도 적층 가공 기술을 통해 전투 현장에서 즉각 프린트할 수 있다는 점이다. 더 이상 수억 달러의 비용을 들여 거대한 격납고를 만들 필요가 없다. 그 대신 설치가 빠르고 쉽게 분해할 수 있는 공장을 현장으로 이동시키면 된다. 이처럼 현장에서 적시에 전투기를 프린트할 수 있다면 각국의 군사적, 지정학적 전략은 완전히 바뀌게 될 것이다.

자동차 산업은 어떨까? 미국의 스타트업 기업 로컬모터스(Local Motors)가 개발한 세계 최초의 3D프린팅 자동차 '스트라티'(Strati)는 단 50개의 개별 부품으로 44시간 안에 제작할 수 있다고 한다. 기존에는 3만 개의 부품이 필요한 작업이었다. 또한 2030년에 열릴 '베를린 도시 이동 챌린지' 대회를 위해 설계된 3D프린팅 자율주행 전기 버스 '올리'는 이미 10억 달러 이상의 자금을 조달했으며 400대 이상의 예약 주문을 받았다.

전통적인 건설업과 식품 산업에도 커다란 변화의 조짐이 보인다. 중국 건설 회사 윈선(WinSun)은 2016년 두바이에서 기존의 주택보다 훨씬 저렴하고 기존에는 볼 수 없었던 유기적인 곡선형 건물을 프린트해 대중에 공개했다. 미국의 대표적인 초콜릿 기업 허쉬(Hershey)는 3D프린터를 도입해 전통적인 제조 방식으로는 불가능한 기하학적 모형의 초콜릿을 생산하고 있다.

HP, GE, 지멘스, 유나이티드테크놀로지스(United Technologies) 등

세계 유수의 기업들도 '제조의 디지털화'를 발 빠르게 추진하는 중이다. 이들 기업이 수십억 달러를 투자한 적층 가공 기술은 로봇공학, 인공지능, 빅데이터, 클라우드 컴퓨팅, IoT 등의 기술과 빠른 속도로 결합되고 있다. 그 결과 나타날 최고의 혁신은, 제조업계와 정보기술 업계의 기업들이 현재 만들고 있는 산업 플랫폼의 완성과 보급일 것이다.

적층 가공은 적어도 여섯 가지 모델로 구분해 작동할 수 있다. 첫 번째는 대량 고객맞춤화가 있다. 과거 전통적인 산업은 대량생산과 대량소비가 전형적인 비즈니스 방식이었다. 하지만 4차 산업혁명으로 이 법칙이 깨지고 있다. 적층 가공 기술은 전통적인 절삭 가공 방식에서는 불가능하거나 매우 힘든 작업이 가능해서 제품을 미세하게 조정하는 데 용이하다. 이 때문에 보청기 제조사는 귀에 꼭 맞는 제품을 생산하기 위해 적층 가공 기술을 활용하고 있으며, 고객 개인화가 중요한 다른 산업에서도 그와 유사한 3D프린팅 기술을 채택하고 있다. 이러한 대량 고객맞춤화 접근방식은 고객이 표준화된 제품에 만족하지 못하는 분야, 그리고 개별 요구사항이나 선호도에 대한 정보를 쉽게 수집할 수 있는 모든 규모의 시장에서 효과적이다.

두 번째, 대량 다양화가 있다. 각 제품을 특정 고객에게 맞춤화할 필요가 없는 경우 제조업체는 다양한 스타일로 제품을 생산해서 거의 모든 구매자가 원하는 것을 발견할 확률을 높일 수 있다. 대량 다양화 생산업체는 특정한 주문에 따라 제품을 생산할 수 있지만, 고객에 대한 정보를 수집하지 않아도 된다. 대량 고객맞춤화와 마찬가지로, 대량 다양화는 표준화된 제품을 생산하는 전통적 제조업체와 고가의 수공예 제조업자를 능가하는 경쟁력을 적층 가공 제조업체에 제공한다.

세 번째, 대량 세분화가 있다. 이 모델은 대량 다양화보다 선호도가 훨씬 더 제한적이다. 대량 세분화는 유행에 민감한 소비재 산업이나 계절적, 순환적 또는 단기적 유행 시장의 제조업체에 좋은 모델이다. 전통적인 제조업체는 앞으로 몇 달 후 소비자가 원하는 것이 무엇일까를 사전에 예측해야 하지만, 적층 가공 제조업체는 새로운 소비자 요구에 따라 신속하게 생산을 조정할 수 있다.

이 모델의 경쟁 우위는 큰 비용을 들이지 않고도 신속하게 전환할 수 있는 적층 가공의 능력과 판매할 제품의 시장성을 확인하기 위해 일정량을 시험 생산하는 것이다. 이 모델은 제품에 대한 총수요가 많고 선호도의 범위가 개별 생산보다는 제품군 생산에 적합한 수준으로 세분화된 경우에 잘 작동한다.

네 번째, 대량 모듈화가 있다. 이 접근법은 잘 정의된 매개변수 내에서 유연성을 허용하는 것이다. 기존 제조업체는 프린트한 제품 본체와 그 내부에 들어가는 삽입 가능한 다양한 모듈을 결합해서 어느 정도 유연성을 발휘해왔다. 고객은 제품 구성을 변경하기 위해 모듈을 장착하거나 제거할 수 있다. 그러나 적층 가공은 융통성이 높아서 이러한 모듈화를 훨씬 더 향상해준다.

이는 여러 기업이 이미 구상하고 있는 전략이기도 하다. 현재, 모듈형 휴대전화와 여러 소비자 전자 장치가 개발 중에 있다. 이를 만드는 몇몇 흥미롭고 놀라운 회사들이 업계의 이목을 끌고 있다. 예컨대, 2016년 9월 페이스북은 내슨트오브젝트(Nascent Objects)를 인수해 하드웨어의 입지를 넓혔다. 내슨트오브젝트는 적층 가공을 활용해 카메라, 센서, 베터리 및 여러 구성 요소가 통합된 전자 제품을 제조하는 스타트업이다.

다섯 번째, 대량 복잡화가 있다. 이 모델은 적층 가공의 독특한 품질 기능을 최대한 활용한다. 적층 가공 기기는 절삭 가공에서는 불가능한 복잡한 형상을 만들어낼 수 있다. 따라서 목표는 복잡성 자체가 아니라, 절삭 가공이 훨씬 더 높은 비용으로 달성할 수 없는 복잡한 디자인을 실현하는 동시에 제품 품질을 높이는 것이다. 이러한 복잡하고 고품질의 제품은 대개 대량 시장의 관심을 끌지 못하거나 수요가 가변적일 수 있으므로, 대량생산보다는 일종의 대량 세분화 방식으로 제작된다.

현재 오토데스크(Autodesk), 다쏘시스템(Dassault Systèmes) 등 여러 공급업체에서 생성적 디자인을 가능케 하는 소프트웨어 도구를 개발하고 있다. 생성적 디자인이란 엔지니어와 제품 개발자가 원하는 특성을 지정하면 소프트웨어가 제품 성능과 제조 비용을 최적화해주는 설계 방식을 말한다.

여섯 번째, 대량 표준화가 있다. 이 모델은 전통적인 절삭 제조로 쉽게 생산할 수 있는 간단한 구조를 가진 대량 시장의 제품과 관련된다. 예를 들어, LG는 캘리포니아에 위치한 업체인 카티바(Kateeva)가 개발한 일드젯 시스템을 사용해 OLED 스크린을 제작하는 시험 공장을 건설했다. LG는 이 적층 가공 기술을 이용해 수만 대의 OLED 스크린을 생산하기를 희망하고 있다.

이 여섯 가지 모델을 구분하는 경계선은 명확하지 않다. 사실상 이런 경제는 기술이 향상되면서 서로 겹쳐질 것이다. 소비자가 고객맞춤화와 복잡화를 동시에 추구함에 따라 결국 융합이 나타나게 될 것이다. 복잡한 제품이 대량 시장에서 새로운 표준이 될 수 있다. 그리고 제조업체들이 학습 곡선을 따라 성장하면서 여섯 가지 모델 모두에서 설명한 절감 효과가 증가하고 확산될 것이다. 이제 비즈니스에서 규모의 경제가 통하던 시절은 종말을 맞이하고 있는지도 모른다.

세계적으로 널리 알려진 기업만 산업 플랫폼을 구축하는 경쟁에 뛰어든 것은 아니다. 상대적으로 덜 친숙한 기업들, 예를 들면 캘리포니아의 3D프린터 제조업체 카본(Carbon3D), 보스턴의 CAD 제조업체 PTC, 영국의 엔지니어링 회사 GKN 등도 경쟁자로 자리매김하고 있다.

그뿐만이 아니다. 물류업계의 거인 UPS(United Parcel Service)는 적층 가공 서비스 공급업체인 패스트라디우스(Fast Radius)와 협력해 60개 매장에 3D프린터를 설치하는 등 미국에서 적층 가공 사업을 확장하고 있다. UPS의 경쟁업체인 페덱스(FedEx)는 3D프린터를 활용해 적시에 부품 생산, 재고관리 등 다양한 서비스를 제공하는 '페덱스포워드디포'(FedEx Forward Depots)라는 새로운 벤처기업을 발표함으로써 업계를 긴장시켰다.

다임러, 에머슨(Emerson), 티센크루프(Thyssen Krupp), GE 등이 건설한 "미래의 공장"은 거의 모든 곳에서 거의 모든 것을 효율적으로 제조할 수 있는, 그리고 변화하는 시장의 요구에 따라 한 제품에서 다른 제품으로, 심지어 한 산업 분야에서 다른 산업 분야로 생산방식을 빠르게 전환할 수 있는 혁신을 가능케 한다. 이는 적층 가공 기술이

'범위의 경제'(economy of scope)를 창출할 수 있다는 의미다.

범위의 경제는 성인용 기저귀(타미케어)에서 전투기(록히드마틴)에 이르는 거의 모든 제품에 대해 시장지배력을 가진 기업이 공간적, 시간적 제한을 받지 않고 고객과 직접 소통하고 공급하고 서비스할 수 있을 때 발생한다. 예컨대, 하기스 기저귀를 원하는 사람이라면 하기스 회사나 하기스에 접속을 허락받은 플랫폼에 주문을 하고, 동네 편의점 같은 곳에서 프린트돼 나오는 제품을 받으면 된다. 자동차에서 기저귀까지 거의 모든 제품에 대해 소비자는 자신이 편한 방식으로 주문, 결제, 수령을 할 수 있는 것이다. 이렇게 되면 유통 구조라는 것이 무의미해진다. 시간적 차이도 최소화된다. 지리적 격차도 아무런 문제가 되지 않는다. 제조업체와 소비자 모두에게 엄청난 비용 절감 효과를 가져올 수 있는 것이다.

이와 동시에 적층 가공 기술은 대량생산 못지않은 품질 유지와 속도를 성취해가는 중이다. 효율성에서도 떨어지지 않게 되는 것이다. 한마디로 대기업들이 오랫동안 누려온 '규모의 경제'(economy of scale)도 놓치지 않게 된다는 의미다. 이미 운동화 산업(아디다스), OLED 디스플레이 산업(파나소닉), 제트기 엔진 산업(GE), 광학 렌즈 산업(럭셀셀) 등 여러 산업이 적층 가공 기술이 대량생산에도 적합하다는 결론을 내리고 디지털 제조 시스템으로의 전환을 추진 중이다.

파이브 포인트

전방위 기업의 등장

4차 산업혁명은 선진국에서 시작된 제조업혁명이라고 거듭 강조했다. 특히 제조업을 중요하게 생각했던 독일이 주도하면서 'Industrie 4.0'이라는 용어가 만들어졌고, 선진국마다 4차 산업혁명을 부르는 명칭이 다르다고 언급한 바 있다. 나는 이 개념을 '협의의 4차 산업혁명'이라고 부른다. 이 관점에 기인한다면, 금융기업이 4차 산업혁명 시대에 할 수 있는 것은 엄밀히 말해 존재하지 않는다. 왜냐하면 제조업혁명이기 때문이다.

4차 산업혁명은 지금도 꾸준히 새로운 것을 만들고 있다. 그중에 '전방위 기업'이라는 개념이 있다. 전방위 기업은 산업 플랫폼을 활용해 유연한 공급망과 강력한 비즈니스 생태계를 구축하는 단일 기업을 말한다. 이러한 기업은 오늘날의 어떤 기업보다 더 뛰어난 제품 다양화가 가능하다는 장점이 있다. 적층 가공을 이용한 제조업의 혁명이라고 봐야 한다. 물론 적층 가공 기술을 추구하는 기업들은 오랫동안 실용적이지 못하다는 비판을 들어왔다. 하지만 적층 가공 기술이 디지털 정보통신과 제어 도구 등 기술혁신을 채택하면서 상황이 달라지고 있다. 즉, 적층 가공과 산업 플랫폼 역량을 활용하면 그 어느 회사보다 더 광범위하게 제품을 다양화할 수 있는 단일 회사가 될 가능성이 크다. 여기에서 추가적인 문제가 드러나는데, 바로 전방위 기업의 극단에는 ICT 기업들과의 충돌이 기다리고 있다는 점이다.

전방위 기업에서는 대부분의 전통적인 기업에서 발견되는 불통 구조가 크게 사라질 것이다. 그 대신 기능 부서가 병합되는 경향이 나타난다. 예를 들면, 연구 개발, 마케팅, 제품 출시 부서는 단일 운영 단위로 통합될 수 있다. 왜냐하면 전방위 기업에서는 제품 변경이 개별적인 개발 주기나 계절로 이루어지는 것이 아니라 점진적, 지속적, 실시간으로 이루어지기 때문이다. 전방위 기업은 신제품 설계에 대한 작업을 수행하고 이를 순차적으로 넘겨받는 분리된 여러 팀을 보유하는 대신 다양한 재능과 기능을 갖춘 단일 팀을 고용할 가능성이 높다.

또 전방위 기업에서는 한 부서에서 다른 부서로의 효과적인 전달을 위해 많은 관리 단계에 포함되는 제품 개발 프로세스가 며칠 또는 몇 시간으로 단축된다. 그러므로 신제품을 이전보다 훨씬 빨리 시장에 출시할 수 있다. 비슷한 방식으로, 현재 별도로 조직되고 실행되는 다른 인접 기능들도 밀접하게 통합돼 효과적인 단일 부서를 구성하게 될 가능성이 매우 크다.

예컨대, 미국 플로리다에 본사를 둔 전자제조서비스업체 '자빌'은 전방위 기업의 형태로 가장 먼저 부각될 회사가 아닐까 싶다. 자빌은 전 세계에 위치한 자신들의 공장과 고객, 공급업체를 한눈에 파악할 수 있고, 자신들이 제조하거나 공급하는 수십만 개의 부품을 1만 7,000개의 네트워크를 통해 추적할 수 있다. 2016년 4월 일본의 규슈 섬에 강력한 지진이 발생했을 때 이 시스템은 실시간으로 공급망을 확인하고 몇 시간 만에 대체 공급업체를 찾아내 자빌의 관리자에게 알렸다. 이러한 자빌의 시스템은 제조업혁명이 가능하다는 것을 보여주는 4차 산업혁명의 대표적인 사례다. 즉 제조 비용의 절감, 네트워크 효율성의 강화, 기업의 혁신 역량 향상 등의 이점을 가져올 것이 분명해 보인다.

4차 산업혁명은 이제 막 시작됐기 때문에 향후 20~30년 안에 완전히 새로운 변화가 등장할 것이다. 겉에서 보면 전방위 기업은 일반 기업과 유사하다. 하지만 이들이 가진 시스템과 플랫폼은 현재 대기업의 고민거리인 사일로 효과를 해체하고, 기업의 시너지, 다각화, 효율성 그리고 수익성을 크게 높일 수 있다. 이미 그런 움직임은 일어나기 시작했고, 주로 선진국의 제조업혁명 형태로 등장하게 될 것이다.

이러한 전망은 단순한 공상이 아니다. 앞서 언급한 HP, GE, 지멘스, 유나이티드테크놀로지스 등은 적층 가공 기술을 채택함으로써 업계 최초의 전방위 기업으로 자리잡기 시작했고, 전례 없는 유연성과 효율성으로 수천 가지 다양한 제품을 만들어 전 세계 모든 지역의 수많은 산업 분야에 제공하고 있다. 또한 자빌, 플렉스(Flex), 폭스콘(Foxconn) 등의 계약 생산업체, IBM, 다쏘시스템, 오라클(Oracle) 등의 소프트웨어 공급업체 등도 전방위 기업으로 성장하기 위해 노력하고 있다.

전방위 기업은 정보, 속도, 혁신, 자금, 명성의 우위를 늘리면서 새롭게 재편될 산업 질서에서 강력한 역할을 수행하게 될 것이다. 이를테면 중앙집중식 자본집약적 제조 시설은 유연하고 효율적인 디지털 산업 플랫폼으로, 높은 진입장벽으로 구분된 산업은 공유를 통해 서로 연결되는 융합 산업으로 전환할 것이다. 또한 새로운 형태의 수직적 통합과 거대 제조 기업이 출현해 이른바 초융합(superconvergence) 시대의 도래를 알릴 것이다. 그리고 이러한 과정에서 월가 권력의 쇠퇴, 세계 권력 균형의 붕괴 등 사회적, 정치적 변화가 뒤따를 것이다.

여기에서 흥미로운 점은 거대 ICT 기업들이 이 제조업혁명에 뛰어들고 있다는 데 있다. 다트머스대학교 경영대학원 교수 리처드 다베니(Richard A. D'Aveni)가 쓴 《넥스트 레볼루션》에 따르면, 구글은 적층 가공 기술과 산업 플랫폼의 세계로 뛰어들기 시작했다. 구글 파이버, 구글 캐피털, 구글 벤처스, 구글 엑서스 등은 구글 플랫폼을 보완하거나 확장하려는 일련의 프로젝트다. 현재의 인터넷 기반 플랫폼을 중심에 놓고 다양한 제품과 서비스를 서로 결합하는 데 집중하고 있는 것이다. 구글을 따라서 아마존, 페이스북, 애플 등도 주요 비즈니스와 명확한 관련성이 없는 다양한 시장과 기술 분야에 진출하고 있다.

한편 아마존은 클라우드 컴퓨팅, 온라인 서비스 및 오프라인 소매업에서 거대한 비즈니스를 구축하는 중이다. 애플은 자율주행 차량을 실험하고 있다. 페이스북은 전자 장치용 3D프린팅, 드론, 인공지능 및 가상현실 하드웨어에 투자하고 있다. 일론 머스크는 자동차에서부터 배터리, 우주항공, 인공지능에 이르기까지 사업 영역을 다각화하고 있다. 그들은 기존의 제조업계와 긴밀히 연결될 새로운 제국을 꿈꾸고 있는 것처럼 보인다.

그렇다면 전방위 기업과 ICT 기술 대기업이 경쟁하면 누가 이길까? 이 시나리오는 최근 수십 년 동안 가장 빠르게 성장한 몇몇 하이테크 기업과 전방위 기업의 대결이다. 경쟁업체의 범주에는 빅4인 구글, 애플, 아마존, 페이스북이 포함되고 오라클, IBM, 세일즈포스(Salesforce) 같은 다른 정보 기반 기술 기업도 포함된다. 실제로 이들 기업 중 일부는 이미 제조 및 산업 플랫폼과 관련된 인수합병과 실험을 진행하고 있다. 따라서 이 시나리오의 일부 형태가 실제로 나타날 가능성이 높으며, 제조 기반 전방위 기업과 실리콘밸리를 중심으로 한 거인 간의 지배권을 둘러싼 본격적인 전쟁이 될 것으로 보인다.

이 시나리오에서 ICT 기술 대기업은 자신들이 이미 보유한 고객 데이터를 충분히 활용하고, 산업 플랫폼을 인수 또는 개발하며, 자신들의 혁신적인 재능을 사용해 음성인식, 자연어 처리, 이미지 인식, 딥러닝 등 비즈니스 운영을 향상시키는 전문화된 소프트웨어를 개발할 때 전쟁에서 승리할 수 있을 것이다.

반면 전방위 기업은 다수의 소비자가 자신의 플랫폼을 사용하도록 유도해 다수의 소비자 데이터에 접근할 수 있을 때 전쟁에서 승리할 것이다. 또한 그들이 기술 거인으로부터 소비자 데이터를 구매할 수 있을 때도 승리 확률은 올라간다.

그러나 이 시나리오에서 승리 가능성은 전방위 기업 쪽이 높다. 왜냐하면 기업과 기업 그리고 기업과 소비자를 직접 연결하는 통일된 가치사슬을 창출할 수 있기 때문이다. 핵심적으로 전방위 기업은 제품을 판매하기 위해 아마존의 웹사이트를 이용할 필요가 없어 아마존 같은 중개 기업을 궁지로 몰아넣을 가능성이 크다.

그러나 여기에는 변수가 있다. 바로 통신 기업의 제조업 등장이다. 예컨대, AT&T와 버라이즌(Verizon) 같은 통신 회사는 잠재적인 다크호스다. 전방위 산업의 전쟁터를 뒤흔들 의외의 경쟁자가 바로 이들이다. 통신 회사는 IT 회사, 소셜미디어 회사, 제조 회사 등 기업과 소비자 간의 모든 커뮤니케이션을 관리한다. 따라서 정부가 규제하지 않는다면 수많은 소비자 데이터에 접근할 수 있다.

통신업계 제왕들은 전방위 기업과의 전쟁에서 몇 가지 실질적인 이점을 누릴 수 있다. 가장 큰 이점 중 하나는 그들이 이미 많은 것을 투자한 물리적 통신 네트워크다. 이는 다른 회사로서는 따라잡기 어려운 자산이다. 향후 5년 내에 5G 통신망이 도입되면 모든 스마트 장치가 효율적이고 안정적이며 확장 가능한 네트워크에 연결돼 진정한 인공지능 수준의 서비스를 소비자에게 제공하게 될 것이다.

통신업계 제왕들은 접근 권한이 있는 소비자 데이터를 활용해 개인화되고 맞춤화된 제품과 서비스를 창출할 수 있을 것이다. 반면에 전방위 기업은 현재 통신업계에는 없는 큰 이점, 즉 물리적 생산시스템과 기반 시설에 대한 자신들의 통제력을 가지고 있다.

결정적 요소는 망 중립성을 통신사가 어떻게 활용할 것인가다. 만약 통신업계 제왕들이 산업 플랫폼 및 B2C 플랫폼에서 정보 전달을 방해하는 병목 현상을 일으킬 수 있게 된다면 게임은 끝난다. 그러면 통신사는 하이테크 거인과 전방위 기업 간 전쟁의 승자와 패자를 결정할 수도 있을 것이다. 또는 인터넷이나 텔레콤 네트워크를 사용하지 않고 고객 및 공급업체와 통신하는 방법을 찾도록 압박할 수도 있다.

5 POINT

세 번째 질문

디지털혁명의 끝은

어디인가

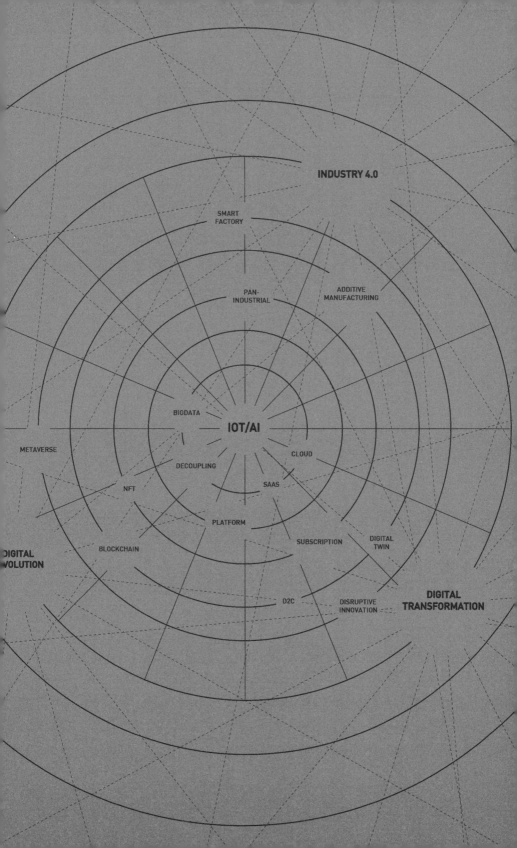

파괴적 테크놀로지의 역사를 되돌아보면,
어느 분야에서 지배적이었던 자가 다음 시대의 플랫폼으로서
그대로 남아 있는 예는 없었다.
한때 컴퓨터를 만드는 IBM에 맞서 굉장히 많은 경쟁사가 제품을 출시했다.
하지만 그 어느 회사도 성공하지 못했고,
IBM을 거슬러서는 부자가 될 수 없다는
농담 비슷한 말까지 생겨났다.

— 케빈 켈리 《5,000일 후의 세계》

테크놀로지혁명의 시작

21세기를 한마디로 정의하면 '테크놀로지혁명의 시대'라고 할 수 있다. 테크놀로지는 지식과 정보, 사람 사이의 상호작용, 제품의 생산과 소비, 금융과 미디어에 이르기까지 그 영향력이 미치지 않는 영역이 없다. 그뿐만 아니라 테크놀로지는 기존의 경제와 비즈니스 지형을 완전히 허물어 새로운 경제체제로 편입해버렸고, 이는 디지털혁명의 근간이 되고 있다.

새로운 세계 지형은 파편화, 융합화, 초연결(Hyperconnected)의 세 가지 특징으로 정의할 수 있다. 테크놀로지는 산업과 비즈니스를 고도로 분산시켜 그 틈으로 새로운 주자를 계속 유입하고 있으며, 파편화된 산업과 비즈니스는 충돌하고 융합하면서 새로운 기회를 창출하고 있다. 또한, 인터넷은 사람의 연결을 넘어 사람과 사물, 사물과 사물을 연결함으로써 주변의 모든 것을 살아 움직이게 하고 있다.

과거로 돌아가 보자. 산업혁명은 지구상의 수많은 사람에게 상당히 만족스러운 거래였다. 안정적인 직업에 늘어난 월급, 유급 연차휴가, 힘센 노동조합과 개선된 작업환경, 자동 냉난방이 시설이 갖춰진 주거시설, 노동절약형 제품과 일회용 물품으로 가득한 집, 거실에 앉아 바로 볼 수 있는 공짜 엔터테인먼트 시스템, 개인 교통수단과 국가 운송 인프라 등 그 혜택을 나열하자면 끝이 없다.

이 모든 물질적 풍요와 혜택은 그동안의 산업혁명이 주로 대량생산과 대량소비를 기반으로 구축됐기 때문이다. 더 많은 제품과 서비스가 더 많은 사람에게 더 저렴하게 공급되었다. 상황이 급변하기 시작한 것은 인터넷이 상용화되고 2000년이 넘어가면서 새로운 기업이 등장하면서부터다. 이들은 한때는 닷컴 기업으로 불렸고, 지금은 플랫폼 기업으로 불리는 기업들인데, 전통적인 경제학으로는 도저히 설명이 불가능하다. 직원 수는 수십 명에 불과한데, 매출 규모로 보면 수십만 명의 직원이 있는 기업과 동일하거나 넘어서는 일이 생겨나기 시작했다. 이 젊은 기업들은 독특한 조직문화와 발 빠른 움직임으로 전례 없는 혁신을 만들어가고 있다. 이들이야말로 '파괴적 혁신'을 하는 기업들이라고 말할 수 있다.

플랫폼 기업들이 앞세운 기술들이 있다. 모든 기술을 나열하는 것은 불가능하지만, 대중적으로 잘 알려진 몇 가지를 살펴보자.

첫 번째는 클라우드와 에지 컴퓨팅이다. 클라우드 컴퓨팅이란 인터넷 같은 네트워크를 통해 다른 컴퓨터에서 데이터 저장과 처리를 수행하는 것을 말한다. 이렇게 하면 시스템, 소프트웨어, 데이터를 유지하고 관리하는 데 드는 간접비를 크게 줄일 수 있다. 반면 에지 컴퓨팅은 다르다. 이것은 클라우드의 반대편이라고 봐야 한다. 멀리 떨어진 데이터센터가 아니라 비즈니스의 최전선에 있는 것이다. 카메라, 스캐너, 휴대용 단말기나 센서에서 수집한 모든 정보를 클라우드에 전송하는 게 아니라, 데이터를 모은 원천에서 직접 처리한다.

클라우드는 사실 요즘 많은 곳에서 사용되고 있다. 오피스 365, 구글 문서, 어도비의 크리에이티브 제품군은 모두 클라우드에서 사용되는 것이다. 소셜미디어도 그렇고, 스마트폰에서 사용되는 앱도 대부분 클라우드를 기반으로 한다. 반면 에지 컴퓨팅은 데이터를 수집한 원천의 처리 능력을 활용하게 된다.

온라인게임과 자율주행차를 예로 들어 살펴보자. 온라인게임을 할 때 클라우드에 전송되는 데이터는 게임에서 생성되는 데이터의 일부만이다. 대개 다른 플레이어에게 영향을 미칠 수 있는 데이터 정도만 전송되고 나머지는 콘솔에서 처리된다. 이런 방식이 에지 컴퓨팅이다. 자율주행차도 같은 맥락으로 봐야 한다. 자율주행차는 충돌 위험을 감지하는 센서에 의존하고 그에 따라 회피 동작을 취한다. 즉 카메라와 레이더는 그 자리에서 수집한 데이터를 외부로 전송하기 전에 분석해야 한다. 따라서 전송이 필요한 적절한 데이터만 전송하는 것이다.

문제는 이 적절한 데이터가 무엇이냐 하는 점이다. 클라우드 컴퓨팅과 에지 컴퓨팅 중 어느 것을 사용할 것인지는 전송 대역폭, 처리속도, 저장 공간의 측면에서 살펴야 한다. 물론 모든 것을 클라우드에 전송할 수도 있겠지만 처리 속도가 우선인 경우에는 상황이 다르다. 그리고 대역폭을 절약한다는 이유로 다른 쓰임새가 중요한 데이터를 무시해서도 안 된다. 예컨대, 자율주행차는 주행 중 모든 사진을 전송할 수도 있지만 대부분 그렇게 하지 않는다. 그러나 자율주행차가 전송하지 않은 도로와 환경의 상태가 매우 중요할 수도 있다. 따라서 이 균형을 유지하는 것은 매우 중요한 문제다.

두 번째는 디지털 트윈(digital twin)이다. 현실 세계의 기계나 장비, 사물 등을 컴퓨터 가상 세계에 구현하는 이 기술은 향후 디지털혁명을 송두리째 바꿀지도 모른다. 디지털 트윈이라는 용어는 미시간대학교의 마이클 그리브스(Michael Grieves)가 2002년에 처음 사용했다. 물론 이 개념의 등장은 그보다는 앞서 있다. 나사는 아폴로 계획 당시 실제 시스템의 디지털 모델을 만들었고, 이를 통해서 시뮬레이션을 할 수 있었다. 그러나 현재 디지털 트윈은 비즈니스에서는 필수가 되고 있다. 2020년 컨설팅 기업 가트너(Gartner)의 조사에 따르면, 전체 응답자의 62퍼센트는 디지털 트윈 기술의 도입을 진행 중이거나 빠른 시일 내에 그렇게 할 계획이 있다고 응답했다. 디지털 트윈은 2019년에는 38억 달러 규모의 시장이었고, 2025년에는 358억 달러 규모로 성장할 것이라 예측되고 있다.

디지털 트윈 기술도 이미 많은 곳에서 사용되고 있다. 우선 GE는 디지털 윈드 팜(Digital Wind Farm)이라는 서비스를 만들었다. 이를 이용하면 풍력발전을 시작하기 전에 풍력발전용 터빈의 최적화된 설정을 볼 수 있다. 반면 GE는 디지털 트윈 기술을 인간에게도 적용하고 있는데, 바로 사람의 디지털 트윈을 만들고 모니터링하는 것이다. 그리고 디지털 트윈 개념은 스마트시티와도 밀접한 관련이 있다. 싱가포르 정부는 버추얼 싱가포르를 만들어 긴급 상황을 시뮬레이션하거나 새로운 건축물을 만들기 전 미리 시뮬레이션을 해보는 데 이용하고 있다.

그러나 디지털 트윈 기술이 늘어나면 늘어날수록 발생하는 문제도 있다. 우선 사용 범위가 늘어나면 데이터의 부피와 속도는 과부하된된다. 따라서 확장 가능한 솔루션이 필요하다. 또 조직에서는 데이터 수집 및 분석 그리고 저장과 관련한 디지털 보안 전략을 마련해야 한다. 데이터가 수집되는 장치들의 유지보수와 보안 문제도 신경 써야 하는 부분이다. 또한 이 모든 것을 시작하기에 앞서 반드시 비즈니스적인 수요를 찾아야 하고, 궁극적으로는 투자에 대한 회수가 이뤄져야 한다.

세 번째는 로봇 프로세스 자동화다. 이른바 RPA(Robotic Process Automation)라고 표현되며, 규칙적이고 반복적인 비즈니스 프로세스를 자동화하는 기술을 말한다. 인간이 수행하는 규칙적인 업무를 소프트웨어 로봇에 맡겨 처리시간을 최소화하는 것이다. 특히 다른 디지털시스템과의 소통, 데이터수집, 정보검색 그리고 거래처리 등을 수행하도록 프로그래밍된다. 가트너의 예측에 따르면, 거대 조직의 85퍼센트가 2022년까지 RPA를 설치할 예정이며, 포레스터리서치의 조사에 따르면, RPA 시장 규모는 2019년에 10억 달러, 2020년에는 15억 달러였다.

RPA는 화이트칼라 자동화라고도 불린다. 사무직이나 관리직, 전문 인력이 하는 일을 자동화하는 것이다. 이미 아메리칸피델리티어슈어런스(American Fidelity Assurance)와 싱가포르의 OCBC, DBS 은행이 각각 RPA를 설치해 인간 근로자가 수행했던 업무를 빠르게 대체하는 작업을 시행하고 있다. 월마트 역시 고객서비스, 노사관계, 회계감

사 그리고 송장 지급과 같은 업무 처리를 위해 500여 대의 로봇을 사용하고 있으며, 보험회사 콜센터도 RPA를 빠르게 도입하고 있다.

RPA에도 적지 않은 문제들이 있다. 우선 사람들의 일자리가 줄어들 가능성이 있다. RPA가 도입되는 분야가 늘어날수록 해고되는 직원은 늘어난다. 하지만 동시에 RPA를 구현할 수 있는 인재에 대한 수요도 증가하게 될 것이다. 포레스터리서치에 따르면, 2025년까지 미국의 일자리 16퍼센트가 RPA로 대체되고 새로운 일자리는 9퍼센트 정도 늘어날 전망이라고 한다. 지금까지 RPA는 대부분 반복적인 업무에만 도입됐지만 앞으로는 그 범위가 늘어날 것이다. 대략 정보처리 노동자의 업무 가운데 20퍼센트는 RPA가 대체할 것으로 예측한다.

네 번째는 웨어러블과 증강인간이다. 웨어러블이라는 용어는 반드시 손목에 차거나 몸에 걸치는 것만을 의미하지는 않는다. 이제 웨어러블은 운동화, 로봇 보철, 그리고 산업 현장에서 착용할 수 있는 스마트 의류까지 확장되고 있다. 또 웨어러블은 더 작아지고 더 지능적인 제품으로 등장할 수 있다. 예컨대, 스마트 콘텐츠렌즈로 발전하고 나중에는 스마트 눈 이식으로까지 발전할 수 있는 것이다. 이쯤 되면 증강인간을 얘기하지 않을 수 없다. 웨어러블이 발달하게 되면 인간은 스포츠카를 튜닝하듯 신체를 업그레이드할 수 있다. 이것이 바로 트랜스휴먼 또는 인간 2.0으로 불리는 증강인간이다.

언더아머(Underarmour)와 랄프로렌(Ralph Lauren) 그리고 타미힐피거(Tommy Hilfiger)는 이미 스마트 의류를 만들고 있으며, 구글과 리바이스(Levi's)는 협업을 통해 스마트 데님재킷을 발표했다. 이 재킷은 스마트폰과 연결되는데, 소매를 터치하거나 문질러 볼륨을 조절

할 수 있고, 전화 수신을 차단하거나 길 찾기 안내도 받을 수 있다. 우버가 도착하면 알림을 설정할 수도 있다. 한편 미국의 로봇 기업 사코스로보틱스(Sarcos Robotics)은 외골격 슈트인 가디언XO를 만들었다. 이 슈트를 착용하면, 공장이나 건설 현장 근로자가 부담 없이 90킬로그램짜리 물건을 들 수 있다. 포드는 자동차 공장에서 이 외골격 슈트를 사용하고 있다.

인간과 기계의 결합은 이미 현실화되고 있다. 기계가 인간의 마음까지 읽을 수 있는 시대가 되면 사생활 보호에 적지 않은 문제가 발생할 것이다. 또 사회적으로 보면 더 심각한 부의 양극화를 겪게 될 것이다. 기술은 인간이 더 오래, 더 건강하게 살게 만든다. 부자는 슈퍼맨이 돼 오래 살고, 그 밖의 모두는 유익을 누리지 못하는 사회가 될지도 모른다.

다섯 번째는 디지털 확장현실이다. 디지털 확장현실은 가상현실, 증강현실 그리고 혼합현실을 포괄하는 개념이다. 가상현실은 이용자가 가상의 디지털 환경에 빠져들도록 만드는 컴퓨터 기술을 말한다. 반면 증강현실은 현실 세계에 기반을 두고 있다. 증강현실을 통하면 이용자가 현실 세계에서 보는 물체 위에 정보나 영상이 표현된다. 그리고 혼합현실은 가상현실과 현실 세계를 합친 것으로, 증강현실의 확장판이라고 할 수 있다. 혼합현실에서는 가상의 물체를 가지고 놀 수도 있고, 가상의 3D 콘텐츠가 그에 따라 반응하기도 한다.

디지털 확장현실은 이미 많은 기업이 도입하고 있는 기술이다. 펩시(Pepsi)와 메르세데스-벤츠(Mercedes-Benz), 우버와 버거킹(Burger King)은 디지털 확장현실을 통해 브랜드에 참여할 기회를 준다. 이케

아는 구매 전에 사용해볼 수 있는 앱을 만들었고, 로레알(Loreal)과 세포라(Sephora)는 화장품을 테스트해볼 수 있는 증강현실 기술을 제공하고 있다. 한편 BMW는 비주얼라이저 증강현실 툴을 만들었다. 이용자는 이 툴을 통해 실제 크기의 자동차를 보고 커스터마이징을 할 수 있다.

그러나 디지털 확장현실은 여전히 해결해야 할 과제가 많다. 우선 가격과 접근성은 극복해야 할 장애물이다. 물론 기술은 더 보편화되고 가격도 더 낮아질 것이다. 하지만 아직은 비싸고 다루기가 불편하다. 또한 이용자의 정신 건강에 잠재적인 충격을 줄 수도 있다. 확장현실이 사람에게 미치는 영향을 제대로 다룬 연구는 아직 없지만, 확장현실을 오래 사용할수록 현실과 가상을 분간하기 어려울 것이라고 추정되고 있다. 이미 소셜미디어로 인해 사람들이 실생활과 온라인에서 보이는 모습 사이에 불일치가 일어나고 있으므로, 확장현실이 새로운 정신 건강의 문제를 만들어낼 가능성도 있다.

여섯 번째는 스마트 공간이다. 집, 회사 그리고 더 나아가 도시 전체가 스마트 공간이 되고 있다. 예컨대, 스마트 사무실 조명을 생각해보자. 스마트 사무실 조명은 근로자가 가까이 있으면 켜지고 아무도 없으면 꺼진다. 이런 식으로 모든 것이 자동화되는 것이다. 만약 공항이 스마트 공간으로 바뀌게 되면 어떻게 될까. 스스로 탑승수속을 하고, 수하물도 부친다. 안면 인식 시스템으로 보안이 강화되고, 인공지능이 사람들의 흐름을 추적해 대기 줄을 만든다. 이처럼 스마트 공간의 목적은 에너지 효율, 생산성, 삶의 질, 안전 그리고 단순한 절차를 만드는 데 있다.

이미 스마트 공간은 현실에 적용되고 있다. 마이크로소프트 암스테르담 본부를 예로 들어보자. 마이크로소프트는 리모델링 전부터 센서를 사용해 직원들의 동선을 파악했다. 덕분에 책상과 회의실 그리고 공동 구역이 어떻게 사용되고 있는지 데이터를 확보했고, 그렇게 해서 필요 없는 공간은 더 줄일 수 있었다고 한다. 그리고 두바이의 부르즈 할리파도 있다. 부르즈 할리파는 세계에서 가장 높은 건물이기도 하지만 스마트 건물이기도 하다. 이 건물은 유지보수와 관련한 자동화시스템을 구축했다. 덕분에 시설 관리자들은 점검 소요 시간을 40퍼센트 줄이고 비용도 절감할 수 있었다고 한다. 한편 알리바바는 그들의 본사가 있는 항저우에 시티 브레인 시스템을 구축했다.

하지만 스마트 공간은 기본적으로 많은 비용이 투자돼야 한다. 게다가 풀어야 할 문제도 많다. 와이파이 연결 문제와 에지 컴퓨팅 그리고 5G의 연결 문제가 있고, 다양한 기기를 연결해야 하기 때문에 기기 간 호환성의 문제가 있으며, 데이터 보안이나 프라이버시 문제도 있다.

디지털혁명을 이끄는 세 가지 축

디지털혁명의 실제 범위를 어디부터 어디까지라고 정의하는 것은 우매한 일인지도 모른다. 하지만 개념적으로 디지털혁명의 범주를 이해하고 구별하는 것은 필요하다. 디지털혁명은 적어도 세 가지 축을 기준으로 움직이는 듯하다. 첫 번째는 머신러닝이 가능한 기계고, 두 번째는 플랫폼, 세 번째는 이 두 가지에 반응하는 군중이다.

첫 번째, 기계부터 얘기해보자. 20세기 경제학자 존 메이너드 케인즈(John Maynard Keynes)는 2030년이 되면 인간은 기계에 일을 맡기고 어떻게 하면 잘 쉬고 잘 놀 수 있는지만 생각하면 될 것이라고 예견했었다. 하지만 기계가 발달하고 도시가 발달하면서 인간이 살아가는 속도는 더 빨라졌고, 일 처리의 양은 폭발적으로 증가해버렸다. 전체적으로 삶의 속도가 올라가면서 많은 사람이 케인즈의 예측이 틀린 것 아니냐는 비평을 늘어놓기도 한다. 이런 일이 생기는 이유는, 아직도 인간이 발달하는 기계와 인간의 관계를 제대로 해석하거나 예측하지 못하기 때문이다. 최근까지 거듭되고 있는 논쟁 중 하나는 '머신러닝이 도입되면서 인간의 일자리는 얼마나 사라지는가'인데, 이 문제에 대해 아직까지도 여러 측면에서 다른 주장들이 등장하고 있다.

우리는 인간의 말을 이해하고 적절히 반응하는 기계, 돌아다니면서 사물을 조작하고 옮기는 로봇, 스스로 조종할 수 있는 차량과 함께 일하고 있다. 사람들은 기계의 발달에 편안함을 느끼는 반면 기계의 발전 속도에는 위협을 느끼고 있다. 디지털혁명 전까지 우리는 단순 업무는 기계가 처리하고, 판단을 요하는 일은 여전히 인간의 업무로 남을 것이라고 생각해왔다. 하지만 판도가 달라지기 시작했다. 알파고의 등장으로 인공지능의 발전이 인간의 일자리를 위협하게 될지도 모른다는 의견이 팽배해진 것이다. 컴퓨터가 인간의 창의성까지 빼앗아갈지, 또는 기계가 인간의 일자리를 완전히 대체하고 인간은 몰락할지를 두고 수많은 논쟁이 일었다. 이런 논쟁에 대해서는 ICT 거대 기업의 창업자와 최고경영자들의 입장도 달랐는데, 구글의 래리 페이지(Larry Page)는 인공지능이 인간의 삶을 더 편안하게 해줄 것이라고 했지만, 테슬라의 일론 머스크는 인공지능이 인간을 결국 말살에 이르게 할 것이라는 디스토피아적인 입장을 밝히기도 했다.

물론 기계가 완벽한 것은 아니다. 2014년 12월 오스트레일리아 시드니의 한 카페에서 이란 출신 성직자가 인질극을 벌였을 때, 우버는 완전 자동화된 가격 결정 시스템 때문에 평판에 타격을 입었다. 우버에는 수요가 많아지면 자동으로 요금이 할증되는 시스템이 있었는데, 인질극이 일어난 당시 이 지역을 벗어나려고 하는 사람들의 우버

수요가 늘어나자 자동적으로 할증요금이 붙었다. 이에 사람들은 위급 상황에 맞지 않는 대응이라며 우버를 비판했다. 이 사례는 인간의 판단과 기계의 알고리즘이 협력하는 것이 현명한 방식임을 보여준다.

따라서 미래를 살아갈 인간은 다른 능력을 발달시켜야 한다. 물질적 욕구는 기계가 맡고 사회적 욕구를 다루는 일은 우리가 해나가게 될 것이다. 창의적 활동과 사회적 역할에 관해서는 여전히 사람들이 큰 역할을 맡을 것이다. 비록 기계가 디자인을 하거나 예술 작품을 완성할 수 있다고 하지만, 여전히 인간의 창의력은 필요하다는 주장이 많다. 왜냐하면 여전히 인간은 인간의 감각과 감정의 세계를 이해하는 유일한 존재이며, 연민, 자존심, 정의 등의 사회적 욕구를 필요로 하기 때문이다. 예를 들어 컴퓨터가 암 진단을 내릴 수 있다 하더라도, 사람들은 힘든 소식을 이해하고 동정심을 지닌 같은 인간에게 진단받기를 원할 것이다.

두 번째, 플랫폼을 살펴보자. 인터넷이 등장하면서 플랫폼이라는 새로운 유형의 기업이 탄생했다. 에이버앤비는 실제 소유한 집 한 채 없이 전 세계 1위의 숙박업체가 됐으며, 우버는 소유한 차 한 대 없이 전 세계 최고의 운송업체로 등극했다. 애플은 삼성과의 휴대폰 전쟁을 치르고 다시 전 세계 휴대폰업계 1위가 됐는데, 이것은 휴대폰 기기 자체의 판매량보다는 플랫폼에 기반한 앱 매출액의 영향이 크다. 이처럼 인터넷과 관련한 기술은 지난 27년 동안 다양한 산업을 붕괴시켰다. 네트워크에 연결된 상품은 이용자가 늘어날수록 가치를 가지게 되며, 기존의 기업들은 디지털 정보재의 무료, 완전성, 즉시성을 갖추지 않음으로써 경쟁에서 불리한 위치에 놓이게 된 것이다. 경제는 '플랫폼'을 중심으로 재편되고 있다. 과거에는 좋은 제품을 만드는 것으로 끝이었지만, 이제 제품과 서비스를 만들어가고 있는 기업들은 어떤 식으로든 제품과 서비스를 플랫폼화하려고 한다. 그래서 일각에서는 모든 비즈니스가 플랫폼화될 것이라는 극단적인 주장을 하기도 한다.

하지만 플랫폼이 모든 산업 영역과 경제적 효과를 점령하지는 않을 것이다. 일부 업종에서는 제품을 만드는 기업과 플랫폼 기업이 공존하기도 할 것이고, 큰 변화가 없는 업종도 있을 것이다. 플랫폼 소유자뿐 아니라 플랫폼 생태계 밖의 기업도 수익을 얻는 전략이 여전히 존재하게 된다.

예를 들어, 에어비앤비와 호텔업의 관계를 통해 플랫폼이 모든 것을 잠식하지는 않으리라고 예측할 수 있다. 기존 숙박업계에서 에어비앤비 플랫폼이 가진 힘은 매우 강력하지만, 에어비앤비가 소비자에게 주는 경험과 호텔이 주는 경험은 다르다. 그리고 이 각각의 수요가 존재한다. 즉 공급되는 상품과 서비스가 차별화돼 있다면 플랫폼의 영향력은 더 제한될 수 있다.

하지만 플랫폼이 디지털혁명에서 가장 주도적인 역할을 한다는 것은 의심의 여지가 없다. 빅데이터와 인공지능과 IoT는 플랫폼을 구축하는 데 아주 기본적인 역할을 하고, 메타버스와 NFT, 블록체인마저도 플랫폼이 기능하는 데 보완적인 기능을 제공하거나 플랫폼이 확장되는 데 중요한 기술적 요소를 제공한다. 따라서 디지털혁명의 모든 형태가 플랫폼 비즈니스로 구현된다고 해도 과언은 아닐 것이다. 따라서 이후의 디지털혁명은 플랫폼을 중심으로 설명하려 한다.

디지털혁명을 이끄는 세 번째 축은 바로 군중이다. 지난 2006년 〈타임〉지는 당시 블로그나 유튜브, 마이스페이스 등의 미디어를 통해 폭발적으로 영향력을 키워가던 '당신'(You)을 올해의 인물로 선정했다. 그로부터 16년이 지났다. 디지털의 성장과 스마트폰의 보급으로 우리의 일상은 획기적으로 바뀌었고, 새로운 비즈니스 패러다임으로 고객중심주의가 등장했다.

소비자는 더 이상 브랜드의 이름이나 품질을 보고 지갑을 열지 않는다. 상품에 대한 소비자의 경험도 더 스마트하게 발전했기에 선두 기업들은 구글이나 애플, 페이스북, 아마존 등의 사용자들이 누구든 어디에 있든 이력과 위치를 기반으로 제품과 이벤트, 서비스를 맞춤형으로 제공하고 있다. 당신의 시대에 브랜드는 데이터 속에서 인간을 확인하고 진정으로 이해해 그야말로 개인화되고 조직된 경험을 창조해야 하며, 사용자를 고객으로 만들어야 생존할 수 있다.

브랜드의 역사를 한번 생각해보자. 비즈니스 세계의 사람들은 브랜딩이라는 용어가 원래 소유권을 표시하기 위한 조악한 인증이었다는 사실을 알고 있다. 말 그대로 달군 도장을 소가죽에 찍는 것이었다. 이는 사소한 얘깃거리에 지나지 않지만 브랜딩의 기술과 과학이 얼마나 먼 길을 걸어왔고, 얼마나 발전했는지를 깨닫게 한다.

제2차 세계대전 이후, 소유권을 나타내던 도장은 정체성의 시대라고 이름 붙인 시기를 지나면서 차별화와 인증의 강력한 상징으로 발전했다. 1980년대 말부터 시작된 가치의 시대에는 브랜딩의 무형적 요소에 대한 의구심이 완전히 사라지면서 브랜드가 분명한 가치를 갖게 됐다. 선도적 기업들은 브랜드를 비즈니스 자산으로 받아들였다. 상품과 서비스가 기하급수적으로 증가했고, 소비자들에게 만족스럽고 차별화된 경험을 제공하는 과정에서 브랜드가 담당하는 역할을 기업들이 깊이 공감하면서 새로운 시대가 시작됐다. 이것은 경험의 시대다.

마지막은 당신의 시대다. 디지털 기술은 우리 삶의 각 부분을 새롭게 엮고 있으며, 서버와 컴퓨터 하드드라이브에는 우리 모습을 더 많이 담을 수 있게 됐다. 그 결과 경험의 시대는 유비쿼터스 컴퓨팅의 시대로 바뀌게 된다. 생태계가 완전히 통합되고 센서들이 새로운 방식으로 재조직되며, 생태계는 미코시스템(Mecosystem)으로 변모한다.

GAFA라는 단어를 들어본 적이 있는가? GAFA는 거대한 규모의 플랫폼 사고를 이끄는 대표 주자들인 구글, 아마존, 페이스북, 애플의 맨 앞 글자를 따서 만든 단어다. 이들 기업은 특정 비즈니스에서 시작됐지만 이상적인 경험을 바탕으로 다양한 분야로 확장해 막대한 수익을 올리고 있다. GAFA 브랜드는 눈에 띄는 특징 한 가지를 공유하는데, 로그인 하나로 브랜드 공간 내에서 맞춤형 혜택의 생태계를 제공하고 있다는 점이다.

이러한 개인화의 경향이 IT 기업에만 국한된 것은 아니다. 알리안츠(Allianz), 구찌(Gucci), 도미노피자(Domino's), 무인양품(MUJI) 등 보험, 헬스케어, 소비재, 외식 산업 등에서도 언제 어디서든 소비자가 원하는 맞춤형 서비스를 제공하기 위한 경쟁이 치열하다. 그야말로 세상이 바뀐 것이다. 과거 소비자는 제품과 서비스를 구매하고 사용하는 수동적 존재였지만, 지금 각 개인은 세상이 만들어놓은 인공지

능과 기계에 반응하고 플랫폼에 소속되면서 파괴적인 시장을 만들어
내고 있다. 디지털혁명이라고 해서 기술혁신만 살펴봐서는 안 되는
이유다.

연결이 모든 것을 바꾼다

'연결은 사물의 본질을 바꾼다'는 말을 주목하고 기억해야 한다. 우리는 모든 것이 연결되고 있는 시대에 살고 있다. 우리가 알고 있는 HTTP는 웹브라우저에서 볼 수 있는 가장 기초적인 프로토콜인데, 세상을 연결하는 프로토콜은 이외에도 수없이 많다. 그 결과 금융, 테러리즘, 통화, 군대 등이 연결되고 있다. 여기에는 우리가 판단했을 때, 좋은 것도 연결되지만 나쁜 것도 연결되고 있다.

연결된 모든 것은 변한다. 이 변화는 수백 년 전에 일어났던 계몽주의 그리고 과학혁명이 만든 변화와는 차원이 다르다. 네트워크가 연결되면서 우리가 상상할 수 없는 속도와 힘으로 변하고 있다. 따라서 우리가 알고 있던 자본주의, 정치, 그리고 군사적 행위도 변하고 있을 것이다.

과거로 돌아가 보자. 계몽주의 운동에서 주목할 점은 전통과 무지, 관습과 두려움이라는 족쇄에서 벗어나자 사람, 토지, 투표권, 주식과 같은 것들의 본질이 바뀌었다는 사실이다. 농노에서 해방된 농민은 시민이 됐고, 그러자 그의 정치적 견해, 경제적 희망, 교육과 학습 능력이 바뀌었다. 그 변화는 수 세기에 걸친 분열의 방아쇠를 당겼다.

이제 세상이 바뀌어버렸다. 이미 언급했듯이 연결되면 힘이 변화한다. 그 힘이 우리가 누구인지, 무엇을 기대할지, 어떻게 조종당하거나 공격받고, 또는 어떻게 부자가 될지를 바꿔놓는다. 지금은 연결 시대의 초입이다. 다시 말하면, 연결할 부분이 아직 남아 있을 뿐만이 아니라, 연결 자체의 본질이 바뀌고 있다는 뜻이다. 세상은 즉각적으로 연결되고 있다. 인공지능을 활용해 연결이 더 향상된다. 기본적인 연결은 이미 강력한 힘이 됐다. 따라서 즉각적으로 연결되는 인공지능 기반 네트워크가 어떤 역할을 할지 상상해봐야 한다.

네트워크 전쟁은 이미 시작됐고, 눈에 보이지 않기 때문에 전쟁처럼 느끼지 않을 뿐이다. 그러나 우리가 살고 있는 세계에서는 금융과 정치 그리고 우리를 둘러싼 모든 네트워크가 서로 충돌하고 있다. 유튜브와 정치세력, 테러리즘과 마약 조직, 진실을 밝히려는 조직과 그것을 은폐하려는 조직이 서로 충돌하고 있다. 따라서 국가들이 서로 싸우는 것이 아니라, 국가가 네트워크와 싸우고, 네트워크가 네트워크와 싸우는 세상으로 바뀌고 있다.

증권 거래에서부터 무역블록에 이르기까지, 현대적 네트워크시스템에서 힘은 과거와 다르다. 작은 행위가 엄청난 영향력을 가질 수 있으며, 하나의 잘못된 상품 거래가 시장을 엉망으로 만들지도 모른다. 그러면 무질서의 양동이를 국가, 기업, 무역회사에 기울이게 될 수도 있다. 컴퓨터네트워크의 뒷구멍으로 몰래 들어가는 한 명의 해커가 국가의 방어 시스템을 도어스톱처럼 적극적으로, '벽돌로 만들어버릴' 수 있다. 과거에는 거대한 산업의 힘을 막으려면 다른 거대한 산업의 힘이 필요했다. 그러한 힘든 승리의 과정에는 시간이 필요했다. 그런 승리는 준비할 수 있었다. 심지어 막을 수도 있었다. 이제는 그렇지 않다.

비즈니스 리더들은 이런 상황을 크게 염두에 두지 않는 듯 보인다. 특히 비즈니스에서 네트워크의 본질과 네트워크가 어떤 힘을 가지고 있는지 모르고 있다. 우리가 늘 알고 있던 생각들이 효과가 있을 것이라고 여기는 듯하다. 그러나 이런 말이 있다. 너무 인간적인 것이 가장 위험하다.

우리가 알고 있던 과거의 권력은 집중과 통제였다. 대부분의 정치와 경제 권력은 집중돼 있었고, 세상에 대한 지식은 통제돼 있었다. 그러다 종교개혁이 일어나면서 절대권력에 저항하기 시작했고, 인류는 적어도 수백 년 동안 혁명을 통해 민주주의 정치 시스템을 만들어왔다. 우리가 살고 있는 세상은 그렇게 만들어졌다.

하지만, 지금 우리가 살고 있는 네트워크 시대의 권력은 집중돼 있으면서도 분산돼 있다. 권력이 분산되는 현상은 집중과 분산이라는 단순한 이분법으로는 이해할 수 없다. 권력과 영향력은 봉건시대보다 더 집중됐지만, 민주주의가 전성했을 때보다 더 분산돼 있다. 이 역설적인 현상은 지금 네트워크가 원활하게 움직이는 현상을 관찰해보면 이해하기 쉽다. 즉 외부의 장치가 많을수록 중앙 시스템은 더 강력해야 한다. 그래야만 그 네트워크가 원활하게 움직일 수 있다. 네트워크 시대의 권력은 효율적으로 집중돼 있고, 광범위하게 분산돼 있다. 단순한 서양식 사고방식으로 "a 아니면 b다"라는 식으로 해석해서는 안 된다. 음과 양이 존재하는 것처럼, "a이면서 b이고, b이면서 a일 수 있다"는 것이다.

여기서 중요하게 생각해봐야 할 부분이 있다. 권력이 집중돼 있다면 그 권력은 부패하지 않을 수 없을 것이다. 실제로 우리는 거대한 힘들이 축적되고 있는 시대에 살고 있다. 우리가 인지하지는 못하지만 거대 검색엔진과 알고리즘, 그리고 데이터베이스와 이를 연결하는 프로토콜은 거대해지고 있다. 전 세계에서 하루 1,000만 개의 기계가 새로 연결되고 있다. 이 팽창 속도는 우리가 상상하기 힘든 수준이다. 게다가 이 권력은 절대적으로 부패의 길을 걷고 있다. 왜냐하면 모든 것이 연결되면서 모든 것이 감시당하고 기억되고 연구되고 있기 때문이다. 마치 빅브라더처럼 말이다.

우리는 솔직히 네트워크의 본질을 모른다. 네트워크가 개방과 수용을 위한 것이라고 생각하는 경향이 있기 때문이다. 더 자유롭고 더 많은 것을 누리기에 네트워크가 우리에게 이롭다고 생각하는 것이다. 그러나 네트워크의 본능은 은폐와 통제를 위한 것이라고 봐야 한다. 권력은 분산돼 있지만, 그 중심에는 엄청난 권력이 집중돼 있기 때문이다.

따라서 우리는 연결된 시스템에서 권력의 극심한 집중과 엄청난 분산을 경험하게 될 것이다. 그 권력은 소수인 새로운 지배계층에 집중될 것이다. 예컨대, 전 세계에는 100만 명 정도의 사람이 높은 수준의 객체지향 코드를 만들 수 있고, 이 가운데 10만 명이 그 코드를 혁신적인 데이터 구조물로 만들 수 있다. 그리고 몇천 명이 그 구조를 이용해 데이터센터를 설립할 수 있다. 그러나 구글이나 인텔 또는 비트코인이 정말 어떻게 작동하는지 아는 사람은 수십 명에 불과하다. 컴퓨터에 생각을 심어주거나 예술의 경지로 해킹을 하는 사람들은 모두 극소수의 엘리트다. 연결은 사물의 본질을 바꾸며, 그 연결을 통제하는 사람에게 극단적 수준의 권력과 영향력을 준다. 이들은 역사상 전례를 찾아볼 수 없을 정도로 우리 삶에 관여하게 될 것이다. 이들 대부분이 천문학적인 자산을 소유한 억만장자라는 사실은 어쩌면 당연하다.

플랫폼에 대해서는 하나 더 살펴볼 게 있다. 바로 우리의 시간 감각이다. 우선 '시공간 압축'이라는 말을 들어본 적이 있을 것이다. 이것은 1966년 미국의 사회학자 도널드 저넬

(Donald Janelle)이 처음 정의한 개념으로, 운송 기술이 발달하면서 물리적 거리가 더 이상 중요하지 않게 됐다는 것을 말한다.

물리적 거리는 인류에게 매우 중요한 개념이자 감각이었다. 인류 역사에서 대부분의 권력 투쟁은 공간적 지배와 영토를 대상으로 했다는 점을 생각해보면 명확하게 인지할 수 있다. 하지만 이제 문제는 시간으로 바뀌었다. 네트워크는 시간과 깊은 관련이 있다. 원래 시간을 엄수하고 표시하는 행위는 인간의 본성이다. 산업혁명 시대의 시간은 돈이 됐고, 그 후에는 템포가 되기도 했다. 그래서 우리는 속도로 도시를 알아볼 수 있고, 속도는 우리의 인식에 영향을 주기도 했다. 이처럼 우리는 속도로 모든 것을 판단하고 있는 것이다. 그런데, 어느 순간부터 삶의 속도가 빨라지고 있다. 구글의 연구를 보면, 검색 시간이 1초에서 10분의 1초로 줄어들자 사용자의 행동이 변했다고 한다. 검색 시간이 줄어들자 사용자들은 더 많이 더 상세하게 검색하기 시작했다. 바로 속도가 우리의 생각 방식을 바꿔놓은 것이다. 그런데 이제부터가 중요하다. 시간이 빨라지면서 시간 감각이 없어지고 있는 것이다.

우리가 사용하고 있는 고속 네트워크가 새로운 지리학을 만들고 있다. 수학자들과 데이터 설계자들은 이것을 토폴로지(topology)라고 하는데, 토폴로지는 연결의 결과 재배열되는 모든 지도와 관련이 있다. 예컨대, 640킬로미터 떨어져 있는 공간은 토폴로지 개념으로 본다면, 시간으로 변환할 수 있다. 즉, 거리로는 640킬로미터 떨어져 있지만, 실제로는 0.3밀리초 떨어져 있는 것이다. 0.3밀리초는 광섬유 케이블의 전송속도다.

이처럼 거리, 속도, 힘을 함께 묶는 행위는 사물의 본질을 바꾸고 있다. 그런데 연결된 속도와 힘에 따라 입지 효용이 바뀌게 된다. 똑같은 거리라도 더 빠른 속도로 연결되면 더 유력해지거나 더 중요해진다. 따라서 우리가 기존에 알고 있던 전략은 토폴로지 내에서 안정성이 사라지게 된다. 이 말은 우리의 시간 감각으로는 이 시대에 맞는 전략을 세울 수 없다는 의미이기도 하고, 빠른 시대에 맞는 전략을 만들어야 한다는 얘기이기도 하다.

앞으로는 시간을 줄여주는 플랫폼으로 발전해나갈 것이다. 과거에 성공한 정치경제 시스템이 사람들에게 자유를 제공했기에 성공할 수 있었던 것처럼 사람들은 자유를 통해 스스로 노력할 수 있었고 그 덕분에 경쟁이 만들어졌다. 그러나 미래에는 자유보다 더 나은 것을 줘야 한다. 바로 시간 압축이다. 하루가 24시간뿐이라면 시간을 더 절약하고 압축할 수 있어야 한다. 최상의 데이터를 얻을 수 있고 더 빨리 학습할 수 있으며 더 많은 시간과 건강 그리고 지식을 끌어낼 수 있는 시스템이 필요하다.

약자와 강자 사이에 평등은 없다. 따라서 빠른 것과 느린 것 사이에 평등은 없다는 말도 성립한다. 누구나 공감하듯 속도는 이제 중요한 상품이며, 상품은 돈을 사랑한다. 따라서 속도를 위한 경쟁이 시작되는 것 또한 자연스러운 일일 것이다.

문제는 우리가 바로 연결의 대상이면서도, 그 연결이 어떤 것인지 정확하게 알거나 이해하지 못한다는 사실이다. 당신 호주머니에 있는 휴대폰이 수천 킬로미터 떨어져 있는 누군가에게 해킹당할 수 있다. 즉, 연결은 소유하지 않고도 사물을 통제할 수 있게 해준다. 오늘날 수십억 달러짜리 회사들은 자동차(우버), 금융 시스템(비트코인), 호텔 객실(에어비앤비)을 통제하지만 그것들을 소유하지 않는다. 우리는 이들의 거대한 네트워크에 속수무책으로 갇히고 만다. 이렇게 네트워크는 야금야금 그 영토를 넓히고 있다.

만약 당신이 페이스북에 가입하고 열흘 동안 일곱 명의 친구를 찾는다면 그 플랫폼에 남을 가능성이 크다. 그 닫힌 네트워크 세계의 혜택을 누리면서 여덟 번째 친구가 다른 곳을 기웃거리기 훨씬 더 어렵게(사실상 불가능하게) 만들 것이다. 회원이 100만 명인 암 유전자 데이터베이스에서 배제당하는 것은 그렇게 큰 문제가 아닐 수 있다. 하지만 당신의 유전자를 10억 명의 유전자와 비교할 기회를 차단당한다면, 그건 치명적이다. 사용자 수가 늘어남에 따라 네트워크의 힘만 기하급수적으로 증가하는 것이 아니라, 차단의 대가도 그만큼 빠르게 증가한다. 만약 오늘 당신이 구글이나 네이버에서 차단당한다면 어떻게 될까? 고통스러울 것이다. 그 상태로 내일이 되면 절망할 것이다.

이것은 승자독식, 패자전몰의 세계다. 그러므로 네트워크 시대, '제7의 감각'은 생존의 문제와 직결된다. 미래의 싸움은 우리가 네트워크에 얽히느냐 마느냐를 정하는 것이 아니다. 어떤 방식으로 얽히는가에 대한 것이다. 이런 시대에는 과거에 믿음직했던 것들이 쓸모없어지고 심지어는 위태로워질 것이다. 이제 우리의 직관만이 중요해질 것이다. 그것이 바로 새로운 생존 본능, '제7의 감각'이다.

플랫폼이 디지털혁명을 주도한다

현대를 살아가는 많은 사람이 디지털혁명과 4차 산업혁명을 구별하지 못한다. 4차 산업혁명은 앞선 장에서 언급한 것처럼 제조업혁명에 해당한다. 4차 산업혁명의 모범 회사로 불리는 회사는 아디다스, 할리데이비슨, 피렐리와 같은 제조업체들이다. 물론 이들 회사가 제조업혁명을 할 수 있었던 것은 기술의 발달 덕분이기에 4차 산업혁명을 디지털혁명이라고 통칭할 수도 있고, 실제 그렇게 설명하는 학자들도 꽤 많다. 하지만 실무를 하기 위해서는 디지털혁명은 4차 산업혁명과 구별해 사용해야만 혼동이 일어나지 않는다. 비즈니스 현장에서 업무를 위해서 해외 자료를 찾다 보면, 선진국에서는 4차 산업혁명과 디지털혁명을 구별해 사용하고, 디지털 전환은 또 다른 의미로 사용하고 있음을 알 수 있다.

영국 〈이코노미스트〉의 수석 편집자인 라이언 아벤트(Ryan Avent)가 쓴 《노동의 미래》라는 책이 있다. 그는 "현재의 일자리는 30년 내로 소멸한다. 우리의 일자리와 부는 어떻게 될 것인가?"를 화두로 삼아 자동화·기계화로 미래의 고용 기회를 위협받는 상황에서 우리 삶과 일자리는 어떻게 변모하며, 신기술이 창출할 사회적 부는 과연 어떤 이들이 갖게 될 것인지, 또한 소수에게 몰릴 엄청난 부를 어떻게 재분배할 것인지 설명했다. 그런데, 이 책에는 '4차 산업혁명'이라는 단어는 등장하지 않는다. 오로지 '디지털혁명'으로 설명할 뿐이다.

디지털혁명은 플랫폼 기업으로 대표된다. 프레더릭 테일러와 막스 베버가 거대한 기업의 운영적인 틀을 만들었고, 이를 토대로 전 세계에서는 거대 기업들이 생겨났다. 그 후 20세기를 거치면서 대량생산과 대량소비를 구현할 가장 효율성이 높은 조직을 만들어낼 수 있었다. 거대 기업이 성공한다는 원칙은 어느 정도 완성된 듯 보였다. 20세기 후반 인터넷이 등장하기 전까지는 말이다.

인터넷이 상용화되면서 생겨나기 시작한 플랫폼 기업들은 초기에는 힘을 제대로 발휘하지 못하는 것처럼 보였다. 이를 증명하듯 닷컴 버블이 터져버렸다. 하지만 2010년이 지나면서 플랫폼 기업들은 폭발적인 성장세를 만들어냈고, 적은 직원을 보유한 플랫폼 기업이 전통적인 산업을 하는 대기업과 대등하게 경쟁하는 상황이 됐다. 기존 대기업 입장에서는 당황하지 않을 수 없는, 어떻게 해서든 극복해야만 하는 절체절명의 순간이었다.

플랫폼은 더 이상 무시할 수 없는 영역이며, 플랫폼 기업은 디지털 혁명의 핵심이다. 플랫폼 비즈니스 모델은 오늘날 가장 빠른 성장세로 가장 강력하게 기존 질서를 파괴한 기업들이다. 여기에는 애플, 페이스북, 구글, 아마존, 우버, 에어비앤비, 인스타그램, 알리바바 등 초

거대 기업들이 있다. 게다가 플랫폼은 경제와 사회의 다른 영역, 이를 테면 의료와 교육, 에너지와 행정 분야에까지 변화를 가져오기 시작 했다. 이제는 무슨 일을 하는 사람이든 플랫폼이 직원, 사업가, 전문 가, 소비자 또는 시민으로서의 삶에 이미 큰 변화를 일으켰을 가능성 이 높다.

플랫폼 기업으로 인해 앞으로 더 큰 변화의 바람이 우리 일상에 불 어닥칠 것이다. 아마존은 전 세계적인 온라인 마켓으로 작용하고, 유 튜브는 전 세계 방송국의 의미를 더 빛바랜 상태로 만들 것이다. 우 버가 전 세계 운송업계를 송두리째 바꾸고 에어비앤비가 만들어내는 문화는 호텔업계에 일대 지각변동을 형성할 수도 있다. 우리는 그 변 화의 모든 것을 파악할 수 없으며, 단지 그저 어떤 상황이 일어나는가 를 가끔 살필 수 있을 뿐이다.

그래서일까? 일각에서는 이런 현상을 두고 파괴적 혁신이 일어나 고 있다고 말하거나, 더 축약해서 디지털 파괴라고 표현하기도 한다. 넓은 의미의 파괴적 혁신이라고 이해한다면, 새로운 파괴적 혁신이 우리 앞에 놓여 있다는 증거는 수없이 많다. 택시 회사와 규제 기관들 은 우버가 지역 운송을 세계적으로 지배하기 위해 전진 중이라는 사 실을 깨닫고 있다. 한때 호텔 산업으로부터 비웃음을 샀던 에어비앤 비는 세계적인 숙박 제공업체로 빠르게 발을 넓히고 있다. 이제 에어 비앤비에서 매일 밤 예약되는 방의 개수가 세계 최대 호텔 체인들보 다 더 많다. 업워크(Upwork)는 인력을 제공하는 시장에서 클라우드 에 하나의 조직을 구축하고, 원격으로 프리랜서들을 연결해 물리적 인 공간과 거기에 관련된 비용 없이 함께 일할 수 있는 인프라로 변모해가고 있다. 아마존은 지속적으로 전통적인 출판업에 대한 영향력을 확대하면서 동시에 다수의 소매 산업을 공략하고 있다. 전통적인 파이프라인 거대 기업인 노키아와 블랙베리가 지난 10년간 시장 가치의 90퍼센트를 잃는 동안, 플랫폼 거대 기업인 애플과 구글이 주식시장을 지배하고 있다.

문제는 이런 플랫폼이 우리 생활에 깊숙하게 자리 잡고 있다는 데 있다. 어느 순간이 되면 우리는 스스로 플랫폼 기업을 거부하기도 힘들지 모른다. 플랫폼은 우리에게 시간을 줄이는 효과를 가져다주기 때문이다. 일단 플랫폼이 주는 편의성과 신속성 등에 익숙해지는 순간, 거부하기란 쉽지 않아진다.

한국에서도 플랫폼은 막강한 영향력을 보유하고 있다. 예컨대, 아마존을 꿈꾸는 쿠팡이 있다. 쿠팡은 2015년부터 2020년 사이 무려 1,000퍼센트 성장한, 한국에서 가장 큰 쇼핑 플랫폼이다. 쿠팡은 아마존의 전략을 그대로 따라 하고 있다. 보통 온라인 쇼핑몰의 운영 방식은 두 가지가 있다. 바로 오픈마켓과 직매입 방식인데, 아마존과 쿠팡은 모두 이 두 가지 방법을 병행하고 있다. 플랫폼의 충성고객을 더 모으고 록인(lock-in) 효과를 노리는 전략인 셈이다.

다음으로 네이버가 있다. 네이버는 모든 것을 빨아들이는 블랙홀처럼 성장하고 있다. 정보검색 시장에서 쇼핑 플랫폼으로 진화하고 있기도 하다. 그러니까 구글보다는 아마존에 더 가까운 전략을 채택하고 있는 것이다. 미국에서 새 제품을 살 때 검색의 시작점이 아마존이라고 응답한 사람의 비율은 무려 69퍼센트다. 한국에서는 이 위치를 네이버가 차지하려는 것이다. 이를 위해 네이버는 동일한 제품을 판매하는 모든 판매자를 하나의 검색 결과로 보여주고 있다.

그리고 배달의민족이 있다. 한국의 배달음식 시장 규모는 약 20조 원에 달한다. 그중 배달의민족 시장점유율은 무려 60퍼센트다. 이를 이용해 배달의민족은 판매자들이 광고비를 지출하도록 경쟁하게 만들었고, B마트로 골목 상권 정복을 꿈꾸고 있다.

마지막으로 카카오가 있다. 카카오는 국내 전체 전자상거래 시장에서 약 2퍼센트를 차지하고 있다. 그러나 국내 모바일 선물 시장으로 보면 말이 달라진다. 국내 모바일 선물 시장 규모는 2020년 기준으로 3조 5,000억 원인데, 이 중 카카오가 3조 원을 차지하고 있다. 최근 카카오는 카카오택시로 시장점유율 80퍼센트를 넘어섰고, 사업 영역을 퀵 서비스로 넓혀가고 있다.

플랫폼이 확장되면서 많은 문제도 양산되고 있다. 모든 혁명적 변화에는 위험이 뒤따르며, 사회와 경제가 크게 붕괴할 때마다 승자와 패자가 양산된다. 디지털혁명도 예외가 아니다. 우리는 오래전부터 존재해온 몇몇 산업의 익숙한 비즈니스 모델이 플랫폼의 출현으로 무너져서 고통받는 모습을 목도해왔다. 신문사부터 음반 제작사, 택시 회사에서 호텔 체인, 여행사부터 백화점에 이르기까지 수많은 기업이 시장점유율, 수입과 수익률 측면에서 플랫폼과 경쟁하다가 나락으로 떨어지는 것을 보아왔다. 그 결과 개인과 지역사회는 불확실성과 손실로 고통받고 있다.

하지만 기업 입장에서 보면 플랫폼 비즈니스는 시도해보고 싶은 비즈니스 영역이다. 일단 플랫폼 비즈니스가 가동되기 시작하면, 지수의 법칙으로 성장하는 비즈니스 성과를 만들어낼 수 있기 때문이다.

기업들의 최고경영자가 저마다 "4차 산업혁명 시대인데, 플랫폼 하나 만들어볼까?"라고 언급하는 데는 이유가 있는 셈이다. 문제는, 역사적으로 봤을 때 그동안 성공했던 플랫폼 기업들은 모두 모회사가 존재하지 않는 상태에서 만들어졌다는 점이고, 아직까지 대기업이 플랫폼을 만들어 성공한 적은 없다는 점이다.

플랫폼은 경쟁이 아닌
독점을 추구한다

플랫폼이 세상을 잡아먹고 있다. 이 말은 "소프트웨어가 세상을 잡아 먹고 있다"는 말에서 차용했다. 사실 많은 기업이 소프트웨어를 사용하면서 뭔가 그 전과는 다른 기업이 된 것처럼 여겨진 것도 사실이다. 그러나 소프트웨어가 세상을 잡아먹고 있다고 말한 마크 앤드리슨 (Marc Andreessen)은 새롭게 등장하는 기업들이 과거와는 다를 뿐 플랫폼 기업이라는 말은 하지 않았다.

생각해보면 누구나 온라인 사업을 시작할 수 있다. 적어도 이론적으로는 그렇다. 하지만 실제로는 다르다. 열려 있는 인터넷은 한낱 허상에 불과하다. 왜냐하면, 우리가 알고 있는 한 인터넷은 거의 완벽하게 플랫폼들의 지배를 받고 있기 때문이다.

플랫폼 기업은 현대판 독점기업이라고 할 수 있다. 예컨대, 페이스북은 전체 웹의 총방문횟수 가운데 거의 25퍼센트를 차지한다. 구글의 영향력은 가늠하기조차 힘들다. 2013년 8월 16일 구글의 전체 플랫폼이 알 수 없는 이유로 몇 분 동안 먹통이었을 때 전 세계 인터넷 접속량은 40퍼센트가 줄어들었다. 그러니까 구글의 영향력은 전체 인터넷 접속량의 40퍼센트 이상이라고 추정할 수 있다. 또 미국에서 접속량 순위 상위 10개 사이트는 모두 플랫폼이고, 상위 25개 가운데 20개가 플랫폼이다. 각 분야마다 거대 기업 하나가 독점하고 있다고 해도 과언은 아니다. 그러므로 플랫폼을 현대 독점기업의 탄생이라고 해도 틀린 말은 아닐 것이다.

비즈니스 리더라면 플랫폼을 알아야 한다. 플랫폼 기업을 설립하든 안 하든 플랫폼이 어떻게 작동하는지 알지 못한다면 지금과 같은 경제 환경에서는 아무도 성공하지 못한다. 앞에서 설명한 대로 좋든 싫든 우리는 플랫폼의 지배를 받고 있다. 반대로 이를 이용할 수도 있다. 따라서 플랫폼을 제대로 알아야만 생존할 수 있을 것이다.

플랫폼 기업에 대해 얘기하기 전에 선형적 기업과 플랫폼 기업을 구분해보자. 선형적 기업이란, 증기기관이나 철도와 같은 새로운 기술들이 수직적으로 통합된 대규모 조직을 탄생시켰던 산업혁명 시대 이후 다양한 형태로 각각의 산업을 지배해온 모델이라고 할 수 있다. 간단히 말해, 거대하고 복잡한 기업이다. 이들은 스탠더드오일(Standard Oil) GM, US스틸(United States Steel) GE, 월마트, 도요타(Toyota), 엑손모빌(ExxonMobil)과 같은 기업으로, 역사가 길고 대부분의 사람들이 알고 있다. 이 기업들은 어떤 제품이나 서비스를 만들어서 지속적으로 고객들에게 판매해왔다. 그 모든 사례의 기업에서 가치는 선형적으로, 즉 회사의 공급사슬을 따라서 특정한 하나의 방향으로 흘렀다. 이들을 선형적 기업이라고 부르는 것은 바로 그런 이유 때문이다. 그리고 이 기업들은 매우 효율적이었기에 20세기 내내 전 세계를 지배할 수 있었다.

반면 플랫폼 기업은 생산자와 소비자로 구성되는 둘 이상의 사용자 집단 사이에서 가치교환이 쉽게 이뤄지도록 도와주는 기업 모델이다. 이런 상황은 컴퓨터의 처리능력과 인터넷 접속이 개선되고 확장되면서 가능해졌다. 예컨대, 우버가 택시 영업을 위해, 에어비앤비가 숙박 임대를 위해, 그리고 애플이 앱 다운로드를 위해, 유튜브가 동영상 전송을 위해 각각 무엇을 했는지 생각해보면 알 수 있는 일이다. 이 기업들 중에 전통적이고 선형적인 기업은 단 하나도 없다. 모두 플랫폼 기업이다.

그렇다면, 플랫폼이란 무엇일까? 플랫폼이라는 용어를 사용하는 기업은 이 용어를 기업 모델 개념이 아니라 어떤 기술 개념으로 사용하는 경우가 많다. 예컨대, 컴퓨팅 플랫폼, 제품 플랫폼, 산업 플랫폼, 서비스로서의 플랫폼처럼 말이다. 컴퓨팅 플랫폼은 응용프로그램을 운용할 수 있는 컴퓨터시스템을 말하고, 제품 플랫폼은 일련의 제품군을 떠받치는 데 바탕이 되는 공통적인 설계 등을 말한다. 또 산업 플랫폼은 보완적인 제품이나 서비스 또는 기술이 기반으로 삼을 수 있는 제품이나 서비스 또는 기술을 말하고, 서비스로서의 플랫폼은 컴퓨팅 플랫폼이나 솔루션을 온라인 서비스로 제공하는 컴퓨팅 서비스 범주를 말한다.

이제부터는 플랫폼 기업을 구분해보자. 플랫폼 기업은 상호작용의 결과로 봤을 때 크게 교환 플랫폼과 메이커 플랫폼으로 구분할 수 있다.

먼저, 교환 플랫폼이다. 교환 플랫폼에서의 상호작용은 언제나 제한적이며 별개로 분리된 가치를 지닌다. 예컨대 어떤 생산자와 상호작용을 맺을 수 있는 상대방은 1 대 1이거나 1 대 소수 정도에 불과하다. 따라서 교환 플랫폼에는 다음과 같은 범주가 포함된다. 서비스 시장 플랫폼, 제품 시장 플랫폼, 지불 플랫폼, 투자 플랫폼, 소셜네트워킹 플랫폼, 커뮤니케이션 플랫폼, 그리고 소셜게이밍 플랫폼이 그렇다. 우버와 에어비앤비, 엣시(Etsy)와 이베이, 아마존, 틴더(Tinder) 등이 여기에 해당한다.

그다음은 메이커 플랫폼이다. 메이커 플랫폼에서는 교환 플랫폼에서의 제약이 없다. 메이커 플랫폼에서 어떤 생산자는 상대방과 이론적으로는 무한대로 커뮤니케이션할 수 있다. 아무리 많은 사용자가 있더라도 유튜브의 어떤 동영상을 동시에 볼 수 있고, 동일한 앱을 동시에 다운로드해 사용할 수 있다. 이런 플랫폼을 메이커 플랫폼이라고 부른다. 여기에는 콘텐츠 플랫폼과 개발 플랫폼 두 가지 범주가 있다.

흔히 사람들은 플랫폼에 대해 몇 가지 오해를 하고 있는데, 이 부분도 살펴보자. 첫 번째, 플랫폼 기업은 기술 기업이라고 생각하는 사람들이 많다. 많은 사람이 플랫폼 사업은 기술 기업에 한정된다고 믿는다. 그러나 이런 믿음은 허상이다. 플랫폼이라는 기업 모델 자체는 전혀 새롭지도 않고, 기술 산업에만 한정된 적도 없다. 로마 시대의 시장, 고대의 시장, 동양의 시장거리, 그리고 쇼핑몰도 하나의 플랫폼이다. 다만 최근 들어 플랫폼이 중요해진 이유는 기술과 밀접한 관련이 있기 때문이다. 하지만 기술이 모든 것을 결정하는 것은 아니다.

두 번째, 플랫폼 기업은 독점기업이 아니라고 생각한다. 이 부분에 대해서는 자세히 살펴볼 필요가 있다. 20세기 비즈니스에서 독점기업이 등장한 것은 시장의 실패 때문이다. 적어도 선형적 기업이라면 이 말은 맞을 수도 있다. 즉 수요와 공급이 어떤 기업의 시장지배력을 제대로 확인하고 제어하지 못할 때 나타나는 현상으로 볼 수 있다. 선형적 기업들은 대개 공급 측면에서 규모의 경제를 구축해 비용을 줄이고 성장한다. 따라서 이 경우에 기업은 비정상적으로 큰 비율로 시장을 점유하는 길을 포착해 독점기업이 된다.

문제는 플랫폼 기업에서는 이 논리가 적용되지 않는다는 점이다. 플랫폼 기업에서도 경쟁이 무한대로 이어지는 것은 맞다. 그러나 경쟁이 많을수록 언제나 좋다는 믿음은 플랫폼 시장에서는 통하지 않는다. 왜냐하면 네트워크에서는 규모가 클수록 효율성과 사용자 편의성이 그만큼 더 커지기 때문이다. 따라서 플랫폼 독점기업은 시장실패의 결과가 아니라 시장이 제대로 작동한 결과고, 경제학자들이 말하는 이른바 '자연스러운 독점' 현상이라고 봐야 한다. 반대로 설명해보면, 플랫폼에서 세분화 현상이라는 결과는 소비자들에게 대개 비효율적이라는 것이다.

플랫폼 기업이 선형적 기업과 다른 점은 바로 핵심 거래에 있다. 선형적 기업들은 제품이나 서비스를 만들어내면서 가치를 창조한다. 하지만 플랫폼 기업은 연결성을 창조하고 이 연결성을 바탕으로 거래를 만들어 가치를 창조한다. 따라서 플랫폼 기업에서 핵심 거래는 플랫폼이 일하는 방식이라고 할 수 있다.

핵심 거래 없이는 아무리 규모가 큰 네트워크라고 하더라도 가치를 창조하지 못한다. 따라서 핵심 거래를 올바로 설정하는 것은 플랫폼 설계에서 가장 기본적이고 중요한 일이다. 여기서 말하는 핵심 거래란 생산자와 소비자가 가치를 교환하기 위해 반드시 완료해야 하는 행동의 집합체다. 그리고 모든 플랫폼 기업은 핵심 거래를 가지고 있다.

핵심 거래는 네 가지 기본적인 행동을 포함한다. 창조한다, 연결한다, 소비한다, 보상한다가 그것이다. 우선 생산자는 가치를 창조하거나 플랫폼을 통해서 소비될 수 있도록 그 가치를 제공한다. 또 모든 거래에서 한 사람의 사용자는 다른 집단에 속한 사람들과 연결됨으로써 교환을 하기 시작한다. 소비자는 일단 자기가 바라는 조건을 갖춘 생산자를 만나면 그 생산자가 창조한 가치를 소비할 수 있다. 그리고 마지막으로 소비자는 자기가 소비한 것에 대한 대가로 생산자에게 돌아갈 가치를 창조한다. 플랫폼에는 이 네 가지 행동이 모두 필요하고, 예외는 없다. 또 이 과정이 반복적으로 수행되면서 가치를 만들어낸다는 점에서 이른바 공장이라 할 수 있다.

앞선 네 가지 기본적인 행동이 수행되기 위해서는 다음과 같은 네 가지 기능이 필요하다. 첫 번째, 사용자 확보하기다. 플랫폼은 임계량을 초과해서 생산자와 소비자를 끌어들여 유동적인 시장을 구축한다. 이 말이 그럴듯해 보이지만 실제 비즈니스 현장에서는 한 치의 양보도 없다. 예컨대 우버는 불법적으로 경쟁사에서 운전사를 빼앗아오는 이른바 슬로그 작전을 시행했다. 그만큼 사용자를 확보하는 것은 가장 중요한 일이다.

두 번째, 짝 맺어주기다. 거래와 상호작용이 쉽고 매끄럽게 진행되도록 올바른 소비자를 올바른 생산자와 연결하는 것이다. 이 문제는 네트워크가 커짐에 따라 기하급수적으로 복잡해진다. 우버에는 운전자를 매칭하는 일이, 아마존에는 수십만 개의 물품 중에서 추천하는 일이 그렇다.

세 번째, 핵심 도구 및 서비스 제공하기다. 여기에는 거래비용을 낮추고 진입장벽을 없애는 일, 시간이 흐르면서 데이터를 통해 플랫폼을 더 가치 있게 만드는 일이 포함된다. 쉽게 설명하면, 사용자들이 손쉽게 플랫폼 안에서 상호작용할 수 있게 만들어주는 것이다. 그런데 여기에서 주의할 점이 있다. 흔히 플랫폼 기업가들은 처음부터 모든 도구를 다 갖추고서 시작하려고 한다. 사용자들이 그 도구들을 전부 원한다고 생각하기 때문이다. 그러나 모든 플랫폼은 아주 간결하게 시작해 점차 기능을 확대해나가야 한다.

마지막 네 번째는 규칙과 표준을 정하는 것이다. 즉 어떤 행동을 허용하고 장려하며 또 어떤 행동을 금지하는지 지침을 마련하는 것이다. 예컨대, 유튜브에서 사용자들이 콘텐츠에 댓글을 달고, '좋아요'를 누르는 것은 보상에 대한 규칙이다. 그리고 트위터가 여전히 글자수를 140자로 제한하고 있는 것도 마찬가지다. 이 플랫폼이 자신의 가치제안을 구성하고, 또 이것을 사용자들에게 전달하는 방식이 핵심이기 때문이다. 이런 식으로 규칙과 표준을 정하고 시작해야 한다.

플랫폼 기업의 성공과 실패

플랫폼 비즈니스에서 네트워크 효과는 가장 중요한 요소다. 그러나 최근에는 네트워크 효과를 흔들 수 있는 요인들이 발견되고 있다. 따라서 플랫폼 기업들은 다음과 같은 사항에 주의해야 한다.

첫 번째, 멀티호밍을 막아야 한다. 멀티호밍은 사용자들이 동일한 목적을 이루기 위해 다수의 플랫폼을 사용하는 것을 말한다. 예컨대 SNS를 하기 위해 트위터, 페이스북, 스냅챗 등 여러 플랫폼에 가입하는 것이다. 그중에서 트위터는 멀티호밍으로 인한 피해자라고 할 수 있다. 트위터는 사용자와 팔로워가 증가하면서 광고를 팔았지만, 수익을 거의 내지 못하거나 아예 내지 못했다. 매출과 비용이 맞지 않는다는 측면도 있지만, 근본적으로는 사용자들이 멀티호밍을 하고 있었기 때문이다. 이같은 현상은 마이크로소프트와 닌텐도 그리고 소니 사이에서 벌어지는 게임 콘솔 전쟁에서도 동일하게 벌어지는데, 즉 멀티호밍이 너무 자주 일어나기 때문에 승자가 존재하지 않는다.

따라서 모든 플랫폼은 멀티호밍을 제약할 방안을 마련해야 한다.

두 번째, 차별화와 틈새 경쟁에서 승산을 찾아야 한다. 지금 전 세계의 모든 산업 분야는 기술의 발달로 시장진입장벽이 낮아지고 있다. 대기업과 스타트업이 실제 경쟁을 다툴 수 있는 상황이 마련된 것이다. 틈새시장을 파고드는 스타트업들이 등장하면 시장은 파편화될 수밖에 없고, 플랫폼 기업들의 네트워크 효과와 승자독식 가능성은 줄어든다. 예컨대 애플이 아이폰을 만들었을 때는 시장을 장악하는 분위기였으나 구글의 안드로이드 전략이 등장하면서 시장은 금세 재편되고 말았다. 또 2018년 프리랜서 시장을 지배한 업워크는 파편화된 시장에서 아직도 연간 이윤을 내지 못하는 상황이다.

세 번째, 경쟁자가 진입하지 못하도록 장벽을 세워야 한다. 시장진입장벽이 계속 낮아지는 것은 플랫폼 비즈니스도 예외가 아니다. 따라서 기존 업체에서는 시장진입자가 들어오지 못하도록 장벽을 세우는 일이 중요해질 수밖에 없다. 사실 상당수의 플랫폼 기업들은 이미 방어에 실패했다. 일부 연구에서는 90퍼센트의 스타트업이 실패했다는 통계를 발표한 적도 있다. 플랫폼 비즈니스는 특유의 복잡성 때문에 실수를 저지르기 쉬운 측면도 있다.

플랫폼 기업은 세 가지 유형으로 구분한다. 첫 번째 유형은 혁신 플랫폼 기업이다. 여기에 해당하는 기업은 애플, 구글, IBM왓슨, GE프리딕스와 같은 회사들로, 대개 플랫폼 소유주와 생태계 파트너들로 연결돼 있다. 플랫폼 소유주는 플랫폼을 개방하거나 API로 연동한다. 그리고 생태계 파트너들은 보완재의 형태로 스마트폰 앱이나 디지털 콘텐츠를 제공하는 것이다. 혁신 플랫폼 기업은 보완재의 양이 많거나 질이 높을수록 더 매력적이기 때문에 상품과 서비스를 직접 팔거나 대여하는 것으로 가치를 만들어내기도 한다.

두 번째 유형은 상거래 플랫폼 기업이다. 이는 상품과 서비스를 사고팔거나, 사용자들이 콘텐츠를 만들고 공유하는 가치를 창출하는 플랫폼을 말한다. 알리바바와 아마존, 그리고 애플의 앱스토어와 구글플레이, 또 인스타그램과 페이스북, 트위터와 에어비앤비도 여기에 해당한다. 상거래 플랫폼 기업은 대개 중개자이거나 온라인 장터로 기능한다. 이들은 상거래 수수료를 받거나 광고비를 다른 시장 참여자에게 청구하거나 또는 둘 다 청구하는 것으로 가치를 높인다.

세 번째 유형은 혼합형 플랫폼 기업이다. 일종의 하이브리드 형태라고 할 수 있다. 즉 혁신 플랫폼과 상거래 플랫폼을 병행하는 기업을 혼합형 플랫폼 기업이라고 한다. 여기에는 두 가지 전략이 존재한다. 바로 통합적 혼합 전략과 복합적 혼합 전략이다. 통합적 혼합 전략은 서로 다른 유형의 플랫폼을 동일한 기업 내에서 연결하는 것이다. 혁신 플랫폼에 상거래 플랫폼을 추가한 애플과 구글이 있고, 반면 상거래 플랫폼에 혁신 플랫폼을 추가한 페이스북이 있다. 그리고 복합적 혼합 전략에는 애플과 아마존이 해당된다. 애플은 아이폰과 iOS를 상거래 플랫폼인 앱스토어, 아이튠즈, 그리고 아이클라우드나 아이북스 등 다른 서비스와 연결했다.

그렇다면 각 플랫폼 유형에는 어떤 전략이 유효할까? 앞에서 설명한 플랫폼 유형에 따른 전략을 살펴보자. 먼저, 참여할 시장을 선택하는 데 차이가 있다. 혁신 플랫폼이 성공할 수 있는 방법은 신제품과 서비스를 개발하고 플랫폼의 수요를 자극할 보완재 개발자를 찾아내는 것이다. 애플이라면 iOS용 앱 개발자를 찾아내는 것이 먼저다. 하지만 상거래 플랫폼은 시장 부문을 명확하게 선택할 수 있다. 이베이, 아마존 마켓플레이스, 그리고 엣시가 공략한 시장은 제품의 구매자와 판매자로만 이뤄져 있다. 즉 자신의 정체성을 어떻게 결정할 것이냐의 문제기도 한 것이다.

다음으로, 닭이 먼저냐 달걀이 먼저냐의 질문이 있다. 사실 이 문제는 플랫폼 기업이 풀어야 할 가장 큰 숙제다. 혁신 플랫폼 기업은 혁신 보완재를 출시할 수 있다면 그때부터는 바로 시장을 움직일 수 있다. 따라서 자체적으로 보완재를 개발하거나 보완재를 개발하는 회사들과 제휴하면서 이 문제를 해결할 수도 있다. 반면 상거래 플랫폼은 이 문제를 가장 깊게 고민해봐야 한다. 왜냐하면 판매자와 구매자가 중 누구를 먼저 끌어들일 것인가를 결정해야 하기 때문이다. 옐로페이지(Yellow Page), 이베이, 엣시, 아마존 마켓플레이스, 타오바오(Taobao), 페이스북, 트위터, 에어비앤비는 모두 플랫폼의 특정 부문에 먼저 자금을 투입해 추진력을 만들었다. 물론 양쪽을 동시에 끌어올릴 수도 있겠지만, 이 경우 양쪽에 모두 자금을 투입해야 한다.

마지막으로, 비즈니스 모델을 설계하고 구축하는 단계다. 혁신 플랫폼 기업은 충분한 보완재 제공 업체를 끌어들이고 이를 사용하는 사용자를 늘려가야 한다. 반면 상거래와 광고, 서비스 수수료를 통해 수익을 내는 상거래 플랫폼 기업은 수수료를 받을 것인지, 광고비를 받을 것인지 충분히 고려해야 한다. 수수료를 받는다면 누구에게 받을 것인지, 무엇에 대해 받을 것인지 그리고 무료 서비스는 무엇이고 광고비는 언제부터 누구에게 부과할 것인지를 결정해야 한다. 물론

이 결정에 따라서 플랫폼은 성공할 수도, 아예 사라질 수도 있다.

플랫폼 기업이 실패하는 이유도 몇 가지로 구분해보자. 첫 번째, 적정가격 책정의 실패가 있다. 플랫폼 기업이라면 시장 한 부문의 비용을 부담하고 다른 부문이 참여하도록 유도해야 한다. 돈을 대야 할 부문과 돈을 부과해야 할 부문을 파악해야 하는 것이다. 하지만 이 문제는 생각보다 어렵다. 예컨대, 2017년 당시 우버는 연매출이 370억 달러나 됐으나 적자였다. 리프트(Lyft)가 시장에 진입하면서 운전자 및 승객 유치 경쟁을 벌였기 때문이다. 우버는 플랫폼을 옮겨온 운전자들에게 1,000달러를 보너스로 지급하기도 했고, 고객들에게 무료 포인트와 보상 포인트를 남발하기도 했다. 장기적으로 우버는 아마존과 같은 전략을 취하고 있는 것으로 보인다. 하지만 그렇게 해서 언제 이윤을 낼 수 있을지는 미지수다.

두 번째, 자만에 빠진다는 점이다. 익스플로러와 파이어폭스라는 웹브라우저가 있다. 한때는 잘나갔던 웹브라우저들이다. 하지만 크롬이 등장하고 나서 이들의 지배력은 점차 줄어들었다. 사실 마이크로소프트는 플랫폼 비즈니스의 속성을 너무나 잘 알고 있는 회사였다. 하지만 자기네들이 이겼다는 확신에 빠져 경쟁자의 위협을 무시했다. 결국 구글이 만든 크롬의 지배력은 계속 커지는 추세다.

세 번째, 시장진입의 타이밍을 놓치는 것이다. 가장 전형적인 플랫폼 기업의 실책이다. 예컨대 스마트폰 시장은 진입이 너무 늦을 경우, 위대한 제품과 훌륭한 자원을 다 합쳐도 실패할 수 있다는 것을 보여준 사례다. 그 주인공은 바로 마이크로소프트다. 마이크로소프트는 윈도우폰에 10년 동안 수십억 달러를 투자했음에도 결국 죽음을 맞이할 수밖에 없었다. 플랫폼 경쟁은 일반 상품 경쟁과는 다르다는 것을 몰랐던 것이다.

그렇다면 전통 기업은 플랫폼 비즈니스를 할 수 있을까? 결론부터 말하자면, 누구나 할 수는 있지만 성공 가능성은 매우 낮다. 구체적으로 아직까지는 대기업이 플랫폼을 만들어서 제대로 성공한 적은 없다.

전통 기업의 플랫폼 비즈니스 전략은 세 가지로 구분한다. 첫 번째, 기존 플랫폼에 합류하는 것이다. 아마존은 플랫폼 내에서 성공하는 거래처가 있으면 주시하다가 따라 하고 몰아내는 작전을 펴는 것으로 유명하다. 하지만 아마존 플랫폼 내에서도 성공할 수 있다는 가능성을 보여준 기업이 있다. 파마팩스(Parmapacks)라는 회사다. 반면 GM은 우버가 성장하는 것을 지연하기 위해 리프트에 투자하기도 했는데, 이는 신흥 플랫폼 주자가 큰 규모로 성장하기 전에 시행할 수 있는 방법이다. 한편 런던에서 일어난 우버와 블랙캡 간의 경쟁도 있다. 결국 우버는 시한부 연장 승인을 받는 처지가 됐지만, 블랙캡은 차량 호출 서비스 플랫폼에 가입하면서 우버의 공세에 대처했다고 볼 수 있다.

두 번째, 기존 플랫폼을 사들이는 방법이다. 아마존과 상대하기 위해 필사의 노력을 했던 월마트의 사례가 있다. 2016년 월마트는 제트닷컴을 인수해 플랫폼 전략으로 맞불을 놓았다. 결국 실패하기는 했지만 당시 이것은 월마트의 야심찬 전략이었다고 평가되기도 한다. 월마트는 이후 인도의 플립카트도 인수했는데, 이것은 인도에서의 시장 장악을 위해 할 수밖에 없었던 포석이었다. 아무튼 월마트의 앞

길은 쉽지 않아 보인다.

세 번째, 새로운 플랫폼을 구축하는 방법이다. 클레이튼 크리스텐슨은 파괴적 비즈니스 모델을 만들라고 강조했던 것으로 유명하다. 하지만 그 이론의 유명세에도 불구하고 이 전략이 다수의 기업에게 통했다는 증거는 거의 없다.

전통적인 대기업이 플랫폼을 하나 만드는 것은 저가 시장에 진출하거나 품질이 낮은 제품을 출시한다는 의미에서 파괴적 혁신이라고 할 수 있다. 이 책 서장에서 언급한 것처럼 전통적인 대기업이 플랫폼을 구축하는 것을 파괴적 혁신의 일환으로 이해할 수 있는 측면은 있다. 하지만 아직까지도 이 부분에서 성공한 기업이 없다는 것이 중론이다.

그러나 새로운 플랫폼을 출시한 전통 기업이 하나 있다. 바로 GE이다. GE는 프리딕스라고 하는 IoT 기반의 플랫폼을 만들었는데, 바로 서비스형 플랫폼이다. GE가 플랫폼을 만드는 것은 올바른 전략이라고 말하는 책이 많지만, 이 일은 어마어마하게 어렵다. 왜냐하면 이미 많은 경쟁자도 진입했기 때문이다. GE의 모델 그대로 지멘스가 시작했고, IBM과 마이크로소프트의 클라우드 애저(Azure)도 같이 경쟁하고 있기 때문에 GE의 전략은 아직 성공했다고 볼 수 없다.

블록체인의 시작, 비트코인

디지털혁명에서 또 하나의 축은 블록체인이다. 블록체인은 비트코인의 암호체계라고 할 수 있는데, 블록체인이 중앙집권적인 권력을 끝내고 탈중앙화된 세계를 만들어갈 것이라는 예측이 많다. 또 블록체인은 플랫폼의 혁신 시스템을 강화하고 해킹이 불가능한 시스템을 구축할 수 있기 때문에 누구나 플랫폼을 신뢰하도록 만드는 데 큰 기여를 한다는 평가를 받고 있다.

우선 비트코인이 어떻게 시작됐는지부터 살펴보자. 2008년 10월 31일 뉴욕 시간으로 오후 2시 10분, 암호학과 관련한 전문가와 아마추어 수백 명은 나카모토 사토시(Nakamoto Satoshi)라는 사람에게 이메일을 받았다. 그는 '제3자 중개인이 필요 없는, 1대 1로 운영되는 전자 통화 시스템을 연구하고 있다'고 했다. 그는 그 통화 시스템을 '비트코인'(bitcoin)이라 부르고 있었다. 바로 그때가 비트코인이 처음 세상에 알려진 순간이었다.

당시에 비트코인이 성공할 것이라고 생각한 사람은 없었던 것 같다. 비트코인이 실패할 것이라 예상된 이유는 크게 두 가지였다. 첫 번째, 나카모토 사토시를 아는 사람이 없었다. 아무도 비트코인을 사용하지 않고 있는데, 그것의 성공을 얘기한다는 것 자체가 뭔가 적절하지 않은 행동으로 보였다.

두 번째 이유는 '사이퍼펑크'(Cypherpunk)라는 연합에서 찾아야 한다. 이들은 1990년대 암호화된 개인정보 보호 도구를 통해서 급진적인 변혁을 강제하려는 운동가들 연합으로, 이미 익명으로 운영되는 디지털 통화 시스템이라는 개념을 만든 바 있었다. 이렇듯 비트코인의 방식은 새로운 것이 아니었기에 성공할 가능성 또한 희박해보였다.

이미 실패했지만 비트코인 이전에도 대대적인 시도가 있었다. 바로 데이비드 차움(David Chaum)이 만든 디지캐시(DigiCash)가 그것이다. 차움은 1990년대 당시 익명 가상화폐라는 개념을 만든 주인공이다. 일이 잘돼가는 듯했지만 결국 마이크로소프트, 비자 그리고 은행들은 디지캐시에 참여하지 않았다. 가상화폐라는 것이 필요한 것처럼 보일지는 몰라도 당시 금융 시스템의 틀 안에서는 받아들일 수가 없었던 것이다.

나카모토 사토시에 대해서는 조금 더 살펴보자. 2022년인 지금까지도 사토시가 개인인지 회사인지 알려진 바는 없다. 혹자에 따르면 사토시가 CIA나 IMF일 수도 있다고 말하고, 미연방준비위원회라고 언급하는 사람도 있다. 이런 추측들이 난무하는 것은 그가 2010년에 이미 자취를 감췄기 때문이다. 최근까지의 추측들을 정리해보면 그는 영국적인 스펠링을 갖고 있으며, 실리콘밸리에 있는 소규모 그룹

일 것이라고 추정된다. 적어도 혼자는 아니라는 것이 중론이다.

비트코인에서 사토시가 중요한 이유는 또 있다. 비트코인이라는 '브랜드'가 창시자와 그의 미스터리한 배경에 크게 영향받을 수밖에 없다는 것은 자명한 사실이다. 실제로 비트코인 문화 전반에는 사토시에 대한 경의와 찬양의 분위기가 널리 퍼져 있다. 비트코인의 가장 작은 액면가의 단위가 '사토시'(Satoshi)였고, 수많은 모임이 '사토시 광장'(Satoshi Square)이라고 이름 붙은 장소에서 열렸으며, 세간의 이목을 끄는 도박 사이트인 사토시다이스(Satoshi Dice)처럼, 다양한 비트코인 사업들이 창시자의 이름을 사용하고 있다.

그가 누구인지도 모르지만, 그의 신념을 따르는 지지자들은 늘어나고 있다. 이들은 비트코인을 서로에게 보내고 함께 채굴하면서 블록체인 장부를 유지하려는 멤버들이다. 물론 어떤 측면에서 보면 잘못된 신념이라고 비난할 수 있을지도 모른다. 특히나 비트코인과 관련해선 종교적 함의를 가진 단어들도 등장하고 있기 때문에 비트코인이 종교처럼 비치는 측면이 있는 것도 사실이다.

하지만 분명한 것은 비트코인의 가격이 널뛰고 있지만 비트코인과 관련한 커뮤니티는 급속도로 확장되고 있다는 점이다. 물론 2012년까지 비트코인은 일반인들에게 먼 나라 얘기였다. 특히 월가와 워싱턴에서는 비트코인을 무시했고, 절도 사건과 가격 불안, 사토시가 누구인지도 모른다는 점은 불신의 이유가 되기도 했다. 그리고 적어도 아직까지도 이런 불신들이 완전히 사라졌다고 볼 수 있는 증거도 없다. 그러나 비트코인 커뮤니티가 성장하고 있는 것은 분명한 현실이다.

그 증거로 우선 비트코인의 거래량 데이터를 얘기할 수 있다. 2014

년 비트코인의 일일평균 거래대금은 약 5,000만 달러였다. 물론 비자와 마스터카드, 두 거대 결제회사의 2013년 일일평균 거래대금이 300억 달러라는 점을 생각해본다면 엄청난 차이가 있는 것도 사실이다. 그러나 비트코인이 점차 통화로 채택되고 있다는 점도 부인할 수는 없다.

비트코인을 신뢰하는 사람들은 오히려 거대 금융기관들에 반항심이 있는 것으로 확인되고 있다. 거대 금융기관의 거래 규모를 짚어보면 그 이유를 짐작할 수 있다. 비자와 마스터카드가 2013년에 처리한 신용카드 및 직불카드 결제액은 11조 달러에 이른다. 이것은 전 세계 카드업계 매출액의 87퍼센트를 차지하는 액수로, 여기에 평균 2퍼센트의 수수료가 부과된다면 2,500억 달러에 이른다.

전자상거래 규모는 더욱 확대돼 카드 거래대금은 매년 약 10퍼센트씩 증가하고 있다. 부정거래에서 촉발되는 비용까지 더해서 생각해본다면, 글로벌 지불 시스템에서 카드 결제 수수료가 '톱니바퀴에 낀 모래'처럼 성장, 효율성 그리고 발전의 장애물로 작용하고 있는 것을 알 수 있다.

거대 금융기관들에 대한 반감은 비트코인 커뮤니티에서만 찾을 수 있는 건 아니다. 최근 은행 중심의 지불 시스템을 깨는 새로운 모델들이 계속 등장하고 있기 때문이다. 전 세계 핀테크 기업이 1만 3,000개에 달한다는 조사 결과도 있다. 저렴한 비용으로 거래할 수 있게 도와주는 거래 프로세스는 계속 만들어지고 있다. 때를 같이해서 비트코인을 매입하는 지불 처리 업체가 등장하고 있고 대부분의 상점들은 비트코인에 가입하는 것이 나쁠 게 없다고 생각하고 있다. 이런 상황이니 비트코인을 신뢰할 수 있기 때문에 신뢰하는 것이 아니라 왠지 중앙집권화의 대안으로 비트코인을 신뢰하는 것인지도 모른다.

그렇다면 이제부터 가상화폐와 관련한 몇 가지 시나리오를 생각해 보자. 우선, 가상화폐가 내부화폐 시스템으로 작용하는 것을 생각해 볼 수 있다. 여기에는 법정화폐가 계속 사용된다는 전제가 깔려 있다. 따라서 시스템 내부 인프라 속에서 가상화폐가 일정 역할을 수행한 다는 것이다. 지불 프로세스 업무가 가상화폐 프로토콜과 블록체인 기반 기술로 거래된다는 것인데, 최근 아홉 개의 글로벌 은행이 블록체인 표준화 작업을 수행한 것도 이 같은 이유 때문이다.

또 하나는, 멀티 코인 세상이 되는 것이다. 하나의 가상화폐가 지배적 화폐가 될 것이라는 보장은 없다. 여기에는 비트코인뿐만 아니라 구글과 애플, 그리고 수백 개의 알트코인들이 모두 해당된다. 이때 디지털 코인 또는 토큰은 블록체인 기반 거래소를 통해 거래될 수 있다.

마지막으로 디지털 달러가 있다. 미국이 디지털 달러를 만들고 다른 나라 시민이 달러를 통해 모든 것을 살 수 있게 되면 더 이상 각 나라의 화폐가 의미 없어질지도 모른다. 한때는 우려일 뿐이었지만 최근에는 현실이 될 것이라는 주장이 늘어났다. 블록체인으로 인해 금융산업의 핵폭풍이 불기 시작했기 때문이다.

암호화 기반의 분산된 디지털 통화의 미래는 밝을 것이다. 그것이 비트코인이 아니더라도 다른 가상화폐 또는 아직 세상에 나오지 않은 또 다른 가상화폐일 수도 있지만, 이 획기적인 기술은 그 근저에 추진력이 숨어 있어 멈추기가 어렵다. 더 중요한 점은 기존 지불 인프라 내에서 해결할 수 없는 매우 중대한 문제를 해결한다는 점이다. 가상화폐는 현행 은행 중심의 지불 모델이 우리 사회에 부과하고 있는 엄청난 비용의 대부분을 사라지게 할 것이다. 그리고 이런 은행 중심의 시스템에서 배제돼 있던 수십억 명의 사람들을 글로벌 경제로 다시 불러들일 수 있다. 또한 블록체인을 기반으로 하는 다양한 응용프로그램을 통해 과거 어느 때보다 모든 계층의 중개인, 중앙집권적 기관 및 정부를 통하지 않아도 되는 사회를 만들 수 있다.

비트코인은 디지털 시대의 디지털 화폐다. 불안정성과 심한 변동성 그리고 불법적인 거래까지, 비트코인을 둘러싼 부정적인 견해에도 불구하고, 비트코인의 가장 강력한 무기는 그것을 구성하고 있는 기본 기술인 '블록체인'에 있다. 그것은 기술이라기보다 사실 '혁명'에 가깝다. 디지털혁명에서 블록체인을 빼놓을 수 없는 이유다.

블록체인의 확장

블록체인은 일반 상거래를 위한 결제뿐만 아니라 저작권과 개인 ID 관리, 스마트 법률계약에 이르기까지 거의 모든 부문에 쓰일 수 있다. 최근 발생한 세계 최대 규모의 암호화폐거래소 '마운트곡스' 파산과 비트코인을 이용한 불법 마약거래 사이트인 '실크로드' 사태 등으로 비트코인 반대자들이 힘을 얻긴 했지만, 비트코인 지지자들은 여전히 비트코인이 결국 글로벌 경제, 특히 글로벌 금융산업을 재창조하고 새로운 활력을 불어넣는 강력한 무기가 될 것으로 예상한다.

누군가는 비트코인으로 인해 일자리를 잃게 될지도 모른다. 그러나 현재 '은행을 이용할 수 없는' 전 세계 수십억 명의 사람들에게는 분명 반가운 존재다. 비트코인은 이들을 더욱 확장된 새로운 글로벌 이코노미에 편입시킬 수 있다.

비트코인에 대한 당신의 입장이 무엇이든, 변하지 않는 사실이 하나 있다. 가상화폐가 만들어졌으며, 그것은 결코 없어지지 않는다는 점이다. 그리고 가상화폐가 몰고 올 변화는 심대할 것이다. 좋든, 나쁘든, 누구나 그 영향권 안에 있다. 그러니 무시하는 것은 득이 되지 않는다. 가상화폐의 세계는 이제껏 우리가 익숙했던 종이화폐 세계와는 많이 다를 것이다.

머지않아 누구나 스마트폰에 비트코인 지갑 계정을 가지고 다니는 날이 올 수도 있다. 그렇게 되면 전 세계 어느 스타벅스에서든 커피 한 잔 값은 동일한 비트코인으로 결제될 것이고, 사람들은 국경의 제약 없이 은행을 통하지 않고 송금할 수 있게 될 것이다. 중앙집권화된 중앙은행이 (거의 무제한적으로) 발행하는 통화 대신 세상은 총 발행량이 한정돼 있는 통화를 갖게 될 것이다. 금융의 분권화는 금융을 넘어 우리가 사는 세상의 모든 분야에서 분권화를 촉진할 것이며, 세상은 다시 한번 근본적인 변화를 맞이할 것이다.

금융산업이 요동치고 있다. 블록체인을 바라보는 금융업의 시각은 사실 명확하다. 우후죽순으로 생겨나는 이 신기술들이 과연 기존 시스템을 대체할 만큼 우월한 것인가 하는 점이다. 하지만 안타깝게도 퍼블릭 블록체인 형태의 결제 속도와 처리 용량으로는 한계가 있다. 반면 핀테크 회사 입장은 다르다. 아무리 혁신적인 핀테크 회사가 등장하더라도 이들은 금융사의 그늘을 벗어나지 못한다. 토스, 뱅크샐러드, 렌딧 같은 회사가 있더라도 기존 금융사와 협업 없이 독자적인 서비스를 구축하는 것은 사실상 불가능하다. 서비스와 관련한 모든 데이터와 인프라는 기존 금융사의 것을 사용해야 하기 때문이다.

따라서 금융업에 있는 회사들은 각기 다른 전략을 펴고 있다. 우선 핀테크 회사들은 기존 금융사의 그늘에서 벗어나려는 움직임을 보인다. 즉 핀테크에 블록체인이 더해지면서 핀테크 2.0 시대가 등장하고 있다. 비트코인과 같은 암호화폐로 투자금을 유치하는 것이다. 이것은 법정화폐 거래가 아니기 때문에 은행이 필요 없다. 이와 같은 시장이 활성화된다면 핀테크 기업과 기존 금융기관이 자유롭게 경쟁하는 시점도 앞당겨질 수 있다. 그리고 머지않은 미래에 전통적인 금융기관들은 원화 거래만 지원하는 단순 중개기관으로 전락할 수도 있다.

반면 은행이 꿈꾸는 미래는 따로 있다. 블록체인을 사용할 수 없다면 아예 사용 가능한 블록체인을 만들겠다는 것이다. 이것을 '폐쇄형 블록체인'이라고 한다. 폐쇄형 블록체인은 두 가지로 나뉜다. 프라이빗 블록체인과 컨소시엄 블록체인이다. 프라이빗 블록체인은 채굴 과정이 생략되고 운영 주체자가 승인자 역할을 하게 된다. 따라서 운영 주체자인 개별 은행은 모든 권한을 갖게 된다. 반면 컨소시엄 블록체인은 시스템 관리를 복수의 참여자 또는 협의체가 하게 된다. 금융업은 컨소시엄 블록체인에 많은 기대를 걸고 있다. 대표적인 컨소시엄 블록체인으로는 R3 컨소시엄과 하이퍼레저 컨소시엄이 있다.

블록체인은 금융을 바꾸고 있다. 여기서 주목해야 할 세 가지 상황은 다음과 같다. 첫 번째, 스테이블 코인이 등장했다. 원래 암호화폐라는 것은 수요와 공급만으로 가격이 결정되기 때문에 가격이 요동친다는 단점이 있다. 그래서 비트코인은 화폐가 될 수 없다는 주장이 있기도 하다. 이것이 바로 스테이블 코인이 등장한 배경이다. 스테이블 코인은 가치 고정형 암호화폐다. 1코인＝1달러를 공식화한 것으로 스테이블 코인을 사용하면 동일한 물건을 동일한 가격으로 구매할 수 있다. 그렇다면, 스테이블 코인은 어떻게 코인의 가격을 고정할 수 있을까? 여기에는 법정화폐 담보형, 암호화폐 담보형, 그리고 무담보 알고리즘형이 있다. 한국에서는 '테라'(Terra)가 무담보 알고리즘형 스테이블 코인에 도전장을 냈고, 페이스북은 왓츠앱 메신저에서 사용될 스테이블 코인을 발행할 예정이다. 그리고 JP모건도 JPM코인을 발표했는데, 미국 달러와 일대일로 연동되는 스테이블 코인으로 자체 블록체인 플랫폼 쿼럼(Quorum)을 기반으로 운영한다고 한다.

두 번째, 글로벌 은행 차원에서 새로운 암호화폐가 등장하고 있다. 대표적으로 JP모건이 JPM코인을 발행한 것이다. 여기에는 세 가지 이유가 있다. 우선, 대기업 간 해외 송금을 JPM코인으로 대체하는 것이다. 이렇게 되면 국가 간 기업 결제에서 결제와 정산이 단 몇 초로 절감된다. 그다음으로, 현지 기업이 미국 주식, 채권, 외환, 증권 등을 사고팔 때 기준 통화인 달러를 사용하지 않아도 된다. 즉 JPM코인을 결제 용도로 사용할 수 있다는 것이다. 마지막으로, JP모건의 재무 관련 서비스를 이용하는 기업의 자금 효율성을 높일 수 있다. JP모건에서는 하루에만 약 6조 달러의 거래가 이뤄진다. JPM코인은 혁신적인 통화 운영 정책을 만들어낼 수 있을지도 모른다.

세 번째, 일본에서는 또 다른 차원에서 암호화폐가 사용될 것으로 보인다. 최근 일본 정부가 암호화폐에 대해 엄격한 법적 규제를 만들었다고 하는데, 이를 토대로 비용 절약 차원의 자체 암호화폐 발행을 준비하고 있다는 것이다. 현재 일본에는 약 20만 대의 ATM기기가 운영되고 있다. 보스턴컨설팅그룹에 따르면, ATM기기의 연간 유지 비용은 약 8조 원에 이른다. 하지만 일본 시중은행들이 자체 암호화폐 생태계를 구축하고, 고객들은 계좌에 충전된 자금을 기반으로 암호화폐를 사용하게 되면 관리 비용을 줄일 수 있다.

블록체인이 바꾸고 있는 다른 산업도 살펴보자. 먼저 유통 분야에서의 변화가 있다. 유통 분야는 블록체인이 적용되면서 완전히 새롭게 거듭나고 있다. 먼저 월마트는 2016년 IBM과 협력해 식품 공급망에 블록체인을 적용하는 시범사업을 시작했다. 그 결과 특정 식물의 원산지를 추적하는 과정을 단 2초 만에 처리할 수 있게 되었다. 월마트의 재고관리 코드가 대략 5만 개 정도라는 것을 생각해보면 대단한 혁신이 아닐 수 없다. 그래서 2019년 1월에는 농작물을 공급하는 업체에 식품 추적 블록체인에 합류할 것을 권장했다. 반면 알리바바는 전 세계에서 블록체인 기술특허를 가장 많이 보유한 기업이라고 한다. 최근 알리바바는 위조 수입품과 가짜 상품을 구별할 목적으로 블록체인을 사용하고 있다.

한편, 아마존은 블록체인을 솔루션 사업 방식으로 접근하고 있다. 클라우드 사업을 하는 AWS를 중심으로 BaaS를 만든 것이다. BaaS는 Blockcahin as a Service의 약자다. 이른바 서비스형 블록체인을 만든 것이다. 아마존은 미국 특허청으로부터 블록체인과 연관된 전자서명 안전성, 탈중앙형 데이터 저장 보안강화 특허도 취득했다. 아마존의 블록체인 서비스 이름은 아마존 매니지드 블록체인(Amazon Managed Blockchain, AMB)이다. 소니뮤직의 음악 저작권 관리, CJ네트웍스의 방송 콘텐츠 음악 사용 이력 관리, 그리고 국내 수제 맥주 회사 카브루에서도 AMB를 사용하고 있다.

또한 아마존과 같은 아이템으로 경쟁하고 있는 회사가 있다. 바로

IBM이다. IBM은 2018년 10월에 IBM 푸드 트러스트 기술을 상용화했다. 푸드 트러스트를 활용하면 기업들은 안전하게 식품을 관리할 수 있고, 소비자들에게는 안전 인증 같은 긍정적인 이미지를 제공할 수 있다. 이미 많은 기업이 IBM 블록체인 프로젝트에 합류했다. 세계 최대 청과 회사 돌푸드(Dole Food), 육류 기업 타이슨푸드(Tyson Foods), 향신료 기업 맥코믹(McCormick) 등 10개 식품 기업이 있고, 유럽 최대 슈퍼마켓 체인 까르푸(Carrefour)도 IBM의 솔루션을 사용하고 있다.

한편, 블록체인 기술은 IoT와 어떤 관계가 있을까? 지금부터 IoT와 관련한 전망들을 살펴보자. 시스코는 2023년이 되면 전 세계 인구 1인당 평균 3.6개의 IoT기기를 사용할 것이라고 예상했는데, 특별히 한국은 1인당 평균 12개 정도의 IoT기기를 보유할 것이라고 발표했다. 한편, 글로벌 시장조사기관 마켓앤마켓은 IoT기기 수가 2025년에는 250억 개까지 늘어날 것이라고 예상했다. 어떤 측면에서 보더라도 IoT기기가 늘어나고 있다는 것은 자명해 보인다. 그런데 IoT는 처음부터 중앙화 시스템을 적용해왔다. 사람들의 무의식 속에서도 IoT는 중앙화 시스템이라는 인식이 깊게 박혀 있다. 그러나 문제는 기하급수적으로 늘어나는 IoT기기를 중앙화 시스템으로 관리하는 데는 한계가 있다는 점이다.

늘어나는 IoT기기를 운영하기 위한 대안으로 등장한 것이 바로 블록체인이다. IoT에 블록체인이 적용되면 절대적인 트래픽 전송 길이가 단축될 수 있고, 이는 트래픽 부담을 대폭 낮출 수 있다. 왜냐하면 기존의 중앙집중형 IoT서비스는 주요 트래픽이 중앙 서버와 기기 간에 흐르지만, 분산형 IoT서비스에서는 주요 트래픽이 기기와 소비자 간에 동시다발적으로 흐르기 때문이다. 예컨대, 자율주행차에서도 이런 현상을 살펴볼 수 있다. 자율주행차가 중앙 서버와 연결이 필요한 경우가 있다. 하지만 중앙 서버와의 연결이 필요 없는 경우나 급하게 상황에 대처해야 하는 경우에는 트래픽이 짧은 연결을 주변에서 할 수 있다. 이때 사용되는 게 바로 블록체인이다.

이처럼 효율성을 극대화하는 IoT의 중앙화 구조는 지금에와서는 오히려 단점으로 작용할 수 있다. 왜냐하면, IoT기기가 많아도 너무 많기 때문이다. 2017년에 이미 80억 개를 돌파했고, 2020년에는 200억 개를 넘어섰다. 따라서 사업자들은 중앙 서버나 플랫폼에 집중될 대규모 트레픽을 감당해야 하는 상황이다.

여기에서 블록체인이 주목받는 이유는 간단하다. 중앙집중형 IoT가 가진 구조적 문제점을 블록체인의 탈중앙화 특성으로 해결할 수 있기 때문이다. 즉 IoT 구조가 분산형으로 바뀌면, 여러 가지 명령을 병렬적으로 처리할 수 있고, 이는 트레픽을 분산할 수 있는 방법이 된다는 것이다. 이렇게 하면 IoT기기의 반응속도는 더 빨라질 수 있고 이는 IoT 산업의 생산성 향상으로 이어질 수 있다. 게다가 IoT에 블록체인이 적용되면 보안 지출 비용 규모도 현저하게 줄일 수 있다. 그러나 여전히 블록체인은 수수료와 속도 문제가 남아 있다.

스마트시티도 있다. 두바이는 블록체인 기술을 도입해 행정 혁신을 이루겠다는 목표를 세웠다. 이미 2016년 글로벌 블록체인 의회를 설립했고 두바이 블록체인 전략을 발표하기도 했다. 더불어 중국과 우리나라에서도 스마트시티 사업이 추진 중인데, 맥킨지는 20년 후 지구상에는 최소 600개의 지능형 도시들이 생겨날 것이고, 25년 후에는 이러한 지능형 도시들의 경제규모가 전 세계 GDP의 70퍼센트를 차지할 것이라고 예상했다.

중고차 시장에서도 IoT기기와 블록체인이 결합하고 있다. 러시아의 블록체인 전문회사 카픽스(CarFix)는 VLB(Vechicle Lifecycle Blockchain)을 개발했다. VLB는 차량이 공장에서 출고된 후 폐차될 때까지 차량 관리 전체 내역을 원장에 기록하는 IoT서비스다. 이렇게 되면 중고차 시장에서 신뢰도를 높이는 데 크게 기여할 수 있다. 한편 미국에서는 중고차 거래뿐만 아니라 중고차 보험과 중고차 구매 자금 대출까지 블록체인에서 일괄적으로 처리하는 서비스가 개발되고 있다. 이와 관련한 서비스를 개발하고 있는 회사는 오토모티브익스 체인지플랫폼(AXP)이다.

마지막으로 살펴볼 분야는 바로 콘텐츠 시장이다. 콘텐츠 생태계를 한마디로 정의한다면, 아마도 중개자들이 사는 세상이라고 할 수 있을 것이다. 그만큼 중개자들의 권한이 막강하다는 뜻이다. 영화, 사진, 음악 등 거의 모든 콘텐츠 시장은 중개자에 따라 움직인다. 특히 음악과 영화를 중심으로 한 콘텐츠 유통 플랫폼은 막대한 영향을 행사한다. 만약 콘텐츠 제작자가 소규모 업체이거나 프리랜서라면 저작권료를 받는 것 자체도 매우 번거로운 과정을 거쳐야 한다. 하지만 최근 콘텐츠 시장에도 블록체인의 접목이 시도되고 있다.

콘텐츠 유통 플랫폼에서 블록체인의 적용은 이미 시작된 일이다. 특히 콘텐츠 유통 플랫폼의 경우 기존 산업의 중개자들이 사라지게 되면 수익과 공정성 측면에서 개선이 이뤄진다. 또 저작권의 경우 블록체인이 적용되면 강력한 보호 기능이 생겨나고, 초소액결제도 가능하기 때문에 어떤 콘텐츠라도 유통할 수 있게 된다.

블록체인은 콘텐츠 분야에서 여러 가지 혁신의 형태로 등장하고 있다. 우선 디지털 음원 유통 시장에서 음원 직거래 플랫폼이 등장했다. 바로 우조뮤직(Ujo Music)이다. 우조뮤직은 음악 산업의 불필요한 중개자들을 없애고, 아티스트들의 수익과 권리를 보호하자는 취지로 설립됐다. 또 커버곡 생산 및 유통 앱인 썸싱(SOMESING)도 있다. 이용자가 특정 곡을 선택해 노래를 녹음한 후 포스팅하면, 다른 이용자들로부터 후원 형태로 수익을 얻는다. 또 플랫폼 내에서의 기여도에 따라 추가로 지급된 암호화폐 중 70퍼센트를 해당 곡의 생산자와 후원자들이 나눠 가질 수도 있다. 그리고 코닥원이 있다. 코닥원은 필름 제조업자 코닥이 만든 블록체인 플랫폼이다. 2018년 코닥은 블록체인 기반의 코닥코인과 이를 활용한 사진 콘텐츠 유통 플랫폼 코닥원을 발표했다. 디지털 세계에서 사진가의 지식 재산권을 보호하겠다는 취지로 만들었다고 한다.

또한 블록체인은 게임산업에서도 적용되고 있다. 블록체인 기반의 게임 연합 플랫폼이 등장하면 이용자의 계정과 아이템 관련 정보를 관리할 수 있고, 각기 다른 게임 간 연동을 통해 사용할 수도 있다. 따라서 사용자는 게임을 즐기다가 다른 게임으로 바로 이동할 수도 있고, 다른 게임에서 획득한 게임머니를 사용할 수도 있게 된다. 이 모든 것이 이미 블록체인으로 구현되고 있다.

이 밖에도 불가능하다고 생각했던 형태의 서비스 아이디어가 블록체인을 통해 탄생하고 있다.

NFT

디지털혁명에서 마지막으로 살펴볼 분야는 바로 NFT다. NFT는 2020년부터 대중들에게 화제가 되고 있는데, 블록체인에 이어 또 한 번 자산과 콘텐츠 인증 시스템 등에서 일대 혁명을 불러올 것이라고 주장하는 전문가들이 많다.

NFT 정의는 두 가지로 나눌 수 있다. 첫 번째 정의는 "NFT는 특정 자산에 대한 고유한 소유권이다"라고 알려진 표현으로, 가장 많이 인용되는 정의 중 하나다. 두 번째 정의는 "NFT는 우리가 소유하고 거래하는 생활 패턴을 근본적으로 바꿈으로써 각종 산업에 큰 변화를 가져다줄 암호화된 토큰이다"라는 표현이다. 하지만 이 두 가지 정의에는 각각 부족한 측면이 있다. NFT 정의에는 반드시 두 가지가 모두 포함돼야 하기 때문이다. 바로, '대체 불가능성'이라는 의미와 '토큰'이라는 의미가 들어 있어야 한다. 대체 불가능성은 말 그대로 개별적으로 어떤 고유성을 지니고 있기 때문에 대체할 수 없음을 의미한다. 토큰이라는 것은 블록체인상에 저장된 디지털 파일로, 특정 자산을 나타낸다. 블록체인 기술을 통해 해당 자산에 대한 소유권을 거래 가능한 토큰으로 만들 수 있는데, 이것을 '민팅'(minting)이라고 한다.

《NFT 레볼루션》이라는 책에서는 NFT에 대해 최종적으로 이렇게 정의한다. "NFT는 특정한 자산을 나타내는 블록체인상의 디지털 파일이고, 각기 고유성을 지니고 있어 상호 대체가 불가능한 토큰이다."

NFT는 블록체인을 기반으로 한다. 그렇기 때문에 NFT가 한 번 생성되면 삭제되거나 위조될 수 없다. 블록체인에 대해 알고 있는 사람들은 '분산 원장'이라는 개념을 이해할 것이다. 이것도 같은 개념이라고 할 수 있다. NFT는 일종의 원본 인증서이자 소유권 증명서로 활용될 수 있다. 그러나 한 가지 주의할 점이 있는데, NFT는 디지털 자산만을 인증하는 것은 아니라는 점이다.

NFT와 블록체인의 관계를 살펴보자. NFT는 대부분 이더리움 블록체인에서 발행한다. 즉 스마트 계약이 가능한 '이더리움'에서만 NFT가 생성될 수 있다. NFT가 블록체인에서 발행되는 것을 민팅이라고 했는데, 일단 NFT가 민팅되면 그다음 블록체인은 공개적으로 그리고 시간 순으로 거래 기록을 공유하는 디지털 장부 역할을 하게 된다. 따라서 NFT가 만들어진다는 것은 해당 이벤트 기록이 블록체인에 저장되고 누구나 그 소유권을 확인할 수 있다는 얘기가 된다.

NFT의 구성 요소는 두 가지다. 하나는 디지털콘텐츠다. 이는 텍스트일 수도 있고, 이미지, 오디오, 비디오 등일 수도 있다. 다른 하나는 디지털콘텐츠의 속성에 대해 설명하는 메타 데이터로, 작품명, 세부 내역, 계약 조건, 미디어 링크 등이 있을 수 있다. 이 두 가지가 NFT

에 기록되고 그다음부터 거래가 가능하다.

마지막으로 NFT를 어디에 저장할 것인가에 대한 문제가 남는다. 저장 문제와 관련해서는 아직까지 아이러니한 상황에 있다. 왜냐하면 거래 내역은 NFT에 남겠지만, 디지털콘텐츠나 메타 데이터 같은 경우는 오프체인(off-chain)상에 저장되는 경우가 많기 때문이다. 특히 대용량 파일인 경우에는 이더리움이나 블록체인에 저장하면 상당한 비용이 발생된다. 최근에는 이에 대한 대안으로, 중앙집중식 서버나 아마존 웹서비스 같은 클라우드 스토리지, 또는 탈중앙화 분산형 저장 파일 시스템인 IPFS 등이 사용되고 있다.

NFT가 최근 들어 화제가 되고 있는 이유가 있다. 첫 번째는 부의 효과 때문이다. 부의 효과란 개인의 자산가치가 상승함에 따라 더 많은 지출을 한다는 뜻이다. 그런 점에서 2021년 초, 강세를 보인 암호화폐 시장과 NFT 열풍의 연관성에는 연결 고리가 있다. 쉽게 말해, 한층 더 부유해진 크립토 고래들에게는 NFT가 새로운 놀이터가 되었다는 것이다.

두 번째, 고유의 스토리 때문이다. NFT가 지닌 고유성과 희소성에 대한 스토리가 군중심리를 자극하고 있다는 얘기다. 게다가 비트코인과 달리 NFT는 콘텐츠를 다루고 있기에 더 쉽게 다가갈 수 있다.

세 번째, 비대면 환경 때문이다. 코로나 사태 이후 비대면 환경은 계속 이어지고 있다. NFT는 온라인상에서 서로의 컬렉션을 감상하거나 게임을 할 수 있게 해주기 때문에 더 많이 찾을 수밖에 없다.

하지만 그럼에도 NFT에 대한 우려가 없는 것은 아니다. 특히 NFT에 거품이 있고 너무 빨리 성장했다는 의견도 있다. 사회 전반적으로 이에 대한 회의적인 분위기가 있는 것도 사실이다. 그러나 또 일각에서는 어느 정도 시장의 조정 상태는 지났고, 새로운 생태계를 구축하기 위해서는 NFT가 필요한 단계라고 주장하는 사람들도 있다.

한편 NFT가 만드는 신경제에는 대표적으로 다섯 가지 분야가 있다. 첫 번째는 미술이다. 많은 사람이 NFT를 얘기할 때 미술 작품을 떠올린다. 왜냐하면 2020년 말부터 뉴스 헤드라인에서 등장한 NFT 거래가 대부분 미술 작품이었기 때문이다. 대표적으로는 비플(Beeple)의 NFT 작품 〈매일: 처음 5,000일(Everydays: The First 5,000 Days)〉가 있다. 이 작품은 크리스티 경매에서 6,930만 달러라는 경이로운 가격에 낙찰된 것으로 유명하다.

두 번째는 음악이다. 2020년 6월부터 2021년 3월까지 3만 개의 음악 관련 NFT가 거래된 것으로 조사됐다. 그 규모는 4,250만 달러에 달한다. 앞으로도 음악 산업은 NFT로 인해 계속 커나갈 전망이라고 한다.

세 번째는 컬렉터블이다. 전 세계 컬렉터블 시장은 약 4,500억 달러 규모로 추산된다. 하지만 그 이면에는 진품에 대한 인증 문제, 사기 문제 등이 늘 골칫거리로 남아 있다. 그런데 NFT가 이런 문제를 해결할 수 있다고 한다. 덕분에 2021년 6월을 기준으로, NFT 컬렉터블은 전체 NFT 거래액의 75퍼센트를 차지하고 있다.

네 번째는 게임 아이템이다. 현재 게임 아이템 시장은 500억 달러 정도를 차지한다. 하지만 2025년에는 전체 게임 시장이 3,000억 달러로 증가할 전망이며, 게임 아이템 시장도 함께 커갈 것으로 보인다. 최근 동향으로 보면, 게임산업의 가장 큰 수입원은 게임 아이템이 될 것이라는 예측도 있다. 자신이 보유하고 있는 게임 아이템을 NFT를 이용해 인증하고 거래할 수 있기 때문에 시장은 더 활성화될 수 있다는 것이다.

다섯 번째는 디지털 부동산이다. 최근 메타버스 플랫폼이 화제다. 그중에서 NFT 디지털 부동산 앱으로 가장 유명한 것은 디센트럴랜드다. 2017년 이더리움에서 시작됐는데, 아바타를 제공받은 사용자들은 가상세계에서 MANA라는 ERC-20 기반의 토큰을 이용해 NFT 디지털 부동산을 구매할 수 있다.

물론 NFT가 한때 유행에 불과하며 곧 시들해질 것이라는 예측도 있다. NFT의 단점도 분명하기 때문이다. 그러나 현재 NFT의 영향력이 계속 커지고 있는 것도 사실이다. 그렇게 되면 실질적 주체가 통제권을 갖는 세상이 될 수 있다. NFT는 중앙집권적 조직과 기관의 힘이 닿지 않는 영역이기에 콘텐츠 창작자나 소유자가 실질적인 통제권을 갖게 된다. 그리고 앞으로는 현실 세계에 존재하는 물건들도 NFT화되는 경향이 나타날 수 있다. 마치 현실 세계의 물건이 디지털 재화처럼 거래되는 세상으로, 이 모든 것이 플랫폼을 거치지 않고 거래될 수 있다.

창작자의 권한 또한 강화될 수 있다. 블록체인과 NFT 기술로 인해 사회경제적으로 탈중앙화는 가속화될 것이다. 그리고 창작자가 만든 콘텐츠가 재판매되는 경우에도 영구적인 자동 정산 기능이 있어 창작자에게는 매우 반가운 일이 될 것이다.

마지막으로 투명하고 신뢰할 수 있는 사회를 만들 수 있다. 블록체인 기술은 NFT와 접목했을 때 사회를 지금보다 더 투명하게 만들고 서로 더 신용할 수 있도록 공헌할 가능성이 크다. 왜냐하면 블록체인에 기재된 내용 그리고 스마트 계약으로 체결된 내용은 누구도 쉽게 바꿀 수 없기 때문이다.

5 POINT
네 번째 질문

디지털 전환은
누가 해야 하는가

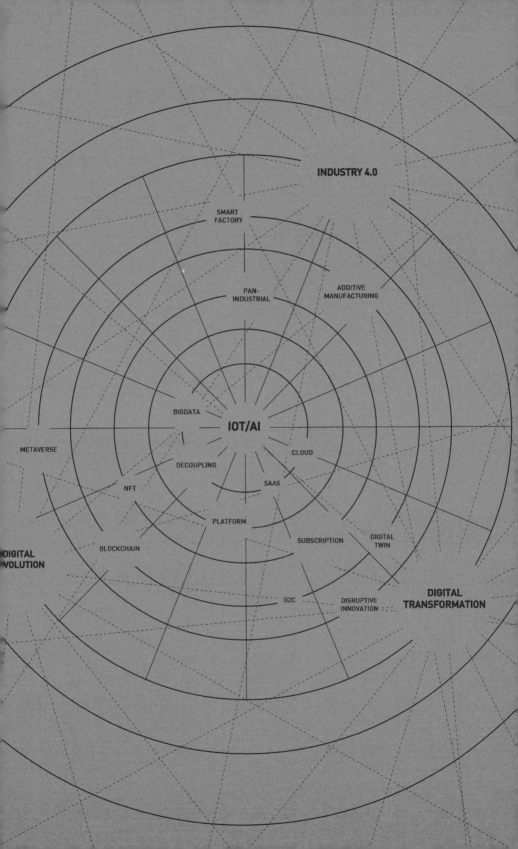

우버나 에어비앤비 같은 기업을 통해 알 수 있듯,
사용자에게 더 가치가 있을수록 그 플랫폼은 더 크게 성공한다.
사실 전 세계에서 가장 가치 있는 기업
10곳 중의 7곳이 플랫폼 비즈니스다.
추산하기로는 2025년까지 글로벌 경제활동의 30퍼센트 이상이
디지털 플랫폼을 통해 이뤄질 것이다.

— 버나드 마《다가온 미래》

디지털 전환이란?

2016년 《클라우스 슈밥의 제4차 산업혁명》이 출간된 이후 '4차 산업 혁명'은 비즈니스의 가장 큰 유행어가 됐고, 이후에도 여러 비즈니스 트렌드가 지나갔다. 4차 산업혁명, 디지털혁명, IoT, 적층 가공, 구독 경제, D2C, 빅데이터, 스마트 팩토리, 플랫폼, 디커플링 등이다. 2016 년부터 지금까지 이와 관련된 주요한 책만 30여 권에 이른다. 디지털 전환도 그중 하나의 비즈니스 트렌드에 해당한다.

하지만 엄밀히 말하면, 디지털 전환은 지금까지 살펴본 4차 산업혁 명이나 디지털혁명과는 범주가 다르다. 우선 4차 산업혁명은 제조업 혁명이다. 클라우스 슈밥이 언급한 4차 산업혁명(The Fourth Industrial Revolution)이 아니라 독일에서 시작된 4차 산업혁명(Industrie 4.0)이 며, 첨단기술을 통해 제조업을 간결하게 하려는 선진국들의 야심찬 전략이 담겨 있다. 한편 디지털혁명은 플랫폼 기업을 선두로 일어났 던 '디지털 파괴'에 가깝다. 인터넷이 상용화되면서 등장했던 인터넷

기업들의 규모가 커지면서 전통적인 경제학으로는 도저히 설명하기 힘든 비즈니스 모델이 생겨나기 시작했는데, 그것이 바로 플랫폼 비즈니스다. 이들의 주요한 특징은 모기업이 존재하지 않는다는 점과 양면 네트워크 효과를 통해 기업을 키운다는 점이다.

반면 디지털 전환은 이미 제품과 서비스를 갖고 있는 회사가 추진하는 업무의 디지털화 또는 제품과 서비스를 디지털화하는 것을 말한다. 정의를 하자면 디지털 전환이란, IT부터 첨단 분석, 센서, 로봇 공학, 3D프린팅에 이르기까지 기술이 가져다주는 기회를 기업 발전의 지렛대로 활용하는 것이다. 즉 기업 프로세스나 제품과 서비스 중 일부 또는 전부에 디지털 기술을 적용하는 것이다. 디지털 전환이 이뤄지면 직원, 고객, 부품 제조사, 협력사를 포함해 기업을 이루는 생태계 전체가 영향을 받는다. 디지털 전환은 DT 또는 DX라고 표현되기도 한다.

디지털화에 성공하고 싶은 기업은 지금의 비즈니스 모델과 업무 과정을 개선하고, 새로운 수입원을 비즈니스 모델에 추가하거나 과거의 비즈니스 모델을 더 좋은 모델로 대체해야 한다. 이를 통해 새로운 고객 경험을 구현하고, 새로운 가치를 제안하며, 조직의 유효성과 능률을 끌어올려야 한다. 즉 디지털화란 기업 구조, 업무 과정, IT는 물론 새로운 현실에서 일하고 살아가는 사람들까지 변화시키는 것이어야 한다.

문제는 아직까지도 디지털 전환에 대한 착각이 비즈니스 현장에서 많다는 점이다. 비즈니스 현장의 리더들이 4차 산업혁명과 디지털혁명 그리고 디지털 전환의 개념을 제대로 구분하지 못하기 때문에 발생하는 시간과 자원의 낭비가 크다. 실제 국내 어떤 대기업에서는 디지털 전환에 대한 개념을 다르게 정의한 채, 온라인 상거래 플랫폼을 스스로 구축하려고 했다가 고전을 면치 못했다. 뒤늦게 상황을 파악하고 상거래 플랫폼 인수전에 뛰어들었지만 그마저도 실패하고 말았다. 이 같은 사례는 국내에만 존재하는 것은 아니다. 미국 월마트는 제트닷컴을 인수해 아마존과 일대 상거래 전쟁을 하려고 했다. 스스로 디지털 전환을 어떻게 해야 할지, 자신들의 경쟁력을 어떻게 디지털화해야 하는지에 대한 노하우가 없었던 탓이다. 결국 제트닷컴을 인수했던 월마트의 노력은 실패로 판명됐고, 나중에서야 시행착오를 겪은 뒤에 월마트 스스로 디지털 전환 전략을 채택했다.

디지털 전환은 비즈니스의 일부나 더 많은 부분의 프로세스, 또는 제품을 디지털로 바꾸는 것이다. 예컨대, 나이키의 D2C 전략이나 GE의 IoT 플랫폼 '프리딕스'는 디지털 전환에 해당한다. 어도비의 클라우드 전략도 디지털 전환의 대표적인 사례로 꼽힌다. 반면 디지털 전환을 스마트 팩토리 구축으로 설명하거나 적층 가공 도입으로 설명하지는 않는다. 물론 앞선 국내 사례에서 언급했듯 플랫폼을 만드는 것이 디지털 전환의 한 방법이 될 수 있을지도 모른다([그림 1] 참조). 그러나 전 세계적으로 대기업이 플랫폼을 만들어 성공한 사례가 없기 때문에 대기업 정도의 인력과 자원이라면 그 무엇이든지 할 수 있다는 생각부터 버려야 한다.

요컨대 디지털 전환과 디지털혁명 그리고 4차 산업혁명은 구별돼야 한다. 현장에서 리더들이 자주 묻는 질문으로 다시 한번 따져보자. 첫 번째 질문은 "기업이 디지털 전환과 4차 산업혁명 두 가지를 수행할 수 있을까?"다. 결론부터 말하자면 가능한 일이다. 다만, 이 두 가지 혁신은 다른 영역이고 추구하는 가치가 다르다.

4차 산업혁명과 디지털 전환의 구별은 리더들에게 골치 아픈 문제다. 4차 산업혁명이라는 용어가 워낙 유명해진 탓에 4차 산업혁명 시대를 준비해야 할 것 같다는 인식이 있다. 또 이미 4차 산업혁명에 대해 만들어진 담론은 지난 몇 년간 탄탄하게 구축돼 있기 때문에 비즈니스에서 시도하는 모든 영역은 4차 산업혁명이나 파괴적 혁신이라고 생각하는 것은 자연스러운 일일지 모르나 이 개념은 다르게 생각해야 한다.

4차 산업혁명의 목표는 인공지능을 만들고 로봇을 만드는 것이 아니다. 4차 산업혁명의 첫 번째 목표는 비용과 효율성의 극대화이며, 두 번째 목표는 자산회전율과 수익을 증가시키는 것이다. 즉 4차 산업혁명은 디지털혁명과 정확히 구별되고, 디지털 전환과는 혁신의 방향이 다르다. 4차 산업혁명의 개념을 클라우스 슈밥처럼 광의의 개념으로 생각하지 말고, 제조업혁명이라는 협의의 개념으로 생각하면 쉽다.

맥킨지 컨설팅의 리더들이 쓴 책《디지털 대전환의 조건》이라는 책에는 다음과 같은 문장이 나온다.

"디지털 전환은 훨씬 더 어려운 과제다. 디지털 전환이 자초하지 않고 실패로 돌아가지 않도록 하려면 명확하게 정의된 개념을 따라가야 한다. 가장 먼저, 근본적인 혁신을 준비하기 위해 '인더스트리 4.0'과 같은 구호는 버려야 한다. 왜? 무엇을? 어떻게? 이 세 가지 질

║   문이 미래의 방향을 알려줄 것이다."

　나는《디지털 대전환의 조건》에 남겨진 이 문장이 4차 산업혁명과 디지털 전환의 관계에서 아주 중요한 통찰을 제공한다고 생각한다. 먼저 확인할 것은 '인더스트리 4.0'이라는 용어로, 원서에는 'industry 4.0'이라고 돼 있다. 한국말로 번역하면 '4차 산업혁명'인데, 사실 출판사에서도 이를 4차 산업혁명으로 번역하기는 어려웠을 것이다. 왜냐하면 한국에서의 4차 산업혁명이라는 개념은 너무나도 광의의 개념으로 인식돼 있기 때문이다. 여러 번 강조했듯이 이 두 가지 개념은 잘못 정의돼 있기 때문에 일부 수정은 불가피하다.

　요컨대 디지털 전환을 하는 회사가 4차 산업혁명을 하지 말라는 법은 없다. 물리적인 제품을 만드는 회사라면 당연히 4차 산업혁명을 통해 제조업혁명을 만들어낼 수 있다. 하지만 이것을 두고 디지털 전환을 했다고 말하지는 않는다. 이 두 가지는 구별돼야 한다.

　두 번째 질문은 "디지털 전환의 일환으로 플랫폼을 구축할 수 있을까?"다. 답변부터 하자면 할 수 있긴 한데, 매우 어려운 일이다. 아직까지도 대기업에서 이를 제대로 성공시킨 사례는 없다는 것이 통설이기 때문이다. 서장의 [그림 1]에서 디지털혁명에 해당하는 플랫폼의 영역을 디지털 전환의 일부 영역까지 끌어온 것은 이 같은 포석 때문이다. 기억할 것은 플랫폼을 만들 수 있지만 쉬운 일은 아니라는 점이다. 그 이유는 조직문화의 이슈가 있기도 하고, 대기업의 경우 스스로 자원을 활용하는 방법이 고착돼 있기 때문이다. 따라서 신생기업에 해당하는 플랫폼 비즈니스와는 차원이 다르다는 점을 인식해야 한다.

한편 디지털 전환에서 하지 말아야 할 것도 있다. 첫 번째, 디지털 스타트업이다. 보통 사내 벤처를 만드는 경우가 많은데, 이것은 흔한 보여주기식 프로젝트일 뿐이다.

두 번째, 국내외를 막론하고 인턴으로 이루어진 팀에게 소셜미디어 관리를 맡기는 경우가 많다. 이런 활동을 두고 디지털 전환을 했다고 말하는 경우가 있는데, 이는 마케팅 차원에서 소셜미디어를 관리한 것일 뿐, 디지털 전환이라고 하지는 않는다. 만약 인공지능 챗봇을 이용해 고객응대를 한다면 이는 디지털 전환이라고 할 수 있다.

세 번째, 효율성의 함정에 빠지지 말아야 한다. 디지털 전환은 효율성을 추구하는 테일러 시스템이 아니다. 근본적인 출발점이 다르다.

네 번째, 최근 대기업들은 디지털 전환을 했다면서 직원들에게 데이터 분석 도구를 가르치고 모든 대응을 잘했다고 스스로 평가하는 경우가 있다. 하지만 이는 디지털 도구를 가르친 것일 뿐, 디지털 전환을 실행한 것은 아니다.

디지털화는 단순한 조직 재정비가 아니다. 무엇보다 새로운 사고방식을 수립하는 일이어야 한다. 서열 대신 팀, 부서 이기주의보다 네트워크, 완벽보다 속도, 고객을 가르치는 것이 아니라 고객에게서 배우는 것이다. 디지털 세계는 새로운 사고방식을 요구한다. 모두가 과거의 시스템과 작별하기 쉽지 않을 것이다. 하지만 반드시 필요한 과정이고 이제는 정말 피할 수 없는 문제.

어도비의 디지털 전환 분석
: 물고기 모델

대기업의 임원들을 대상으로 디지털 전환에 대한 컨설팅을 하다보면 아주 흥미로운 현상이 나타난다. 첫 번째 유형은 디지털 전환을 해야 하는 부서의 담당 임원이 아니라면 자신과 상관없는 일이라고 생각하는 경우다. 사실 이런 경우가 대부분이다. 자신에게 떨어진 일이 아니기 때문에 상관없다는 태도다. 마치 2000년대 초반에 사내 IT 부서를 만들고 홈페이지 구축이나 정보기술 도입 차원에서 단편적으로 전환을 수행하던 것처럼 말이다. 디지털 전환은 제품과 서비스를 가진 회사가 일부 기능을 디지털로 바꾸는 일이다. 따라서 단순한 홈페이지 구축 정도로 생각해서는 안 된다.

두 번째 유형은 최고경영자는 디지털 전환 프로젝트에서 빠지고 나머지를 논의해서 결정하라는 상황이다. 이런 경우도 난감하다. 왜냐하면 디지털 전환이 도대체 어떤 것을 결정해야 하는지를 몰라서 하는 행동이기 때문이다. 만약 회사가 만들고 있는 제품과 서비스의 중요한 부분을 디지털로 바꾼 뒤에 3년 동안 주가가 내려가는 것을 감수해야 한다면 어떨까? 과연 최고경영자가 이를 감당할 수 있을까, 아니면 실무 책임을 맡고 있는 CTO나 DTO가 감당할 수 있을까?

아무리 권한 위임을 한다고 하더라도 어느 순간 중요한 결정에는 반드시 최고경영자가 참여해야 한다. 특히 디지털 전환으로 만들어지는 효과가 매출이 일시적으로 또는 좀 더 중기적으로 내려갈 수 있는 상황이라면 특히 더 그래야만 한다.

지난 100년 동안 헨리 포드가 기업의 정의를 대변했지만, 이것도 잠시뿐이었다. 기업의 성공적인 디지털 전환을 가로막는 장애물은 바로 20세기의 성공 모델인 테일러 시스템이다. 실제로 효율성을 중요시하는 조직들은 변화가 무질서를 초래할 것이라고 두려워한다. 대기업들이 점진적으로 혁신을 수용하려는 것은 이 같은 이유 때문인지도 모른다. 그런 생각은 당장 버려야 한다. 또 그렇기에 디지털 전환은 반드시 내부 구성원들이나 TF에서 할 수 있는 일이 아니다. 반드시 최고경영자가 참여해야 한다. 무엇을, 어떻게, 언제 바꿀 것인지는 반드시 최고경영자가 판단해야 한다.

토머스 라(Thomas Lah)와 J. B. 우드(J. B. Wood)는 《서비스형 테크놀로지 전술: 수익성 좋은 구독 사업을 키우는 법 (Technology-as-a-Service Playbook: How to Grow a Profitable Subscription Business)》이라는 책을 냈고, 여기에서 '물고기 모델'을 언급했다. 수익 곡선이 다시 올라가기 전에 일시적으로 운영비 곡선 아래로 내려가는 형태를 띠기 때문이다. 물고기 모델은 많은 경영대학원에서 구독 경제 또는 디지털 전환을 가르칠 때 대표적인 사례로 꼽는 모델이다. 새로운 디지털

[그림 3] 물고기 모델

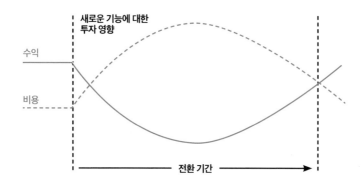

출처: Technology-as-a-Service Playbook 2018(TSIA)
토마스 라(Thomas Lah), J.B. 우드(J.B. Wood)

투자를 시행하는 기업들이 일시적인 현상으로 물고기 모델과 같은 유형의 매출과 지출 곡선을 겪게 된다고 한다.

물고기 모델의 대표적인 사례는 어도비에서 찾을 수 있다. 어도비가 구독 모델을 선언하고 나서 왜 그렇게 주가가 폭락했는지를 이해하려면 물고기 모델을 알아야 한다.

2011년 당시 어도비의 라이선스 소프트웨어 사업은 캐시 카우였다. 34억 달러 이상의 수익을 올렸고, 그중 97퍼센트가 매출 총이익이었다. 대부분의 경영관리팀이라면 이 엄청난 숫자에서 별문제를 찾기 어려울 것이다. 그러나 실은 몇 가지 골치 아픈 문제가 있었다. 사업이 성장한 것은 주로 가격인상의 결과였을 뿐 전반적인 사용자층은 증가하지 않았던 것이다.

어도비에게는 다른 적신호도 있었다. 어도비는 18~24개월마다 한 번씩 제품 업데이트를 제공하는 정책을 유지했는데, 기기, 브라우저, 모바일앱 등이 발전하면서 고객들의 콘텐츠 생성 요구사항이 그보다 훨씬 빠르게 변경되고 있다는 사실을 깨달았다. 하지만 어도비는 빠르게 움직이지 않았다. 다만 분기별 목표 수익을 맞추는 것에 집중했다. 마케팅을 강화했지만 필요한 수익을 올리지 못했다. 제품 업데이트도 거의 소용이 없었다. 이 시점에 사용자층이 실제로 줄어들기 시작했고, 동시에 인스타그램, 온라인 동영상 등 디지털 퍼블리싱이 폭발적으로 증가했다.

결국 어도비는 구독 모델을 시작하기로 결정했다. 어도비 프로그램을 CD-ROM 형태로 판매하지 않고, 클라우드 기반의 디지털 구독 모델로 전환하기로 한 것이다. 어도비는 디지털 구독을 홍보하는 한편, 2012년 5월에는 기존의 영구 라이선스 모델 형식으로 크리에이티브 제품군을 출시해 1년간 병행 판매했다. 2013년 5월에 디지털 구독으로 전환했을 때도 기존의 영구 라이선스 제품을 완전히 없애지는 않았다. 그냥 고객들에게 기존 제품을 더 이상 업데이트하지 않을 예정이라고 자세히 고지했을 뿐이다.

처음에는 구독 수익이 거의 없던 어도비 크리에이티브 클라우드는 3년 만에 거의 100퍼센트 구독 모델로 바뀌었다. 어도비의 디지털 구독 전환은 오늘날 경영대학원에서 모범 사례로 가르칠 정도다. 어도비는 마이크로소프트, 오토데스크(Autodesk), 인튜이트(Intuit), PTC 등에 영감을 준 '교과서적' 본보기를 제공했다. 어도비가 이런 전환을 시도하겠다고 발표했을 때 이 회사의 주식거래 가격은 약 25달러 선이었는데, 이듬해에 회사 수입의 거의 35퍼센트나 감소했다. 그러나 현재 어도비의 주식은 190달러 이상의 가격으로 거래되고 연간 25퍼센트의 성장률을 자랑하며 연간 반복적 매출만 약 50억 달러에 달한다. 총수익의 70퍼센트 이상이 반복적으로 발생하는 수입이라니 정말 놀라운 일이다.

디지털 전환에 성공한 기업들

디지털 전환은 모든 산업에서 이루어지고 있다. 자신이 속한 산업이 디지털화의 영향을 받지 않으리라 믿는 사람은 위험한 가정을 하고 있는 것이다. 기본적으로 모든 분야가 디지털화의 영향을 받는다. 과거의 비즈니스 모델이 쓸모없어질 때까지 걸리는 시간과 규모가 다를 뿐이다.

디지털화는 단지 IT와 기술을 의미하는 것이 아니다. 그래서인지 디지털 전환을 하려는 기업들의 계획은 정의가 불명확한 경우가 많다. 디지털화는 고객가치제안, 부가가치를 만들어내는 업무 과정, 사람들이 일하는 방식 등을 재정의하는 전사적인 변화다.

보통 IT와 관련한 기업들만 디지털 전환을 해야 한다는 생각이 있다. 하지만 디지털 전환을 추진하고 있는 기업들은 전통적인 산업부터 첨단산업에 이르기까지 그 경계가 없다. 이제부터 디지털 전환의 성공 사례들을 살펴보자.

도미노피자

먼저 살펴볼 기업으로 도미노피자가 있다. 피자 회사가 무슨 디지털 전환을 하느냐고 생각할 수 있다. 우선 피자라는 비즈니스를 생각해보자. 가장 중요한 것으로 맛이다. 하지만 조금 더 생각해보면 피자의 맛 자체가 큰 차별성을 만들어내는 것은 아니라는 점을 알 수 있다. 도미노피자는 이 사실을 일찍 깨닫고 디지털 전환으로 방향을 바꾸었다. 반면 도미노피자의 경쟁사 피자헛은 피자라는 비즈니스의 속성을 깨닫지 못했다. 코로나19 사태가 터지면서 피자헛의 모기업인 NPC는 결국 파산보호 신청을 했다. 그러니까 비즈니스에서 무엇이 중요한지를 깨닫는 것은 매우 중요한 디지털 전환의 출발점일 것이다.

도미노피자의 디지털 전환 전략을 따라가 보자. 이 이야기는 2010년으로 거슬러 올라가야 한다. 당시 새로운 최고경영자로 부임한 패트릭 도일(Patrick Doyle)은 맛과 가격을 비즈니스 중심에 두지 않고 주문 과정과 배달을 디지털로 강화하기로 결정했다. 그가 내세운 슬로건이 흥미로웠는데, "피자 회사이자 동시에 기술 회사"라고 선언했던 것이다. 주문과 배달의 편의성에 혁신의 초점을 맞췄고 본사에서 일하는 인력의 절반 이상을 소프트웨어 개발자로 구성했다. 그 후로 도미노피자는 변해가기 시작했다. 어떤 플랫폼을 사용하더라도 최대 다섯 번의 클릭으로 30초 안에 주문을 완료하는 것을 목표로 세웠다. 2013년에는 피자 메뉴를 저장할 수 있도록 도미노 프로파일을 만들었고, 소셜미디어와 디지털 플랫폼에서도 피자를 쉽게 주문할 수 있도록 바꿨다. 특히 페이스북이나 트위터에서는 피자 이모지를 도미노피자 계정으로 보내기만 하면 주문이 가능했다. 홈페이지나 모바일앱에 접속하지 않고도 주문할 수 있었던 것이다. 결국, 도미노피자의 디지털 전환은 고객들로부터 큰 만족을 불러일으켰다. 도일이 최고경영자로 부임할 당시에 주가는 12.49달러였는데, 2020년 9월 기준 도미노피자의 주가는 425달러가 됐다.

월마트

월마트가 아마존에 대항하기 위해 제트닷컴을 33억 달러에 인수한 얘기는 잘 알려져 있다. 하지만 제트닷컴이라는 카드를 가지고 아마존을 상대하기에는 역부족이었다. 제품 가격을 낮추고 35달러 이상 구매 고객들에게 무료배송을 해주다 보니 영업이익이 마이너스로 내려앉았기 때문이다. 그래서 월마트는 디지털 전환을 시행하면서 작전을 바꾸기 시작했다. 5,000개나 되는 매장과 디지털 전환을 병행하면서 새로운 전략을 만든 것이다.

우선 월마트는 온라인 구매사이트와 모바일앱에 대대적인 투자를 했다. 이를 통해 온라인에서 구매하고 오프라인에서 픽업할 수 있는 서비스를 런칭했다. 즉 온라인에서의 고객 경험은 아마존 수준으로 올리고, 고객이 빠르게 제품을 인도받을 수 있도록 속도를 높였다. 말 그대로 온오프라인의 통합이다. 또 월마트는 2018년 한 해에만 소프트웨어 개발자를 1,700명이나 고용했고, 마이크로소프트와 전략적 제휴를 통해 온라인에서의 고객 대면 기술 속도를 높였다. 이렇게 해서 기존의 오프라인 매장은 고객의 반응을 살필 수 있었고, 이를 다시 온라인에 적용할 수 있었던 것이다.

월마트의 웹사이트와 모바일 개편이 보기에는 간단하지만, 이를 구현하는 것은 매우 어려운 일이다. 특히 웹사이트는 상품을 전면에 배치하지 않고 고객의 라이프스타일과 구매 경험 그리고 지역별로 다르게 보이게 했다. 그리고 모바일앱은 고객이 손쉽게 상품을 찾을 수 있도록 매장 내 지도를 개편하고, 재고 파악까지 가능하도록 설계했다. 덕분에 월마트의 2021년 1분기 온라인 매출은 전년 대비 49퍼센트 증가했다. 아마존 때문에 오프라인 기업들이 무너지고 있는 상황을 감안한다면, 대단한 성과라고 하겠다.

다음으로 배송과 물류 기반 강화가 있다. 월마트는 미국 인구의 90퍼센트가 월마트 매장에서 16킬로미터 이내에 거주한다는 사실을 활용하고 있다. 온라인에서 주문하고 오프라인 매장을 방문해 가져가는 서비스가 있고, 온라인에서 주문한 제품을 차에서 내릴 필요 없이 지정 장소에서 전달받는 커브사이드 픽업 서비스도 있다. 월마트 오프라인 쇼핑객 13퍼센트가 커브사이드 픽업 서비스를 이용한다. 그리고 구매 금액이 35달러 이상이면 24시간 이내에 배송하는 하루 배송 서비스를 오픈했다. 이 서비스는 미국 인구 75퍼센트가 이용할 수 있다. 또 월마트는 직원이 냉장고에 직접 식료품을 넣어주는 '인 홈 딜리버리' 서비스를 제공하고 있으며, 자율주행 자동차 회사와 배송 서비스를 테스트하고 있다.

또한 매장 내 신기술도 도입했다. 월마트는 마이크로소프트의 인공지능을 통해 판매 데이터를 분석하고, 구글 어시스턴트에서 월마트의 상품을 구매하도록 지원한다. 또 IBM과는 블록체인 기술을 통해 식품유통이력 추적시스템을 구축했다. 그리고 매장 바닥을 청소하는 자율주행 로봇이 있고, 선반을 스캔하고 재고를 확인해주는 로봇도 있다.

나이키

다음으로 나이키의 디지털 전환 전략을 살펴보자. 나이키 하면 머릿속에 운동화가 떠오른다. 즉 나이키는 전통적인 봉제산업에 해당하는 기업이다. 대부분의 제품을 노동력이 저렴한 국가에서 생산하고, 백화점, 대형 유통업체, 또는 온라인 유통업체에서 판매하는 전략을 택한다. 어떻게 하면 생산에서 비용 절감을 이룰 것인지, 얼마나 많은 유통 채널과 협력할 것인지가 중요한 것이다. 그래서 디지털 전환으로 바꿀 게 없어 보이기도 한다. 그러나 나이키는 이 모든 것을 바꾸겠다고 결심했다. 최근 등장한 거대 유통 플랫폼들 사이에서 나이키의 협상력이 더 위축되면서 이 같은 필요성을 더욱 절실하게 느꼈던 것으로 보인다. 결국 나이키는 나이키 앱과 홈페이지 강화를 최우선 목표로, 디지털 전환을 시작하게 된다.

나이키가 본격적인 디지털 전환을 결심한 것은 2016년경이다. 그동안 지속적인 디지털 혁신을 해왔다고 하지만, 성장률은 5퍼센트로 떨어졌고, 주가도 13퍼센트 하락했기 때문이다. 게다가 기능성 스포츠의류 시장에는 경쟁자들이 많아졌고, 온라인 구매 비중이 증가하고 있었으나 여기에 나이키가 대응하지 못했고, 또 생산비와 물류비 상승 등의 변화가 있었기 때문에, 뭔가 새로운 전략이 필요했던 것이다.

2017년 나이키는 고객중심의 혁신전략을 강화하겠다고 발표했다. 이른바 컨슈머 다이렉트 오펜스라고 불리는 이 전략은 트리플더블 전략과 멤버십 프로그램으로 구분된다. 2018년 나이키는 트리플더블 전략을 시작했다. 그 안에는 나이키가 가진 제품 개발과 디자인, 브랜딩과 마케팅에서의 장점을 활용하고, 유통 채널의 내재화를 통해 이익률을 높이기 위함이었다. 나이키는 시장화 속도, 혁신 프로세스, 그리고 고객 접점을 모두 두 배로 늘리겠다는 목표를 설정하고, 3만 개의 리테일 파트너를 40개로 축소하는 내용을 포함했다. 이 당시 나이키는 매출의 68퍼센트를 외부 유통업체에 의존하고 있었는데, 이 수치를 줄이겠다는 목표를 세운 것이다.

구체적으로 나이키는 아마존에서 나이키 제품을 판매하지 않기로 결정했다. 또 40개의 차별화된 유통 파트너만 선정했는데, 나이키가 고객 접점을 가져갈 수 있도록 지원해주느냐, 아니냐의 기준으로 결정했다고 한다. 특히 오프라인 유통업체라면 나이키가 직접 매장을 운영하고 직원을 상주시킬 수 있는지, 그리고 온라인 회사는 고객 데이터를 공유해주는지가 중요한 포인트였다. 또 나이키는 나이키플러스라는 리워드 프로그램을 만들어 고객과의 접점도 늘려갔다. 최근 나이키가 성장할 수 있었던 것은 이처럼 자체적인 IT 역량을 키우고 모든 것을 내재화했기 때문에 가능했다.

한편, 나이키는 D2C 추진에 필요한 기술과 데이터 분석 능력을 강화하고, 여기에 필요한 회사들을 인수하고 있다. 우선 데이터 분석을 기반으로 고객맞춤형 서비스를 강화하기 위해 조디악(Zodiac)

을 인수했고, 컴퓨터 비전과 3D머신러닝을 활용하기 위해 인버텍스(Invertex)를 인수했다. 그리고 수요예측과 재고관리를 위해 셀렉트(Celect)는 물론, 데이터 통합 플랫폼 스타트업인 데이터로그(Datalogue)까지 인수했다. 이렇게 인수한 회사를 통해 만든 기술을 모바일앱에 적용하고 온오프라인에서 개인화된 맞춤형 서비스를 제공하고 있다. 또 나이키플러스 멤버십을 만들어 브랜드 커뮤니티, 매장, 모바일앱에서 고객행동 데이터를 분석하고 이를 다시 상품기획, 수요예측, 재고관리, 매장 상품구성에 활용하고 있다.

힐튼

힐튼(Hilton)도 디지털 전환과 직접적인 관련이 없어 보일 수 있다. 하지만 힐튼은 비대면 서비스 기술을 활용해 호텔이 가진 강점을 강화하는 데 집중했다. 우선 고객이 서비스를 받기 위해 거쳐야 하는 프로세스를 모바일 기술로 대체했다. 체크인과 체크아웃은 물론이고, 방을 선택하는 것부터 호텔 내부의 서비스를 이용하는 것까지 모든 것을 스마트폰으로 이용할 수 있게 새롭게 시스템을 만든 것이다. 그리고 각 객실에는 스마트TV를 설치하면서 아마존 알렉사까지 연동했다.

스와로브스키

스와로브스키(Swarovski)는 코닥이 무너지는 사례를 보고 계속 성공하려면 기술 기업으로 변해야 한다는 것을 깨달았다. 결국 스와로브스키는 온라인 매출을 성공적으로 유지하면서 최신 로봇 기술과 3D프린팅 기술을 활용한 현대적 생산 기술을 자랑하게 됐다. 또 오스트리아의 인밸리에 스타트업 연구소를 설립해 수많은 혁신적인 상품을 만들었다. 소규모 비용의 효율적인 생산능력과 긴밀하고 전문적인 고객 지원 체계는 시장에 쏟아져 들어오는 중국산 저가 제품의 공세에 맞서는 중요하고 효율적인 도구라는 점이 입증된 것이다.

비스만

구글은 2014년 자기학습 기능이 있는 지능형 자동 온도 조절 장치를 개발한 스타트업 네스트(Nest)를 인수했다. 그러나 독일 냉난방 에너지 시스템 회사 비스만(Viessmann)은 100년 전통의 가족 회사를 변화시키기로 결심했다. 장비 판매에 집중하는 대신 스마트폰 앱을 통한 원격 냉난방 조절부터 원격 검침, 자동 조절 시스템에 이르기까지 점점 더 많은 소프트웨어를 개발한 것이다.

악셀스프링어

악셀스프링어(Axel Springer)는 원래 출판사였다. 그러나 신문 사업의 수익 기반이 무너지는 것을 목도하면서 디지털화가 고객들의 신문 읽는 습관을 바꾼다는 것을 발견했다. 그래서 악셀스프링어는 부동산 광고와 일자리 게시판으로 수익을 내는 온라인 포털을 만들었고, 자체적으로 디지털 기업을 설립했으며, 2014년에는 인쇄물 사업 전체를 매각해버렸다. 현재 악셀스프링어는 어느 때보다 많은 수익을 만들고 있다.

노드스트롬

1901년에 세워진 미국 패션 기업 노드스트롬(Nordstrom)은 점진적으로 온라인 점포를 도입했고, 서로 다른 유통경로 간 교차 판매를 즉각 허용했다. 고객들이 온라인으로 주문한 상품을 실제 매장에서 찾아갈 수 있게 된 것이다. 이와 반대로 오프라인 매장들은 온라인으로 창고와 연결해, 고객이 원하는 사이즈와 색상의 상품이 매장에 없을 경우 즉시 재고를 확인해 배송받을 수 있도록 했다. 노드스트롬은 온라인 영업만 하는 경쟁사에는 없는, 실제 매장에서의 쇼핑 경험이라는 확실한 이점을 잘 활용했다.

버버리

영국 패션 기업 버버리(Burberry)는 매장 직원들에게 아이패드를 지급했다. 매장 직원들은 아이패드로 트렌치코트 같은 상품을 고객맞춤형으로 제안하기도 하고, 매장에 고객이 원하는 치수나 색상의 상품이 없을 때 직접 주문해주기도 한다. 고객은 그 다음날 매장에서 주문한 상품을 찾아가거나 집으로 배달시키는 것 가운데 하나를 선택할 수 있다. 매장 거울에는 옷에 달린 RFID 태그가 전송하는 정보를 읽을 수 있는 센서가 달려 있다. 고객이 버버리의 트렌치코트나 다른 상품을 들고 그 앞에 서면 재질, 스타일, 컬렉션 등 상품 관련 정보가 거울에 표시된다.

디즈니랜드

디즈니랜드(Disneyland)는 간단한 IT 도구를 이용해 디지털 전환을 시행하고 있는 회사다. 디즈니랜드를 방문하면 RFID 기술을 이용한 매직밴드를 받게 된다. 바로 이 팔찌가 디즈니가 만든 디지털 전환 전략의 핵심이다. 디즈니는 패스트패스라는 예약 시스템을 도입했는데, 고객들이 해당 놀이기구를 예약하고 나서 기다리지 않고 탈 수 있는 방법을 만든 것이다. 디즈니는 매직밴드를 통해 끊김 없는 관람 시스템을 만드는 데, 총 10억 달러를 투자했다. 이를 통해 고객 대기시간은 줄어들었고, 더 많은 고객이 디즈니를 찾게 됐으나 오히려 고객만족도는 높아졌다고 한다.

스타벅스

스타벅스(Starbucks)는 앱에 있는 사이렌 오더 메뉴를 통해 가까운 매장으로 주문을 보낼 수 있는 시스템을 만들었다. 그리고 사이렌 오더에는 개인별 레시피 저장도 할 수 있기 때문에 사용자 경험과 만족도를 높여준다는 측면에서 큰 호평을 받았다. 여기에는 '비콘'이란 근거리 무선통신장치 기술이 적용됐다. 스타벅스는 블루투스 기반의 비콘을 고주파 방식으로 향상시켜 고객의 앱에서 인근 스타벅스 매장에 설치된 비콘으로 주문과 결제가 가능하도록 만든 것이다. 사실 복잡한 기술이 아니지만, 그것을 어떻게 사용하느냐에 따라 비즈니스는 완전히 다른 차원의 비즈니스로 바뀔 수 있는 것이다.

D2C 기업의 등장

B2B는 'Business to Business'를 의미하고, B2C는 'Business to Consumer'를 의미한다. 여기에 새로운 개념이 하나 더 등장했다. 바로 Direct to Consumer의 약자인 D2C, 이른바 소비자 직접 판매를 말한다. 최근 나이키가 전 세계 리테일 매장을 줄이고, 직접 판매하는 것을 의미하기도 하지만, D2C 기업이라고 표현할 때는 '직접 제품을 만들지 않지만, 온라인 기반으로 그 제품을 소비자에게 직접 판매하는 기업'을 뜻하기도 한다. 예컨대, 달러셰이브클럽, 허블(Hubble)과 같은 회사들이 대표적이다.

《디커플링》을 쓴 테이셰이라는 고객중심주의를 설명하면서 D2C 기업을 별도로 언급하지는 않았다. 즉 고객중심주의에 가치를 둔 기업들이 시장을 파괴하고 있기 때문에 별도의 그룹으로 정의 내리지는 않았던 것으로 보인다. 아마도 그럴 필요가 없었을지 모른다.

D2C 기업이 여러 분야에서 등장하고 있다. 이 현상은 이미 10년

정도 진행되고 있던 현상이다. 물론 진입장벽이 낮기 때문에 D2C 기업이 등장하고 성장한다는 측면도 있고, 또 그로 인해 시장은 혼잡해지고 경쟁이 치열해지는 것도 맞다. 하지만 이 시장은 이제 시작이고 계속 확대될 가능성이 있다. 여행 가방, 의류, 비타민 그리고 애완동물 범주까지 보면 세상에는 참 많은 D2C 기업이 생겨날 가능성이 있다.

과거에는 인기 있는 대량판매 브랜드가 생겨나면 시장을 장기간 장악했다. 하지만 이런 것도 옛이야기가 돼버렸다. 새로운 브랜드 세계에서는 브랜드 충성도라는 개념이 희박하다. 최근 100대 소비재 브랜드를 대상으로 조사한 결과를 보면, 최근 몇 년 동안 기업의 90퍼센트가 시장점유율을 잃었다. 그리고 전체 소비자 절반 이상은 제품을 구매할 때 10년 전보다 훨씬 다양한 브랜드를 고려하는 것으로 드러났다.

전통적인 기업과 D2C 기업은 달라도 참 많이 다르다. 전통적으로 대형 소비재 기업들은 신제품을 출시하기 전에 복잡한 단계를 거친다. 우선 시장조사를 하고, 표적 소비자로 구성된 포커스 그룹과 심도 있게 회의를 한다. 신제품에 대한 관심이 충분하다는 생각이 들면 수요를 결정하기 위해 실제 제품을 몇 개 도시에 소개하기도 한다. 일종의 테스트 마케팅을 해보는 것이다. 그리고 그 후에 전국적으로 확산한다. 하지만 새로 등장한 디지털 우선 브랜드의 세계에서는 사업을 하는 데 별로 돈이 들지 않는다. 간단한 웹사이트를 만들어 제품에 대한 아이디어를 설명하고, 사이트 방문자들에게 이메일 주소를 달라고 요청하는 것이 전부다. 그리고 제품은 잘 알려지지 않은 제조사와 계약해 가져오는 경우가 많다.

D2C 기업은 고객과의 관계를 형성하고 고객중심적인 사고에서 제품을 기획, 제작, 판매하는 기업이라고 볼 수 있다. 올바른 전략, 메시지, 제품 가치로 무장한 영리한 스타트업이다. 이들은 기존의 기업들이 보여줬던 가격, 불편함, 그리고 고리타분한 이미지를 공격하고, 그 틈새를 이용해 시장에 진입했다. 허블은 콘택트렌즈를, 달러셰이브클럽은 면도날을, 와비파커(Warby Parker)는 온라인으로 안경을 판매한다. 이 기업들이 바로 D2C 기업이다.

투자적인 관점에서 보면 이 기업들은 생소할 것이다. 왜냐하면 실리콘밸리 소재 기업을 생각해보면, 페이스북, 구글, 트위터, 유튜브, 인스타그램 같은 회사들이 떠오르기 때문이다. 따라서 분명히 의류나 안경, 면도기 같은 물리적인 제품을 판매하겠다는 회사들은 투자 대상에서 제외였을 것이다. 보통 이런 제품들은 주로 거대 다국적 기업이 장악하고 있는 제품군이라고 생각하기 때문이다. 게다가 D2C 기업을 창업한 사람들은 하나같이 그 분야 전문가도 아니다. 하지만 업계 외부에서 진입한 사업가들은 과거의 사업 운영 방식을 잘 알지 못하기 때문에 오히려 여기에 얽매이지 않고 두려워하지 않는다는 장점이 있다. 규칙을 모르니 새로운 규칙을 만드는 것이다.

D2C 기업의 사례로 두 기업을 살펴보자. 첫 번째는 D2C 기업의 선두주자 달러셰이브클럽이다. 달러셰이브클럽의 마이클 더빈(Michael Dubin)은 사업을 시작할 때만 해도 자신이 D2C 혁명의 선두에 서게 될 것이라 예상하지 못했다. 매번 실패만 거듭해오던 그가 인터넷으로 면도기를 판매하겠다고 하자 사람들은 미심쩍은 시선을 보냈다. 반전은 1분 33초짜리 짧은 영상에 숨어 있었다. 홍보 비용이

부족했던 더빈은 자신이 직접 광고 영상에 출연하기로 마음먹었다. 칙칙한 분위기의 창고에서 약 9시간에 걸쳐 작업이 이뤄졌다. 그렇게 완성된 영상이 공개되자 인터넷의 반응은 폭발적이었다.

영상은 내내 일관된 메시지를 전달했다. "저렴한 가격으로 좋은 품질의 제품을 문 앞까지 배달받을 수 있습니다." 더빈은 자신과 같은 젊은 세대에게는 값비싼 면도날을 구매할 금전적 여력이 없고, 그들이 나이 든 세대처럼 업계 1위 기업의 제품만을 고집하지 않는다는 사실에 주목했다. 이 지점을 공략하기 위해 더빈은 글로벌기업 질레트를 공격하고 나섰다. 소비자가 질레트 면도날을 구매하는 데 지불하는 20달러 중 19달러는 광고 모델에게 돌아간다는 사실을 강조했고, 딱히 필요하지 않은 기능은 포기하고 대신 남는 돈을 저금하라는 메시지도 전달했다. 영상 발표 후 채 48시간이 지나기도 전에 달러셰이브클럽의 구독 서비스는 1만 2,000명의 고객을 확보했다.

업계 1, 2위 기업인 질레트와 쉬크(Schick)는 시큰둥한 반응을 보였다. 품질과 관련해서라면 아주 미세한 부분까지 강박적으로 신경을 쓰는 질레트가 보기에 달러셰이브클럽의 면도날은 상대할 가치가 없어 보였다. 쉬크 역시 달러셰이브클럽의 면도날을 종류별로 구매해 실험한 결과 달러셰이브클럽의 물건이 정말 형편없다는 결론을 내렸다. 품질을 고려하면 달러셰이브클럽의 면도날을 재구매할 고객은 없을 것이고, 더빈의 영상이 불러일으킨 열풍도 곧 지나가리라는 것이었다.

하지만 달러셰이브클럽은 계속해서 승승장구했다. 2,000만 달러에 불과하던 연간 매출은 2년 만인 2015년에 1억 5,300만 달러까지 증가했다. 반면, 같은 기간 질레트의 시장점유율은 67퍼센트에서 54퍼센트로 급락했다. 이듬해 달러셰이브클럽의 매출이 연 2억 4,000만 달러를 기록하자 위협을 느낀 질레트는 결국 제품 가격을 평균 12퍼센트 인하하기에 이르렀다. 골리앗 기업 질레트의 자존심에 큰 상처를 입힌 달러셰이브클럽은 2016년 질레트의 모기업 P&G의 경쟁사인 유니레버(Unilever)에 인수됐다. 인수가는 10억 달러로 알려졌다.

두 번째는 와비파커다. 와비파커는 소비자들이 다섯 개의 안경 샘플을 무료로 배송받아 사용해볼 수 있도록 했다. 하지만 사업을 시작한 지 며칠 지나지 않아 발송용 재고가 바닥나고 말았다. 직접 회사로 찾아와 안경을 써보고 싶다는 문의가 쏟아졌고, 아직 사무실도 없던 그들은 자신의 아파트에 간이 사무실을 차렸다. 안경테를 진열하고 방문객들이 자신의 모습을 볼 수 있도록 거울을 달았다. 고객들은 덤으로 네 명의 젊은 창업자들이 소파에 앉아 고객 문의 메일에 열심히 답장하는 모습도 볼 수 있었다. 일주일이 지난 후 예상치 못한 일이 벌어졌다. 펜실베이니아 대학병원 도메인의 수많은 이메일 주소로부터 주문이 쏟아지기 시작한 것이다. 고객들을 초대한 그날, 펜실베이니아 대학병원에서 일하는 의사 한 명이 간이 사무실을 다녀간 이후에 일어난 일이었다.

와비파커의 창업자들은 단순한 안경 판매를 넘어 고객과의 더욱 강력한 유대감 형성을 사업 목표로 삼았다. 중간 유통단계를 거치지 않고 소비자에게 직접 판매하는 D2C의 특성상, 고객을 이해하고 고객과 소통하는 것이 필수적이기 때문이다. 와비파커는 다른 어느 부서보다 고객 경험 부서, 즉 콜센터에 더 많은 인원을 배치한다. 코넬, 펜

파이브 포인트

실베이니아 등 명문대학교 졸업생들로 꾸려진 와비파커 콜센터는 전화벨이 울리면 6초 이내에 응답한다. 연휴를 앞둔 늦은 저녁 시간에도 고객 메일에 즉각 응대하는 것은 물론, 고객에게 다급한 사정이 있을 경우에는 택시를 타고 직접 제품을 배달하기도 한다.

요컨대 D2C 혁명이 일어나고 있는 것은 맞다. D2C 기업이 등장하는 현상은 세 가지 의미로 정리해볼 수 있다. 첫 번째, D2C 기업은 고객중심주의로 무장해 새로운 혁명을 만들고 있지만, 아직 이 상황을 낙관하기에는 이를 수도 있다. 얼마나 많은 D2C 브랜드가 이러한 혁명을 거치고도 진정한 지속적인 브랜드로 거듭날 수 있는지는 모른다. 예컨대 달러셰이브클럽과 보노보스(Bonobos)가 질레트와 리바이스처럼 100년 이상 생존할 수 있을지는 아무도 모른다. 이 부분은 시간이 지나봐야 알 수 있을 것이다. 따라서 이런 현상을 냉소적으로 보는 시각도 있다. 안경과 기타 제품을 제공하는 신규 기업들이 진출하고 있지만 D2C 열풍에는 거품이 존재한다는 것이다. 이는 1990년대 닷컴 열풍이 불면서 벤처캐피털 기업들이 자금을 공급하는 것과 비슷한 현상이라는 견해다.

두 번째, 앞서 설명했듯이 새로운 스타트업이 등장하는 패턴으로 자리하는 것뿐만 아니라 기존 기업이 D2C 전략을 선택하는 경우도 있다. 바로 나이키의 새로운 온라인 리테일 전략이 그렇다. 나이키는 기존 거대 상거래 플랫폼과의 관계를 끊고 자체적인 리테일 전략을 만들어가고 있다. 기대보다 큰 성과 덕분에 자체 상품을 보유한 기업들은 나이키의 전략을 따라 할 가능성이 크다.

세 번째, 디지털 전환으로서의 D2C를 고려해봐야 한다. 디지털 전환은 제품과 서비스를 보유한 회사가 추진하는 비즈니스 혁신전략이라고 설명한 바 있다. D2C 기업의 전략은 이 조건에 명확하게 부합한다. 많은 사람이 디지털 전환에 대해 최첨단의 기술을 투자해야 할 것이라고 생각하지만, 그렇지 않을 수도 있다는 생각을 할 수 있어야 한다.

디지털 전환의 사례분석 1
: 농기계 제조 기업 A사의 디지털 전환 전략

프로젝트 개요

2022년 국내 농기계 제조 기업 A사는 디지털 전환에 대응하기 위해 국내 대기업 계열사와 함께 합작기업을 설립하고 스마트농업 플랫폼을 만들기로 했다. 회사가 언론사를 통해 밝힌 미래 비전은 다음과 같다.

> "이 플랫폼은 ICT 기술, 인공지능, 빅데이터 기반의 자율주행 농기계, 작업 로봇, 정밀농업 솔루션을 제공할 계획이다. 플랫폼을 기반으로 e바이크, 스마트 로봇 체어 등 스마트 모빌리티를 제공한다. 원격으로 자율주행, 자율작업이 가능하고 점검 관리까지 가능한 스마트 농기계 관제 운영 플랫폼을 구축한다. 이를 위해 AI 자율주행 전담 조직도 가동한다."

전략 분석

기업이 디지털 전환을 시작하려 할 때 반드시 던져야 하는 질문이 있다. 첫 번째, '지금 우리는 어디쯤 있는가?', 두 번째, '어떤 강점을 개발할 수 있는가?', 세 번째, '디지털 전환을 통해 무엇을 얻고자 하는가?', 네 번째, '어떤 장애물들이 예상되는가?'다. 보통 앞의 두 가지 질문에 대해서는 답할 수 있어도 세 번째를 잘 모르는 경우가 많다.

A사는 분명 디지털 전환을 수행하겠다고 했다. 하지만 이들이 표방한 전략은 플랫폼을 구축하는 것을 목표로 하고 있다. 여기에는 적어도 두 가지 문제가 있다. 첫 번째, 성공 가능성이 확실하지 않다. 플랫폼은 양방향 네트워크 효과가 존재하는 기업이며, 전통적인 경제학으로 설명이 되지 않는 기업이다. 그리고 대기업이 플랫폼을 구축해 성공한 사례는 아직 없다. 앞에서 언급했듯 GE의 프리딕스가 성공할 것이라고 예견됐으나 다른 경쟁사들의 진입으로 이 또한 쉽지 않다는 것이 업계 전망이다.

두 번째, 플랫폼 비즈니스에 대한 정의가 맞지 않다. 플랫폼 비즈니스라고 일컬어지는 회사는 페이스북, 우버, 에어비앤비, 인스타그램 등이다. 그리고 플랫폼 기업은 보통 상거래 플랫폼 기업과 혁신 플랫폼 기업으로 구분하는 것이 일반적이다. A사의 경우라면 상거래 플랫폼이 아니라 혁신 플랫폼 기업이라고 볼 수 있는데, 보통 플랫폼 기업은 상거래 플랫폼에서 혁신 플랫폼 기업으로 진화한다. 따라서 A사가 구축하려고 하는 것은 플랫폼이라고 하기보다는 기반 솔루션에 가깝다.

또 하나 언급할 부분이 있다. A사는 e바이크, 스마트 체어 등을 만들겠다고 했는데, 이는 플랫폼 비즈니스라기보다는 파괴적 혁신에 가깝다. 그것도 이 회사가 만드는 e바이크와 스마트 체어 등이 가격이 저렴하고 품질이 좋지 않다는 전제에서 가능한 말이다. 만약 A사가 제조하는 제품들이 높은 가격의 고품질 제품이라면, 테슬라가 만든 전기자동차와 마찬가지로 럭셔리 시장에 진입한다는 것을 의미한다.

A사의 현실적인 디지털 전환의 방향

현실적으로 기업에 맞는 디지털 전환을 하기 위해서는 두 가지가 선행돼야 한다. 첫 번째, 잘못된 인식을 버려야 한다. 많은 기업의 리더들이 갖고 있는 디지털 전환에 대한 환상이라는 게 있다. 바로 거대한 프로젝트이어야 하고, 첨단기술이 대거 투입돼 기술적 자부심을 만들어야 하며, 미래 시점의 매출 견인차 역할을 해야 한다는 것이다. 이 같은 인식을 버리는 것이 선행돼야 한다.

두 번째, 디지털 전환을 플랫폼을 위주로 한 디지털혁명이나 4차 산업혁명과 같은 개념과도 혼동하지 말아야 한다. 이 부분에 대해서는 이 책 전반에 걸쳐 거듭 강조해왔다.

이 두 가지 출발점에서 A사의 전략을 새롭게 구축해보자. 현실적으로 접근할 수 있는 디지털 전환 전략은 세 가지가 있다. 첫 번째는 온라인 판매 리테일을 구축하는 것이다. A사는 전국에 걸쳐 판매 네트워크를 대리점 형태로 갖고 있는데, 시대적 추세에 맞게 온라인 리테일을 구축하는 전략으로 바꿀 수 있다. 가장 쉽게 도입할 수 있고,

수익적으로도 가장 빠르게 확인할 수 있는 부분일 것이다. 물론 내부적으로 풀어야 하는 노조와의 문제 등은 이 책에서는 논외로 한다.

두 번째는 IoT 기반의 플랫폼을 만드는 것이다. 이를 통해 농기계 고장 및 수리의 사전 대응 시스템을 구축할 수 있는데, 이는 GE가 만든 프리딕스의 사례를 참고할 수 있을 것이다. 또는 이미 이와 같은 것을 구축해놓은 마이크로소프트 애저 클라우드나 지멘스의 솔루션을 도입해 컨버팅하는 전략도 생각해볼 수 있다.

IoT 기반 플랫폼으로는 다른 사업도 가능한데, 국내 기상청이나 기상 데이터를 제공하는 기업과 제휴해 전국 단위 지역의 기온, 습도 등의 데이터를 공유하는 방법이 있을 수 있다. 이런 전략은 에지 전략 중 사업 에지에 해당하는 전략일 수 있다.

세 번째 사업도 역시 IoT를 기반으로 할 수 있는 일이다. 농업인들은 대부분 고령자가 많다. 이 같은 인구통계 데이터에 착안해 농업인들의 안전과 건강에 대한 데이터를 확보하고, 건강 상태에 이상이 감지됐을 경우 119 또는 의료기관에 연락이 가도록 하거나 보험 상품과 연계해 새로운 보험 상품을 런칭할 수도 있을 것이다.

요컨대, A사가 할 수 있는 디지털 전환 전략은 생각보다 많을 수 있다. 문제는 어떤 차원에서 이 프로젝트를 진행하느냐 하는 점이다. 언론의 관심이나 주가를 단기적으로 올리기 위해 하는 일인지, 장기적인 프로젝트 차원에서 투자 개념으로 하는 것인지, 그것도 아니면 실질적인 수익을 확보하고 더 안전하게 단계적으로 디지털 전환을 진행하기 위해 하는 것인지 이 부분은 실제 경영자가 판단해야 할 것이다.

디지털 전환의 사례분석 2
: 백화점 B사의 디지털 전환 전략

프로젝트 개요

그룹의 대표기업인 백화점 B사는, 2018년 그룹 내 주요 온라인 쇼핑몰 통합을 선언했다. 초기 통합 범위로 논의된 기업은 닷컴, 백화점, 마트, 슈퍼, 뷰티숍, 전자제품판매점, 홈쇼핑 등 일곱 개 온라인 몰이었으며, 이를 통해 그룹 내 디지털 전환을 완성하겠다고 밝혔다. B사는 2019년 통합 프로젝트를 시작해, 6월부터 현상 파악과 분석 및 설계 단위를 수행하고, 당해 12월부터는 본격적인 개발 작업에 들어가 2020년 4월에 플랫폼을 런칭하는 것으로 계획을 세웠다.

전략 분석

B사가 포함된 그룹은 전통적으로 패스트 팔로워 전략을 통해 1등

전략을 빠르게 모방하는 방식으로 국내 유통 시장의 강자로 자리매김하고 있었다. 이 전략은 2010년대 중반까지 오프라인 시장에서 특히나 유효한 전략이었고, 백화점과 면세점 등에서 업계 1위 사업자의 위치를 다지는 중요한 전략으로 평가된다.

하지만 다른 신규 진입자와 경쟁사들이 모두 모바일 퍼스트를 외치며 다음 시장을 대비하는 시점에서, 여전히 오프라인 중심의 패스트 팔로워 전략으로 대응했던 것은 시장의 흐름을 놓칠 수 있는 요인이었다. 오프라인에서는 여전히 절대 강자로 자리매김하고 있었지만, 쿠팡을 필두로 한 온라인 사업의 위력이 본격적으로 수면 위로 떠오르고 있는 상황에서 B사는 뭐라도 해야만 했다. 그들이 2018년 그룹 온라인 몰을 통합하기로 결정한 것은 그런 이유였을 것이다.

그러나 프로젝트를 진행하면서 문제점들이 속속 드러나기 시작했다. 첫 번째, 리더십의 부재가 가장 컸다. 그룹 총수는 신년사를 할 때마다 온라인과 디지털 전환을 언급했지만, 이것은 의례 행해지는 신년사에 불과했고, 누가, 무엇을, 어떻게, 언제까지 할 것인지는 여전히 미지수였다.

두 번째, 일곱 개의 온라인 몰을 통합하기 위해서는 최고 의사결정권자가 결정해야만 하는 부분들이 있다. 제아무리 담당 임원이라고 하더라도 일곱 개 계열사를 통합해 운영하는 것은 차원이 다른 문제다. 사실 온라인 몰을 통합하겠다는 아이디어 자체가 디지털 전환에 대한 적지 않은 환상이었다. 디지털 전환은 제품과 서비스를 갖고 있는 회사가 프로세스의 일부분 또는 제품과 서비스의 일부분을 디지털화하는 것이다. 모든 것을 통합하는 하나의 플랫폼을 만드는 것만

이 유일한 방법은 아니다. 그리고 그렇게 거대한 목표를 세웠다면 모든 권한을 가진 최고경영자가 직접 진두지휘하거나 그 권한을 위임했어야 했다. 문제는 B사는 그렇게 하지 않았다.

세 번째, 프로세스상의 문제가 있었다. B사는 최초 일곱 개 온라인 몰을 통합하겠다는 거창한 목표와는 달리, 백화점과 마트 등 네 개의 몰만 통합할 수 있었다. 하지만 2020년 4월에 오픈된 통합 몰은 기대 이하의 수준이었고, 많은 장애와 버그에 시달리던 구성원들도 피로도가 가중되면서 패배의식에 지쳐갔다.

문제가 가중되자 그룹에서는 온라인 사업의 지지부진함을 이유로 2021년에 대표를 교체했다. 2018년부터 프로젝트를 진행했던 3년간 세 명의 대표가 변경됐기 때문에 프로젝트 진행의 일관성마저 무너지고 말았다. 이 같은 사태의 이면에는 B사의 브랜드로 모든 것을 통합하기만 하면 고객은 알아서 가입할 것이라는 착각 내지는 자만이 깔려있었는지도 모른다.

B사의 현실적인 디지털 전환의 방향

디지털 전환을 하는 기업이 반드시 기억해야 하는 것은, 이미 제품과 서비스를 갖고 있다는 점이다. 디지털 전환의 과정과 목표는 바로 이 지점에서 구축돼야 한다. B사는 해당 그룹사의 대표적인 브랜드로 이미 포지셔닝한 상태였고, 나머지 일곱 개 온라인 몰을 통합하겠다는 목표를 세웠다. 이 목표는 시작점부터 너무 과하다. B사가 디지털 전환의 의미와 범위를 너무 넓게 인식하고 있다는 말이다.

현실적으로 B사는 작은 부분에서부터 디지털 전환을 할 수 있다. 첫 번째, B사 백화점에 입점한 각 브랜드에 대한 온라인 마케팅 지원 및 고객 커뮤니케이션 도구로서의 앱을 구축할 수 있다. 고객의 재방문을 유도하고, 만족도 조사를 비롯한 설문조사와 이벤트를 진행할 수도 있다. 이를 통해 B사는 오프라인 중심의 이미지에서 벗어나 디지털 기능이 강화된 백화점으로의 포지셔닝으로 나아갈 수 있다. 또한 명품 제품 구매 고객 및 중저가 제품 구매 고객을 모두 개별 타깃팅할 수 있는 도구를 만들어갈 수 있다.

두 번째, 초기 문제의 진단부터 다르게 내린다. B사가 디지털 전환 프로젝트의 범위를 일곱 개 온라인 몰 통합으로 결정한 것은 쿠팡 등 온라인 기업들의 약진 때문이라고 판단할 수 있다. 문제는 여기에 어떻게 대응할 것이냐에 대한 방법론이다.

하버드대학교 경영대학원 교수 테이셰이라는 《디커플링》에서 디커플러로 등장하는 기업들에 반드시 대기업이 대응해야 할 필요는 없다고 했다. 대응을 하기 위해서는 먼저 대응할 것인지 아닌지를 결정해야 하는데, 만약 대응하기로 결정했다고 하더라도 대응의 비용이 너무 과하면 대응 자체를 포기해야 하는 경우도 생길 수 있다. 즉 대기업은 새로 등장하는 기업에 무조건 대응해야 하는 것은 아니며, 오히려 대응하지 않는 편이 나을 수도 있다는 얘기다.

그럼에도 불구하고 대응하겠다고 결정을 내렸다면, 자사의 경쟁력을 바탕으로 디지털 전환 전략을 만들 수 있어야 한다. 이미 B사는 오프라인 백화점으로서 지배적 위치에 있었기 때문에 고객을 어떻게 대할 것인지에 대한 고민만 하면 디지털 전환을 어렵지 않게 수행했을 것이다. 하지만 B사는 그렇게 하지 않았다.

　세 번째, B사는 파괴적 혁신 차원에서 새로운 플랫폼을 만들 수 있다. 기존의 일곱 개 온라인 몰을 통합하는 것이 아니라 처음부터 새로운 플랫폼을 구축하는 것도 생각해볼 수 있다. 하지만 B사는 그들이 이미 확보하고 있는 고객이 더 중요하다고 판단했을 수도 있고, 그렇기 때문에 이미 있는 온라인 몰들을 통합하려고 했을 것이다. 또 새롭게 판을 짜는 것에 대한 부담감도 작용했으리라고 본다.

디지털 전환이 만드는 3차 세계화

1차 세계화는 상품 이동비용이 하락했기 때문에 발생했다. 증기선과 철도의 도입으로 대량운송이 시작된 것이다. 즉 상품 이동비용이 하락하자 생산과 소비의 결합이 분리되기 시작했다. 각국의 경제적 차이로 인해 무역의 수익성이 높아졌고, 사람들이 멀리서 만든 상품을 사기 시작하면서 각국은 가장 경쟁력 있는 부문을 점점 더 특화했다. 이로써 원거리 무역은 빠르게 성장하게 된다.

세계시장을 상대로 상품이 판매되면서 기업은 더 많은 이윤을 남기기 위해 생산 규모를 대폭 확장해서 가동하기 시작했다. 대규모 생산기술은 점차 복잡해졌다. 이때부터 제조업을 특화한 G7 국가들은 행복의 나선 위에 올라타기 시작했다. 산업 집중은 혁신을 유발했고, 혁신은 경쟁력을 끌어올렸으며 경쟁력은 다시 이들 국가 내에 더 강화된 산업에의 집중으로 이어졌다.

사람들은 대체로 세계화를 논의할 때, 자본, 노동, 서비스, 기업, 기술, 지식, 문화, 그리고 상품이 국제적으로 움직인다고 표현한다. 하지만, 세계화는 가격에 영향을 주고 이는 다시 상품의 생산과 수요에 영향을 준다. 또 상품의 생산과 수요는 생산 요소에 대한 수요에 영향을 주게 된다. 그리고 이것은 임금, 일자리, 소득이라는 중요한 항목에 영향을 미친다. 즉 대규모 집중이 발생하면서 선진국에서는 비용 문제를 피할 수 없었던 것이다. 대다수 생산 단계에서 고임금 노동력을 사용해야만 했고, 이를 고려하면 공장을 분리해서 노동집약적 단계를 개발도상국으로 이전해야 했다.

반면 2차 세계화는 어떻게 시작됐을까? 2차 세계화는 정보의 전송, 저장 그리고 처리기술이 발전하면서 생겨난 변화다. 전화요금이 급락했고, 팩스가 일상이 됐으며 휴대전화 사용이 폭발했을 뿐만 아니라 원거리 통신 네트워크는 안정되고 저렴해졌다. 그리고 1990년대에는 인터넷의 등장으로 지식의 이동비용이 훨씬 낮아지기도 했다. 낮아진 통신 비용과 관련해서 두 가지 다른 움직임이 서로 영향을 주게 되는데, 바로 정보처리 가격의 하락과 광섬유 전송률 및 대역폭의 증가다. 이로써 정보의 전달을 위해 유지하는 비용은 제로에 가깝게 된 것이다. ICT혁명으로 해외 이전의 문이 열리자, 임금 격차를 이용하려는 선진국의 기업들은 해외로 이전하기 시작했다. 그리고 이것은 제조 영역과 서비스 영역에서 동시다발적으로 일어나기 시작했다. 이것이 바로 2차 세계화다.

다이슨(Dyson)이라는 기업을 예로 들어보자. 다이슨은 고급 진공청소기와 헤어드라이어를 만드는 기업이다. 오늘날 다이슨은 다트머스대학교 경제학자 앤드루 버나드(Andrew Bernard)가 명명한 공장 없는 상품생산자에 해당한다. 실제 본사 노동자는 생산에 관여하지 않는다. 다이슨은 기술, 마케팅, 경영상의 지식을 말레이시아의 저임금 노동과 결합했고, 따라서 동종 생산업체보다 경쟁력 있는 제품을 만들고 있다. 이러한 변화에 대해서 그동안 많은 학자가 연구를 했다. 대부분의 학자들은 이른바 '국제적 생산 분할'이라는 용어를 들고 나왔는데, 그들은 전통적인 세계화와 2차 세계화가 어떻게 다른지에 대해서는 제대로 짚어내지 못했다.

1차 세계화와 2차 세계화는 세 가지 차원에서 다르다. 첫 번째, 국가 간 비교우위가 사라졌다. 세계 각국이 경제적으로 경쟁하는 방법에 대한 전통적 이해는 비교우위의 원리에서 시작한다. 이 원리의 출발점은 각국이 보유한 경쟁력이 산업별로 다르다는 점이었다. 예컨대, 독일이 수출하는 상품은 독일의 노동과 자본, 그리고 기술과 경영의 통합체였다. 이는 미국, 영국, 일본, 프랑스, 이탈리아가 수출하는 상품도 마찬가지다. 그러나 생산이 국제적으로 재편되기 시작하면서 자국 내 그리고 공장 내 단계별 흐름이 국제적인 단계별 흐름으로 바뀌게 된 것이다. 이처럼 생산 구성의 단순한 변화 속에는 복잡한 의미가 담겨 있다.

1차 세계화는 경쟁의 최전선을 국경으로 생각했다. 예컨대, 독일제 자동차는 일본제 자동차와 경쟁했다. 그러나 2차 세계화 시기에는 경쟁의 최선전이 생산 네트워크를 따라 여러 국가에 걸쳐 있다. 예컨대, 혼다의 글로벌 가치사슬이 베트남에 도착하기 전에는, 기계류와 부품에 대한 베트남의 상대적 경쟁력은 국가적 특성에서 나왔다. 그러나 이제 이들에 대한 베트남의 경쟁력은 국적을 초월한 혼합된 특성에서 나오게 된 것이다. 쉽게 말해서 혼다의 기술력이 베트남에 이전됐다. 그러니까 국가 간 비교우위라는 것은 사라졌고, 혼다가 주도하는 GVC와 BMW가 주도하는 GVC 간에 경쟁이 벌어진다는 뜻이다.

두 번째, 가치가 서비스로 이동했다. 이 부분을 이해하려면, 에이서(Acer)의 설립자이자 최고경영자인 스탠 시(Stan Shih)가 만든 스마일 곡선의 개념을 알아야 한다. 스마일 곡선(Smile Curve)은 연구개발, 부품과 소재의 생산, 제조, 판매, AS로 이어지는 일련의 과정에서 발생하는 각각의 부가가치를 나타낸 것으로, 연구개발과 AS의 부가가치는 점점 커지고 제조의 부가가치는 점점 낮아져 스마일 모양의 곡선을 이룬다. 즉 생산 단계(제조)에서 발생하던 부가가치의 상당수가 생산 이전 서비스 단계(연구개발)와 생산 이후 서비스 단계(AS)로 이전되는 것이다. 이를 통해 기업이 연구개발과 AS 분야에 집중하고, 수익이 낮은 제조 분야를 해외로 이전하는 이유를 설명할 수 있다.

애플을 보자. 애플은 좋은 일자리와 나쁜 일자리의 대립에 관한 완벽한 본보기라고 할 수 있다. 애플은 정확히 1990년대 중반까지 계속해서 새로운 생산 시설의 문을 열었고, 미국의 노동자를 더 많이 고용했다. 하지만 1996년부터는 생산 부문을 미국 밖으로 옮기기 시작했다. 그리고 2004년 미국 내 마지막 생산 시설을 폐쇄해버리고 말았다. 오늘날 애플 제품은 캘리포니아에서 설계하고, 자사 앱스토어나 아이튠즈 등 부가서비스도 이곳에서 관리한다. 다만, 생산 단계는 대체로 중국에서 수행된다.

결국 경제 전반적으로 가치사슬의 개념이 모호해진다. 가치사슬이 서로 엇갈리고 겹치면서 한 기업의 상류 단계가 다른 기업의 하류 단계가 되기도 한다. 한 국가의 경쟁력은 기초 부문과 생산 부문 그리고 서비스 부문으로 나눠 설명할 수 있어야 한다. 즉 기존 선진국들은 기초 부문과 서비스 부문의 경쟁력이 높아지고 신흥국들은 생산 부문의 경쟁력이 높아진다고 볼 수 있다.

세 번째, 너무나 복잡해졌다. 우선 세계화를 예측하기 어려워졌다. 1차 세계화는 원래 상품 이동비용의 하락으로 시작됐다. 상품의 특성상 상품 거래비용이 낮아지면 거래된 상품에 영향을 미치게 마련이다. 그 방법은 언제나 대략 비슷하게 이뤄진다. 즉 미래의 세계화로 인해 누가 흥하고 망할 것인가는 살펴보면 알 수 있었다. 그러나 2차 세계화가 진행되면서 국제적 경쟁이 부문 수준에서 단계 수준으로 이동하면서 문제가 달라졌다. 세계화가 공장과 사무실을 분리하고 있었기 때문에 결과적으로 세계화에 따른 승자와 패자를 예측하기가 갈수록 어려워지고 있는 것이다.

예컨대, 선진국과 개발도상국 간 무역에 관한 사례를 살펴보자. 고숙련 노동과 첨단기술을 풍부하게 보유한 부자 나라와 저급한 기술만 잔뜩 보유한 가난한 나라가 있다고 가정해보자. 이런 여건에서 1차 세계화가 진전되면 부자 나라는 숙련 노동과 첨단기술을 활용하는 상품을 더 많이 생산하고 가난한 나라는 더 적게 생산하게 된다. 그러면 자연스럽게 선진국의 숙련 노동과 기술에 대한 보상이 커진다. 반면 가난한 나라는 노동집약적 상품을 더 많이 만들게 된다. 이는 가난한 나라의 저숙련 노동자에게는 좋은 일이지만, 부자 나라의 저숙련 노동자에게는 나쁜 일이다.

이러한 단순한 셈법은 1980년대까지는 통했으나, 그 이후에는 더 이상 통하지 않는다. 왜냐하면 부자 나라의 지식이 가난한 나라로 옮겨가게 되면 이른바 개발도상국 비숙련 노동의 생산성이 훨씬 높아지기 때문이다. 결론적으로 보면 부자 나라의 전문지식 소유자가 승리할 수밖에 없는 구조다. 즉 지식의 국제적인 흐름이 생겨나면서 단순한 논리와 셈법으로는 해결되지 않는다. 오히려 피해를 보는 계층은 부자 나라의 소득수준 상위 80퍼센트에 해당하는 사람들이다. 결국 노동시장의 양극화는 더 심화될 것이며, 일부 일자리는 없어지더라도 계속 남아 있는 노동자들은 생산성을 더 강화하고 더 많은 기량을 갖춰야 한다. 그리고, 그 모든 경쟁력은 서비스 부문에서 결정날 가능성이 더 높다.

미래의 세계화는 이전의 세계화와는 다를 것이다. 디지털 전환으로 새로운 국면에 접어들 것이 분명해 보이기 때문이다. 세계화의 3단계 제약 조건은 세 가지 비용을 기반으로 한다. 상품, 지식, 그리고 사람을 한 장소에서 다른 장소로 옮기는 데 드는 비용이다. 1820년에 근대적 의미의 세계화가 시작된 이래, 이 세 가지 비용은 기술의 발전에 따라 대체로 하락했다. 특히 상품의 이동비용과 지식의 이동비용은 계속 하락하고 있다. 결국 남은 한 가지, 바로 사람의 이동비용이 3차 세계화를 주도할 것으로 보인다.

시스코시스템즈(Cisco Systems)가 만든 텔레프레즌스(Telepresence)라는 브랜드가 있다. 텔레프레즌스는 3차원 플라스마 화면, 음향 채널, 고정밀 송화기, 맞춤형 조명 그리고 고화질 카메라를 사용한다. 이를 통해 참가자의 실제 크기 영상을 원하는 장소의 배경과 합성한다. 또한 음향도 서라운드 방식으로 제공한다. 그 결과 전화회로나 일반적인 화상회의보다 더 정교하다. 텔레프레즌스는 고급 서비스 부문에서 이미 사용되고 있다. 즉 사람이 이동하지 않더라도 실제로 이동한 듯한 효과를 내는 것이다. 그다음 단계는 홀로그램을 이용한 텔레프레즌스로 발전할 것으로 보인다. 그리고 또 하나 중요한 동향으로 텔레로보틱스(telerobotics)가 있다. 이는 사람과 사람이 가상으로 만나는 것이 아니라 사람과 기계가 접촉하는 것을 말한다. 먼 곳에 있더라도 기계나 로봇에 접촉해서 업무를 수행한다.

3차 세계화는 이 두 가지 기술이 발달하면서 진행될 것이다. 만약 기업이 비용을 절감하려고 공장이나 사무실을 해외 이전한다면 어떤 방식으로 이뤄질까? 예컨대, 멕시코인을 미국 공장으로 데려오거나, 생산 단계를 멕시코로 이전하는 것을 생각해볼 수 있을 것이다. 그러나 이런 방법들은 번거롭다. 실제 세계에서는 이주하기가 대체로 어렵고, 비용이 많이 들며, 또 어떤 경우에는 금지되기도 한다.

하지만 텔레로보틱스와 텔레프레즌스로 가상 이주가 된다면 어떨까? 개발도상국 출신 노동자들은 선진국의 해당 장소에 실제로 출근하지 않고도 노동 서비스를 제공할 수 있게 된다. 이를 '가상 이주' 또는 '육체노동자를 위한 텔레커뮤팅'(telecommuting)이라고 부를 수도 있겠다. 따라서 노동 서비스의 원격 제공은 양방향으로 움직일 수 있으며, 그때가 되면 3차 세계화가 진행될 것이다.

5 POINT
다섯 번째 질문

IoT와 인공지능은 비즈니스
전반을 어떻게 바꾸는가

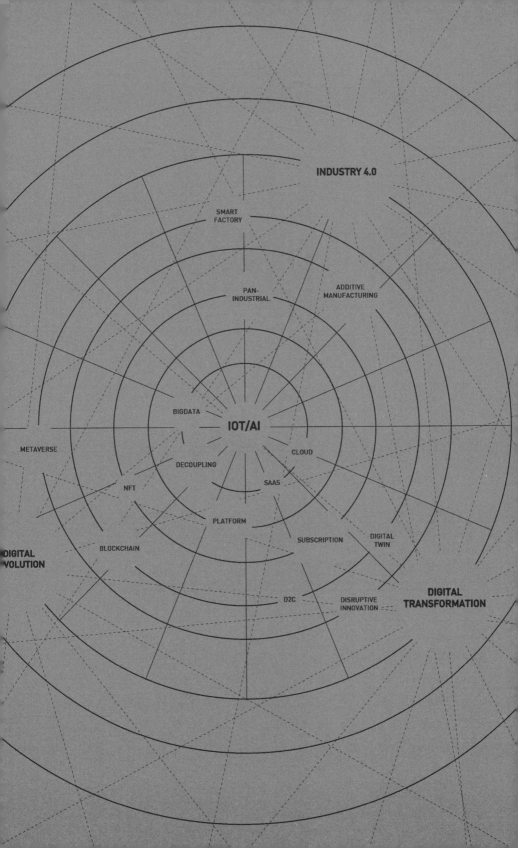

INDUSTRY 4.0

SMART
FACTORY

PAN-
INDUSTRIAL

ADDITIVE
MANUFACTURING

BIGDATA

IOT/AI

METAVERSE

CLOUD

DECOUPLING

NFT

SAAS

PLATFORM

SUBSCRIPTION

DIGITAL
TWIN

BLOCKCHAIN

DIGITAL
VOLUTION

D2C

DISRUPTIVE
INNOVATION

DIGITAL
TRANSFORMATION

우리 세계는 점점 더 복잡해지고 때로 혼란스러워지고,
그러면서 계속 빠르게 성장하고 있다.
그래서 예측은 엄청나게 어려운 것과
사실상 불가능한 것 사이에 놓이게 된다.
더 긴 기간을 예측할수록
후자 쪽으로 더 강하게 치우친다.

― 앤드루 맥아피, 에릭 브린욜프슨《머신 플랫폼 크라우드》

IoT, 세상의 모든 것을 연결한다

파이브 포인트의 마지막 다섯 번째, IoT와 인공지능을 살펴보자. IoT 와 인공지능은 앞서 설명했던 네 가지, 다시 말해 비즈니스 혁신 트렌드, 4차 산업혁명, 디지털혁명 그리고 디지털 전환과는 범주를 달리한다. 이 부분을 별도의 장으로 설명하는 이유는 IoT와 인공지능이 다른 네 영역에 모두 영향을 미치고 있기 때문이다. 예컨대, IoT를 기반으로 해야만 스마트 팩토리를 구축할 수 있기 때문에 IoT는 4차 산업혁명과 직결돼 있다. 또한 IoT는 GE의 프리딕스에서 핵심적인 역할을 하기 때문에 플랫폼을 구축하는 데 가장 중요한 자산으로 꼽힌다. 따라서 디지털혁명이나 디지털 전환과도 직접적으로 연관돼 있다.

인공지능도 마찬가지다. 인공지능은 로봇에만 적용되는 것이 아니다. 인공지능은 최근 사무 작업에서부터 공장 작업까지, 의사결정부터 혁신에 이르기까지 거의 모든 부분에서 사용되고 있다. 바로 이런 점들이 IoT와 인공지능을 별도의 장에서 살펴보려는 이유다.

파이브 포인트

초창기에는 IoT와 인공지능이 첨단기술이라고 소개됐지만 지금은 범용 기술로 작동하기 시작하면서 거의 모든 비즈니스 활동에서 빼놓을 수 없는 부분이 돼가고 있다. 이 분야를 반드시 개념적으로라도 알아야 하는 이유다. 하지만 이 분야의 변화 속도는 거의 빛의 속도로 바뀌고 있기 때문에 개념적으로 도달할 수 있는 부분까지만 살펴보려 한다.

먼저 살펴볼 분야는 바로 IoT다. IoT는 세상에 존재하는 모든 사물에 고유한 식별이름을 부여한 뒤, 그것을 인터넷이나 지역의 유무선 통신망으로 다른 사물과 연결한다는 개념이다. 초창기 IoT가 등장했을 때부터 경제 전반에 미칠 파장이 엄청날 것으로 예측됐고 실제 그 예측은 현실이 되고 있다. 2021년 통신망으로 연결되는 기기와 감지기, 구동장치의 수는 460억 개를 넘어선 것으로 추정되며, 2023년까지 이 분야가 연평균 13.2퍼센트 성장할 것이라는 예측이 많다.

IoT 기술의 혜택은 산업 전반에서 일어날 것으로 보인다. 먼저, 공급, 제조, 유통 분야에서 혁신을 이룰 수 있다. 제조부터 공급과 유통까지 모든 과정을 자동화할 수 있기 때문이다. 다음으로, 조직의 의사결정 과정이 바뀔 수 있다. 모든 정보가 공개되기 때문에 의사결정의 과정이 바뀌게 되는 것이다. 물론 새로운 수입원을 창출할 수 있고, 유지보수 비용과 생산에서의 불량률을 현저하게 줄일 수도 있다. 그리고 마지막으로 완벽한 고객만족을 실현할 수도 있다.

IoT의 선두 기업들을 살펴보자. 우선 단순한 감지기를 설치하는 기업들이 있다. 여기에는 ABB, 다임러 그리고 인텔이 해당한다. 다음으로 실시간 데이터를 감지하는 회사로는 세넷(Senet)과 페덱스, 심전도 측정기 '카디아'를 만든 의료기기 제조사 얼라이브코어(AliveCor)가 있다. 한편 바르셀로나와 함부르크와 같은 도시는 스마트시티를 추구하고 있다. 그 외에 아마존, 구글, 애플도 초연결 혁신을 주도하는 기업으로 진화하고 있다.

그러나 주변을 보면 여전히 아무런 시도도 하지 않는 기업들이 너무나 많다. 프랑스 컨설팅 기업 캡제미니(Capgemini)가 실시한 연구에 따르면, 조사 대상 기업 가운데 42퍼센트가 IoT 서비스 개발을 시작도 하지 않았다. 경제 분석가들의 추정에 따르면, 앞으로 IoT 시장은 신생기업이 지배할 확률이 매우 높다고 한다. 즉 새롭게 개발될 IoT 솔루션 가운데 50퍼센트는 설립된 지 3년이 안 된 신생기업에서 나올 것이라는 의견이 지배적이다.

초연결의 혁신은 여섯 가지로 구분할 수 있다. 첫 번째는 제조 혁신이다. 이 분야의 선두주자는 지멘스와 GE다. 할리데이비슨과 다임러도 IoT 기술을 도입하면서 완전히 달라진 경우라고 할 수 있다. 제조 효율과 정밀도만 높여도 기업의 수익률은 크게 달라질 수 있다. 그리고 SAP는 '디지털 제조 신속 전개 솔루션'(Digital Manufacturing rapid-deployment solution)을 만들었다. 현장에서 정보를 제공하고, 제품 하나짜리 공정을 가능하게 하는 시스템이다. 또 이 시스템은 설계와 공정 개발에서 제조와 제품으로 이전하는 과정을 지원하고, 최신 생산 방식을 책임진다.

두 번째는 설계 혁신이다. 그동안 기업이 제품을 만들어 팔면 소비자는 그것을 구입해서 그대로 사용했다. 이제는 반대로 기업이 사용자 경험을 모아 제품을 업그레이드하고 소비자로부터 다시 평가를 받는다. 즉 제품에 IoT 기반 기술이 삽입되면, 사용자가 어떤 것을 선호하는지도 알 수 있게 된다. 사용자가 미리 소프트웨어 프로그램으로 제품을 경험하고 선택하게 하는 것도 가능한 시대가 오는 것이다. 따라서 기업은 설계 프로세스를 끊임없이 변화시켜야 한다. 그리고 제품 설계자는 사용자 경험 책임자, 더 나아가서 데이터 판매 책임자의 역할까지 수행해야 한다. 기업의 역할이 바뀌면, 구성원들의 역할도 바뀌어야 한다.

세 번째는 유통 혁신이다. 아마존은 IoT기기로 수집한 빅데이터를 활용하고 있다. 덕분에 고객이 구매하기 전 미리 상품을 준비하는 예측 배송 서비스를 출시했고, 특허도 취득한 상태다. 또 월마트를 비롯한 유통회사들은 블록체인과 IoT 기술을 접목하고 있다. 그리고 네슬레, 펩시, 코카콜라는 스마트 자판기를 설치하고 있는데, 코카콜라의 스마트 자판기 '프리스타일'은 150가지나 되는 농축액이 들어가고, 사용자의 입맛대로 농축액을 조합해 음료를 만든다.

네 번째는 판매 혁신이다. 이제는 기업들이 제품 대신 서비스를 판매한다. GE를 비롯한 항공용 제트엔진 제조사들은 제품을 판매하는 방식에서 서비스를 파는 방식으로 수익 모델을 전환하고 있다. 즉 엔진 사용량에 근거한 다양한 대여 서비스를 판매하는 것이다. 그리고 항공기 엔진에는 수백 개의 센서가 부착돼 비행 중 어떤 부품의 교체 시기가 다가오고 있는지도 파악할 수 있다. 또 비행 데이터에 접속할 권한을 판매하기도 한다.

다섯 번째, 판매 후 유지보수의 혁신이다. 아마도 IoT혁명으로 가장 극적인 변화가 일어나는 분야일 것이다. 특히 바다 한가운데 있는 석유시추선이라면 유지보수의 차원이 다르다. 이미 고장이 난 상태라면 육지에서 부품을 공수해와야 하기 때문에 시간도 오래 걸린다. 따라서 IoT 기술로 어떤 부품이 언제 문제를 일으킬지 예측할 수 있다면, 많은 비용과 시간을 줄일 수 있을 것이다. 실제 다이너그램(Dynagram)이라는 회사는 산업체, 소매업체, 물류업체, 제조업체에 이르는 다양한 고객에게 IoT 서비스를 제공하는데, 해양 시추 기업의 굴착기를 예측해 유지보수하는 IoT 솔루션을 개발했다고 한다. 이를 통해 석유시추선의 비가동 시간이 35~45퍼센트 줄어들었고, 생산성은 20~25퍼센트 늘었다.

마지막 여섯 번째는 노동 혁신이다. 튤립(Tulip)은 작업자용 IoT 소프트웨어를 개발하는 회사다. 이들이 제공하는 패키지 솔루션은 다양한 소프트웨어 드라이버를 이용해 생산 현장의 노동자를 지원하는 것이다. 세계적인 위탁 생산업체 자빌이 튤립의 IoT 플랫폼을 사용하며, 뉴발란스도 튤립과 협력해 수백 가지 신상품을 출시하는 데 걸리는 시간을 절반이나 줄였다고 한다. 튤립 말고도 이런 일을 하는 기업은 여러 개가 있다. 멘딕스(Mendix)와 코니(Kony)가 대표적인데, 이들의 IoT 플랫폼을 활용하면 누구나 쉽게 애플리케이션을 설계할 수 있다.

IoT 산업의 강자들

IoT를 이용해 사업을 하고 있는 세 기업의 사례를 살펴보자. 첫 번째 기업은 쓰레기통 회사인 빅벨리솔라(Big Belly Solar), 두 번째 기업은 지멘스, 세 번째 기업은 GE다. GE가 IoT를 기반으로 만든 프리딕스는 이미 플랫폼혁명에서 자세히 다룬 바 있기 때문에 이 장에서는 다루지 않겠다. 독일 기업 지멘스는 GE보다 IoT 분야에서는 절대 강자로 인식되고 있으니 지멘스만 다뤄도 충분할 것이다.

먼저 강소기업 빅벨리솔라가 있다. 빅벨리솔라는 폐기물 관리 기업이라고 표현할 수 있는데, 직접적으로는 쓰레기통을 만들고 수거하는 회사다. 쓰레기통을 만드는 회사라 첨단기술 IoT와는 관계가 없는 것처럼 보일 수 있다. 하지만 빅벨리솔라는 이 분야에 IoT 기술을 접목하면서 완전히 새로운 회사로 거듭났다. 이 경우를 디지털 전환이라고 부를 수 있다.

빅벨리솔라는 초창기 쓰레기통에 새로운 기능 하나를 달았다. 쓰레기통이 거의 다 찼음을 알리는 빨간색 경고등을 붙인 것이다. 그 후에는 쓰레기통에 무선통신 기능을 추가했다. 이렇게 하면 중앙시스템에서는 이른바 무선 쓰레기 상황판이 만들어진다. 어느 지역의 어떤 쓰레기통이 다 찼는지, 또는 아직도 비어 있는지를 확인할 수 있다. 빅벨리솔라는 쓰레기통 수거까지 해야 했기 때문에 무선 쓰레기통 상황판은 매우 효율적인 작업 루트를 만들어줄 수 있었다. 어느 지역의 몇 번 쓰레기통이 다 차 있거나 비어 있다는 것을 한눈에 파악할 수 있다면 그만큼 시간과 인력을 낭비하지 않아도 된다. 이렇게 해서 빅벨리솔라는 요일별로 쓰레기통이 차는 빅데이터를 만들었고, 이 데이터를 계속 고도화하면서 쓰레기 수거 작업 루트를 수정해가고 있다.

빅벨리솔라는 여기에서 멈추지 않았다. 자신들이 얻은 데이터를 활용해 서비스를 시작했다. 쓰레기통으로 취합한 방대한 데이터를 고객에게 사용료를 받고 판매하기 시작한 것이다. 사실 이런 사례가 전 세계적으로 없는 것은 아니다. GE와 같은 항공기 제트엔진 제조사들도 자신들이 얻은 데이터를 유료로 판매한 적이 있다. 이렇게 데이터를 활용한 수익 창출은 자연스럽게 이어지는 에지 전략이라고 봐야 한다.

빅벨리솔라는 사업을 하나 더 추가했다. 쓰레기통 주변 지역에는 사람들이 많다는 것을 깨닫고 새로운 서비스를 하기 시작한 것이다. 파트너인 도시 정부와 함께 '무료 와이파이 핫스팟'을 제공했고, IoT 통신장치 비컨(Beacon)을 설치해 보행자들에게 위치 정보 등을 안내하기 시작했다. 또 주변 날씨를 감지해 실시간으로 기상예보를 제공하는 서비스를 개발하기도 했다.

빅벨리솔라는 IoT 기술을 활용한 가장 모범적인 회사인 동시에 디지털 전환의 가장 모범적인 사례다. 쓰레기통 제작 회사가 만드는 혁신의 끝은 과연 어디일까. 사실 그것은 아무도 모른다. 만약 빅벨리솔라가 자신들이 만든 비즈니스 모델과 기술들을 전 세계 주요 나라에 특허 냈다면 아마도 전 지구적 차원에서 폐기물을 관리하는 공룡기업으로 거듭나지 않았을까.

그다음으로 IoT 분야 최대 강자, 지멘스를 살펴보자. 지멘스는 창립된 지 170년이 넘는 유서 깊은 기업으로, 회사명은 창업주의 이름에서 비롯됐다. 창업주 에른스트 베르너 폰 지멘스(Ernst Werner von Siemens)가 발명한 '다이얼 전신기'로 사업을 시작했고, 1866년에 출시한 발전기 '다이나모'(Dynamo)로 명성을 얻었다. 기계에너지를 전기에너지로 바꾸는 이 발전기를 기점으로 본격적인 '전기에너지 시대'가 열렸다. 이 밖에도 지멘스는 1879년에 최초로 전기기관차를, 1896년에 유럽 대륙에 처음 도입한 지하철을 만들었다. 이뿐만 아니라 초창기 의료 산업의 거의 모든 기술에 영향을 미치고 산업 전체를 이끌었던 지멘스는 1896년 최초로 의료 산업용 'X선관'을 제작했다. 1953년에는 심장 검사에 최초로 초음파를 적용했고, 이어 1983년에는 MRI 장비를 선보였다.

하지만 여기까지는 시작에 불과했다. 지멘스가 마침내 IoT 산업의 강자로 부상할 것임을 알린 가장 중요한 혁신은 1958년에 트랜지스터 회로로 구성된 전기제어 및 계측 시스템, '시매틱'(Simatic)을 도입한 일이다. 이에 따라 트랜지스터 회로가 기존의 재래식 설비를 대체하면서, 논리적 연결, 안전한 저장, 유기적 집계, 컴퓨터 처리가 가능해졌다. 이것만으로도 지멘스는 이미 인터넷 혁명에 버금가는 기술혁신을 주도한 것이다. 각 산업 현장과 업무 환경에 맞게 개선을 거듭하고 있는 지멘스의 시매틱은 한국을 포함한 세계의 수많은 산업 현장에서 사용되고 있다.

지멘스는 최근 몇 년 동안 실물 제품을 디지털로 제어하기 시작하면서, 독일 정부가 공식적으로 내놓은 신산업 정책 '인더스트리 4.0'의 가장 큰 혜택을 받았다. 독일의 새로운 제조업 육성 정책에서 가장 빛나는 사례는 지멘스의 암베르크 미래 공장이다. 지난 30여 년간 꾸준히 디지털 설비를 늘린 이곳은 실물 세계와 디지털 세계가 가장 극적으로 융합하는 거대한 실험장이 됐다. 이곳의 양품률은 99.99885퍼센트다. 더 놀라운 점은 이 공장이 날마다 같은 제품을 반복해서 대량생산하는 일반적인 공장이 아니라는 사실이다.

암베르크 공장은 단순한 공장이 아니라, PLC 시매틱을 만드는 곳이다. 세계 곳곳에서 돌아가는 무수한 조립라인을 M2M으로 자체 제어하는 이 핵심기술은, 6만 군데가 넘는 글로벌 고객사의 서로 다른 수요에 맞춰 총 1,000가지가 넘는 버전으로 갱신되며 개발되고 있다. 지멘스는 이 고도로 복잡한 작업을 완벽하게 통제하는 공정 시스템을 자체 개발해 사용하고 있다.

한편 지멘스의 철도차량 사업부는 전 세계 50곳이 넘는 지역에서 철도 및 운송 프로그램의 유지보수를 책임지고 있다. 지멘스의 지능형 철도 IoT 시스템 '레일리전트'(Railigent)는 자사의 IoT 플랫폼 '마인드스피어'(MindSphere)와 결합해 다음과 같은 성과를 올리고 있다.

첫 번째, 철도망 운영비를 10퍼센트까지 줄였다. 두 번째, 지멘스가 유지보수를 맡고 있는 고속열차 벨라로는 시낼리틱스를 적용한 뒤로 단 한 번도 고장 난 적이 없다. 그중 스페인에서 운행하는 벨라로는 2,300회에 이르는 운행 가운데 딱 한 번 15분 늦게 출발했을 뿐이다. 세 번째, 사전에 문제를 감지해 선제적으로 철로와 기체를 정비함으로써 가동률을 99퍼센트 보장한다. 런던에서 출발하는 영국 서해안 간선 열차의 신뢰도는 99.7퍼센트다. 극심한 추위로 가득 찬 러시아에서 벨라로가 기록하고 있는 신뢰도는 99.9퍼센트다. 네 번째, 지멘스가 추구하는 최종 목표는 100퍼센트다.

이러한 성과는 단순히 새로운 기술을 산업에 적용해 얻은 결과가 아니다. 지멘스가 오랫동안 기관차를 만들고 운영했던 경험이 디지털 세상과 결합해 다시 한번 열매를 거둔 것이라고 볼 수 있다.

마지막으로 지멘스는 마세라티의 자동차 설계용 소프트웨어 프로그램을 개발해 공급하고 있다. 지멘스는 이를 NX CAD 소프트웨어라고 부른다. 지멘스는 제조공정을 단순히 디지털화하는 것만으로는 충분하지 않다고 강조한다. 설계부터 공급, 제조, 유통, 서비스에 이르기까지 모든 과정을 끊임없이 이어지는 디지털망으로 연결해야 한다는 것이 지멘스의 전략이다.

NX CAD 소프트웨어를 도입한 마세라티는 차량의 실물 모형을 제작하는 기존의 방식에서 벗어나, 가상으로 차를 만들어 시뮬레이션한다. 마세라티는 지멘스의 솔루션을 도입하고 나서 신차 개발 속도가 획기적으로 빨라졌고, 더 이상 값비싼 시제품을 만들 필요도 없어졌다. 또한, 마세라티는 신차의 설계 기간을 30퍼센트까지 줄였다. 그렇게 해서 만든 차가 바로 기블리다. '사막의 폭풍'이라고 불리는 기블리는 설계부터 출시까지 걸린 시간은 16개월이다. 참고로 자동차 업계의 평균 신차 개발 기간은 3년이다.

기하급수 기업의 등장

1976년으로 돌아가 보자. 스티븐 새슨(Steven Sasson)이 코닥에서 디지털카메라를 시연하자 사람들은 언제쯤이면 제대로 된 제품이 출시되겠느냐고 물었다. 코닥의 경영자들은 언제쯤이면 시장에서 새슨의 발명품이 심각한 위협이 될지 알고 싶어 했다. 새슨은 15년에서 20년이라고 대답했다.

15년에서 20년이라는 수치는 새슨이 몇 가지 요소를 어림짐작해 단순하게 도출한 숫자였다. 먼저 새슨은 평균적인 소비자를 만족시키려면 해상도가 적어도 200만 화소는 돼야 할 것이라고 추정했다. 그리고 200만 화소가 상업적으로 가능해지는 시기를 무어의 법칙을 사용해 계산했는데, 이것이 바로 모든 문제의 발단이었다.

1965년 인텔의 설립자 고든 무어는 그동안 IC에 들어가는 트랜지스터의 수가 12개월에서 24개월마다 두 배로 늘어났다는 사실을 눈치 챘다. 그는 이런 추세가 거의 10년을 이어왔으니 앞으로도 이 추세가 10년은 더 유지되리라고 예상했다. 하지만 그의 예상은 다소 빗나갔다. 무어의 법칙은 1965년부터 2020년까지 유지됐고, 지금도 이 법칙은 유효하다는 주장이 많다. 반도체는 성능과 가격 양면에서 부단한 발전을 거듭했고, 그 결과 우리 주머니 속에 있는 스마트폰은 1970년대의 슈퍼컴퓨터보다 1,000배는 더 빠르면서도 100만 배는 더 저렴하다. 반도체 분야의 발전은 기하급수적 성장의 전형 그 자체다.

숫자를 하나씩 더해가는 산술급수적 성장과 달리, 1이 2가 되고, 2는 4가 되고, 4는 다시 8이 되는 기하급수적 성장은 한 번에 두 배씩 성장을 거듭한다. 이 점이 문제다. 뭔가가 곱절씩 커지면 그 결과는 우리의 예상을 벗어나기 일쑤기 때문이다. 결국 코닥이 파산하게 된 것은 무어의 법칙을 과소평가했기 때문이라고 볼 수 있다.

하지만 기하급수의 힘을 과소평가하는 것은 누구나 저지르기 쉬운 실수다. 인류가 그동안 지역 중심적이고 산술급수적인 세상에서 진화해왔기 때문이다. 지역 중심적이라는 말은 보통 걸어서 하루 범위 내에서 생활의 모든 것이 해결됐다는 뜻이다. 우리 조상들은 지구 반대편에서 무슨 일이 일어나는지 전혀 알지 못했다. 산술급수적이라는 말은 수백 년 또는 천년이 지나도 아무것도 바뀌지 않았다는 뜻이다. 하지만 오늘날의 우리는 조상들과는 정반대로 글로벌하고 기하급수적인 세상에 살고 있다. 그리고 문제는 우리의 두뇌나 지각 능력이 이런 규모와 속도에 맞게 만들어져 있지 않다는 점이다.

뭔가가 디지털로 바뀌기 시작하면 그때부터는 속도가 빠르게 진화하기 시작한다. 이 단계는 총 6단계로 나뉜다. 첫 번째는 디지털화다.

디지털화는 특정 상품이나 카테고리가 디지털화되기 시작하는 시점을 말한다. 코닥에 근무하던 새뮤얼 새슨은 디지털카메라를 만든 것이 바로 이 시점이다. 두 번째는 잠복기다. 디지털화된 모든 상품은 잠복기를 거친다. 코닥은 디지털카메라가 그다지 위협적이지 않을 것이라고 판단했다. 초기에 만들어지는 상품은 모두 부족해 보이는 법이다. 세 번째는 파괴적 혁신이다. 해당 산업에서 파괴적 혁신이 일어나기 시작한다. 필름 소비가 줄어들면서 코닥은 1990년대부터 고전하기 시작했다. 네 번째는 무료화다. 비즈니스 거래에서 돈이 사라지는 단계를 말한다. 디지털카메라의 등장으로 필름은 필요 없게 됐다. 다섯 번째는 소멸화다. 해당 비즈니스는 소멸하고 스마트폰이 등장하면서 디지털카메라도 소멸했다. 마지막은 대중화다. 누구나 누릴 수 있는 상품으로 진화한다. 스마트폰을 사는 사람들은 더 이상 디지털카메라를 살 필요가 없게 된다.

비즈니스 리더라면 기하급수의 비즈니스 모델을 알고 있어야 하는 이유가 있다. 간단하다. 생존하기 위해서다. 물론 모든 기술의 발달은 잠복기가 존재하므로 파악하기 어렵기 때문에 준비 자체가 쉽지는 않다. 하지만, 산술급수적인 업계 자체를 파괴한다는 것을 기억해야만 한다.

코닥이라는 회사가 시간을 돌려 과거로 돌아간다고 해도 자신들의 몰락을 막을 수는 없었을지 모른다. 무어의 법칙은 알았지만, 이를 과소평가했기 때문이다. 코닥은 디지털카메라가 등장할 것이라는 사실을 알았지만, 잠복기를 거치면서 타이밍을 놓쳤다. 중요한 것은 이제부터다. 기하급수 기업들이 본격적으로 전 세계를 지배하기 시작했다. 기하급수 기업이란 직원 수에 비해 큰 영향력을 발휘하는 기업들을 말한다. 예컨대, 인스타그램, 에어비앤비, 우버와 같은 플랫폼 기업들이 있고, 아마존, 페이스북, 구글, 애플은 어떤 식으로든 전 세계에 공급망을 설치한다는 계획을 갖고 있으며, 곧 3D프린팅 기술을 앞세운 자빌과 같은 회사들이 전면에 등장할 것이다.

기하급수 기업을 만드는 몇 가지 요인이 있다. 첫 번째는 네트워크와 센서의 발달이다. 여기서 네트워크란 어떤 형태든, 신호나 정보를 상호연결하는 것을 뜻한다. 정보를 감지하는 장치와 기술이 발달하면서 센서의 숫자도 증가하고 있다. 현재 사용되는 스마트폰과 태블릿PC만 합해도 70억 대가 넘는다. 우리는 이미 충분한 센서들로 둘러싸여 있는 것이다. 그리고 센서를 이용한 다양한 사업이 가능하다. 결국, 인간의 한계는 곧 상상력이 될 것이다. 실제로 GE는 5,000대의 제트엔진에 최대 250개의 센서를 부착해 실시간으로 모니터링하고 있다. 세계 주요 도시에는 총성을 감지하는 샷스포터(ShotSpotter)가 있는데, 이는 응급 전화보다 빠르다고 한다. 또 자율주행 자동차에는 라이더(LIDAR)라는 센서가 부착돼 있다.

그렇다면 네트워크와 센서는 얼마나 발달하게 될까? 2023년에는 전 세계적으로 센서의 수가 '수조 개'에 이를 것이며, 현재 5G네트워크에서는 801.48메가비피에스(Mbps)의 속도로 데이터를 전송하고 있는데, 휴대전화로 1기가비피에스(Gbps) 시대도 머지않은 것 같다.

두 번째는 무한 컴퓨팅이다. 말 그대로 희귀하고 값비싼 자원이던 컴퓨팅이 넉넉하고 무료인 자원으로 이행하는 과정을 말한다. 컴퓨팅 가격은 계속 떨어지고, 이용성은 계속 증가하며, 강력해지고 유연해지고 있는 것이다. 그리고 전 세계 무한 컴퓨팅을 주도하는 회사는 구글, 아마존, 랙스페이스(Rackspace) 같은 회사들이다. 물론, 우리의 목적이 이런 회사를 만드는 게 돼서는 안 된다. 무한 컴퓨팅이 중요한 것은 그것이 브루트 포스(bruete force)를 가능하게 하기 때문이다. 즉, 가능한 모든 방법을 컴퓨팅으로 찾고 대입해 문제를 해결할 수 있다. 무한 컴퓨팅은 실수를 무료화하고 실험을 대중화한다. 그동안 기업가들은 실수를 저지를 경우 치러야 할 비용이 너무 컸다. 하지만, 무한 컴퓨팅은 자원을 무제한으로 사용할 수 있도록 해준다. 더는 어떤 아이디어도 시간 낭비, 자원 낭비라는 이유로 버릴 필요가 없어진 것이다.

세 번째는 인공지능이다. 인공지능이 중요한 것은 서비스 산업이 인공지능으로 대체될 가능성이 높다는 데 있다. 서비스 산업에는 보기, 읽기, 쓰기, 지식 통합의 네 가지 능력이 중요하다. 그런데, 컴퓨터의 보기 능력은 1995년 인간과 비슷해졌고, 읽기도 2011년에는 완성됐다. 쓰기 능력과 지식 통합 능력도 이미 완성된 상태다.

그렇다면 우리는 언제 인공지능을 사업화할 수 있을까? 이미 그 충분한 토대는 이뤄졌다. IBM은 슈퍼컴퓨터 왓슨을 API형태로 공유해서 활용할 수 있도록 했고, 구글은 2013년 딥러닝 알고리즘을 개발한 제프리 힌턴(Geoffrey Hinton)을 영입해 512큐비트 컴퓨터를 사용해서 인공지능을 개발하고 있다.

마지막 네 번째는 로봇과 합성생물학이다. 이미 로봇은 잠복기를 벗어난 것으로 봐야 한다. 중동의 인기 스포츠인 낙타 경주에서는 최근 기수들을 로봇으로 교체했다. 2013년 말, 구글이 로봇 기업 여덟 곳의 인수를 발표하면서 이러한 움직임은 더욱 분주해졌다. 이미 잠복기에서 파괴적 혁신기로 이동 중인 것이다. 그런데 문제는 로봇이 등장하면 세상이 바뀐다는 것을 예상하고 준비해야 한다는 점이다. 구체적으로 보면 미국 내 일자리의 45퍼센트는 20년 내에 컴퓨터로 대체될 것이다. 애플의 제조회사로 잘 알려진 폭스콘은 3년 내에 100만 노동자를 로봇으로 대체할 계획이다. 한편, 합성생물학은 유전공학이 디지털화된 것이다. DNA가 기본적으로 소프트웨어라는 생각에서 출발했는데, 지금 공업적으로 제조하는 모든 것을 생물학적으로 제조하는 것이 가능해진다. 문제는 생명공학이 무어의 법칙보다 다섯 배나 빠르게 가속화되고 있다는 점이다.

인공지능 시대 비즈니스 리더가 던져야 할 질문

"우리는 과연 기계에 대체될 것인가. 일자리를 박탈당한 사람들을 위한 장치는 무엇인가. 경제 변화에서 가장 크게 혜택을 입을 승자 집단은 누구인가. 앞으로 살아남을 직업군은 무엇인가. 점점 줄어드는 중산층에 대해 우리는 어떤 조치를 취해야 하는가. 부의 재분배, 바람직한 미래상을 구축하려면 어떻게 해야 하는가?"

2018년 영국 〈이코노미스트〉 수석 편집자 라이언 아벤트가 《노동의 미래》에서 던진 질문이다. 2016년 3월 15일 서울 종로구 포시즌스 호텔에서 열린 '구글 딥마인드 챌린지 매치'에서 이세돌 9단이 구글 인공지능 바둑 프로그램 '알파고'와 대국을 펼치고 난 이후 지난 몇 년 동안 인공지능에 대한 관심은 폭발적으로 늘어났다. 정확하게 표현하자면 관심이 커진 만큼 불안도 커졌는지 모른다. 인공지능이 인간의 삶을 파괴할 것이라는 공포와 불안 말이다.

운전자 없는 차량이 디지털혁명이 창출할 수 있는 모든 것이라 해도 그것의 경제적, 사회적 영향은 엄청날 것이다. 50만 명의 택시기사, 150만 명의 화물트럭 운전기사를 포함해 500만의 미국인들이 운송 서비스업에 종사하고 있다. 자율주행 차량이 이 모든 일자리를 없앨 수 있다. 하지만 이것은 시작에 불과하다. 운전자 없는 차량이 학교에서 아이들을 픽업해 부모나 방과 후 활동지로 데려가는 보모의 역할도 겸할지 모른다. 또한 자동차를 효과적으로 작동할 수 있는 컴퓨터는 다른 수많은 분야에도 강력하게 적용할 수 있는 기술적 역량이 있음을 의미한다.

이처럼 기술 진보는 틀림없이 인간 삶을 연장시키고, 개선하고, 풍요롭게 하며 많은 유익을 제공하기에 거부하기 힘들다. 우리는 기술이 진보할수록 새롭고 더 나은 상품이나 서비스, 경험을 저렴한 가격에 누릴 수 있지만, 소비는 우리의 생산능력에 좌우된다. 우리는 여전히 주택과 먹을거리 마련을 위한 구매력을 필요로 하고 있으며, 그 구매력의 대부분을 일자리에 의존하고 있다. 그런 가운데 지난 30년간 10억 명 이상 늘어난 글로벌 노동 인구는 다음 30년 동안 또 그만큼 늘어나게 될 것이다. 이와 동시에 신기술은 단순 노동을 갈수록 자동화할 것이며 기술은 교육이나 의학 같은 분야에도 변화를 가해, 다수의 교사나 의사가 수행하던 일을 소수만이 하게 할 것이다. 이처럼 미래의 고용 기회는 자동화와 그로 인한 노동력 과잉 때문에 심각한 제약을 받을 수밖에 없다. 많은 근로자가 일자리를 잃거나 임금이 정체되고 불평등이 증가할 것이며, 사회가 일자리를 보호할 방안이나 대안을 내놓지 못하면 노동자는 정치를 이용하는 것 말고는 방법이 없다.

희소성은 노동의 미래에서 가장 중요한 지표가 될 것이다. '희소성'은 경제학의 근본적인 구성 요소 중 하나인 만큼, 노동력이 남아돌면 노동력의 경제적 영향력은 낮아질 수밖에 없다. 노동자는 낮은 임금에 만족해야 하고 중요한 경제적 결정에서도 배제될 것이다. 노동력 과잉 시대에는 성장의 과실에서 더 많은 몫을 요구하기 위한 교섭력 또한 노동시장에서 사용할 수 없게 된다. 결국 노동자는 정치 시스템에 도움을 청하는 것 외에 선택의 여지가 없게 된다.

반면 희소성 있는 생산요소의 소유주들은 앞으로도 지속될 막대한 이익을 거둬들이느라 바쁘다. 시장을 장악한 IT 억만장자와 석유 왕, 언론 황제, 금융 재벌은 막대한 부를 축적하며, 부를 통해 이념 운동을 지원하거나 선거 후보자에게 기부해 원하는 정치 지형을 조성하려 시도할 것이다.

비즈니스에서 승자 집단은 누가 될 것인가? 이 부분에 대해서는 역설적으로 첨단기술을 무장한 기업이 아니라는 결론이 나온다. 성공하는 기업들은 무엇이 다를까? 1970년대의 대기업은 유형적 실체였다. S&P 500에 속한 평균 기업을 그대로 복제하려면 얼마가 드는지 알아본 최근의 분석 자료가 있다. 건물과 기계장치, 기술 노하우, 노동자 등 그런 기업의 가시적 구성 요소를 취득하는 데 어느 정도의 비용이 소요되는지 분석한 것이다. 1970년대에는 가시적인 요소의 총합계가 기업 가치의 80퍼센트 이상을 차지했다. 나머지 가치는 외부에 나가 사올 수 없는 무엇, 즉 당시 '암흑 물질'로 정의된 무엇으로 구성됐다.

현대에는 이 비율이 역전된 상태다. 일류 기업의 기업 가치 중 80퍼센트 이상이 어떤 것이라고 쉽게 설명하기 어려운 무형자산에 속한다는 얘기다. 건물과 급여, 그리고 기타 등등은 기업을 가치 있게 만드는 작은 조각에 불과하다.

기업이 외부 업체에 아웃소싱할 수 있는 단순 업무들을 털어냄에 따라 중대한 전환이 일어났다. 반세기 전 미국의 주요 제조업체들은 공장을 본사에서 가까운 미국 내에 유지할 필요가 있었다. 그러나 현재 미국의 주요 제조업체인 애플은 거의 모든 제조 작업을 다른 대륙에 있는 도급업체에 맡긴다. 따라서 애플은 남은 부분 즉, 핵심역량은 무형자산일 뿐이지만 그 비중이 놀라울 정도로 높다.

자동차 제조업도 마찬가지다. 자동차 제조업은 겉에서 보기에는 거대한 제조 기업이지만, 그 핵심역량은 컴퓨터와 소프트웨어를 이용해 자동차 디자인을 모델링하고 동작제어 소프트웨어를 만들어내는 것이다. 이처럼 제조업에서조차 그 핵심역량은 무형자산이다.

따라서 기업에서 고액 연봉을 받는 직원들은 정보를 다루는 일, 즉 무형자산을 다루는 핵심 부서에서 일한다. 그렇기 때문에 정보가 어떻게 흐르는지에 따라 그 기업의 운명이 달라진다. 즉, 새로운 정보를 어떻게 해석하고 어떤 대응할 것인지, 이 정보가 어떻게 흐르게 할 것인지가 관건이다.

우선 문화의 정의부터 살펴보자. 문화는 비슷한 생각을 가진 임계수치 이상의 사람들 머릿속에서 숨 쉬는 집단 현상으로, 사회적 자본의 성격을 띤다. 공동 소유 성격의 자본인 셈이다. 기업문화도 마찬가지다. 기업문화는 '임계수치 이상의 사람들이 공유할 때 가치가 높아지는, 맥락 의존적인 노하우'라고 할 수 있다.

성공한 기업의 사회적 자본인 기업문화는 갈수록 더욱 성공의 필수 요소가 되고 있다. 회사가 일을 어떤 방식으로 하는지에 대한 이해의 공유가 회사가 보유한 기계 장비나 특허권보다 더 높은 가치를 지니는 것이다. 사회적 자본은 여러 면에서 산업자본과 다르다. 가시적이지도 않고 거래 대상이 되지도 않는다. 측정 가능한 모든 것을 계산하고 남은 잔여 가치로 평가하는 방법 말고는 측정하기도 쉽지 않다. 그리고 많은 사람은 기업문화가 개인적인 성격이며, 누군가의 노력에 의해 바뀔 수도 있다고 생각하지만 실상은 그렇지 않다.

기업문화는 해당 조직 내에서 임계수치에 달한 다수의 사람이 공유하는 경우에만 가치를 창출할 수 있다. 사장이 사명 선언문을 발표한다고 해서 그것이 곧 기업문화가 되는 것은 아니다. 충분한 수의 직원이 선언문의 내용을 회사가 현재 하고 있는 일과 자신들이 회사에서 취해야 할 행동 방식에 대한 이해에 포함시켜야만 비로소 기업문화의 일부가 될 수 있다.

많은 리더가 강력한 리더십으로 기업문화를 바꿀 수 있다고 생각하지만, 그렇게 해서 기업문화가 바뀌는 것은 아니다. 예컨대, 생산성이 높은 기업에서 임원을 데려오거나 새로 부임한 최고경영자가 강권을 통해 기업문화를 바꿀 수 있는 것은 아니다. 앞에서 언급한 대로 임계수치 이상의 구성원들이 이를 인식하고 참여해야만 가능하다. 그렇기 때문에 보수적인 조직에 밀레니얼 세대를 새로운 직원으로 영입한다고 해서 그 조직이 디지털 조직이 되는 것은 아니라는 소리다.

기업문화는 공동의 자산이다. 어떤 직원도 퇴사하면서 그것을 가지고 나가겠다고 위협할 수 없다. 기업문화는 누가 됐건 한 개인의 소유가 아니다. 노동자들이든 고위 경영진이든 쉽게 바꿀 수 없는 게 문화다. 기업문화가 성공을 불러일으키는 단 하나의 이유는 직원들이 그것을 회사에서 일을 처리하는 당연한 방식으로 받아들이고 학습하기 때문이다.

기업문화는 디지털혁명 시대에 더 중요한 비중을 차지하고 있다. 반대로 산업혁명 시대부터 눈으로 확인할 수 있었던 산업적 자본은 그 중요성이 줄어들고 있다. 그러나 많은 기업이 기업문화의 중요성을 인지하지 못한다. 오히려 첨단기술을 도입하면 기업문화가 바뀌고 생산성이 높아질 것이라고 생각하는 경우가 많다. 이제부터라도 기업문화가 중요하다는 인식 아래 구성원들의 공감대를 불러일으키는 사회적 행동이 필요하다.

인공지능 기반 비즈니스 혁신의 방향

인공지능으로 어떤 비즈니스를 할 것인가? 수많은 비즈니스 리더가 인공지능이라고 하면, 대단한 사업일 거라고 생각하는 경향이 있다. 지난 몇 년 동안 인공지능은 마치 비즈니스의 모든 문제를 해결할 것 같은 요술램프로 인식돼왔기 때문인지도 모른다. 하지만 현실은 그렇지 않을 수도 있다.

　구글, 페이스북, 아마존, 애플과 같은 유명 기업은 하루가 멀다 하고 인공지능을 선보이고 있다. 이를 냉정하게 봐야 한다. 이 기업들은 제품을 팔기 위해, 또는 자신들의 서비스에 더 많은 시간을 투자하도록 인공지능을 이용하는 것일 뿐이다. 이 거대 기업들의 인공지능 서비스만을 인공지능으로 생각한다면, 비즈니스 현장에서는 그 무엇도 할 수 없을지 모른다.

　우선 인공지능은 인격체가 아니라는 점을 명확하게 인식해야 한다. 많은 사람이 인공지능은 로봇과 동일하다고 생각하기도 하고, 이제 인간이 할 수 있는 일은 존재하지 않는다고 생각하기도 한다. 이런 생각은 비즈니스 현장에서 인지부조화 현상을 부른다. 영화 속 로봇을 인공지능이라고 생각하면 비즈니스 활용법을 찾을 수가 없기 때문이다. 인공지능을 활용하는 것은 '데이터 활용'의 측면에서 생각해야 한다. 그런데, 이렇게 말하면 또 사람들은 데이터 활용을 데이터 분석이라고 오해하기도 한다. 하지만 데이터 활용과 데이터 분석은 다른 개념이다.

실제 데이터를 기반으로 의사결정을 하는 경우는 거의 존재하지 않는다. 최근 구글의 데이터 분석 전략가가 쓴《컨버티드》에 따르면, 기업 내에서 데이터에 기반한 의사결정은 6퍼센트 정도다. 결국 대부분의 비즈니스 리더들은 자신의 경험과 판단에 따라 의사결정을 내려놓고 근거 자료를 위해 데이터 분석을 사용하는 경우가 많다는 뜻이다. 기업에서 분석 리포트가 어떤 가치를 생산하는 결과로 이어지는 경우는 극히 드물다. 따라서 비즈니스에서 인공지능으로 뭔가를 해야 한다는 생각에만 매몰돼 있고, 실제로는 인공지능의 개념도 모르는 것일 수 있다.

인공지능에 대한 정의부터 따져보자. 사실 '인공지능은 무엇이다'라는 개념으로 정의하는 것은 어렵다. 대중적으로 합의된 인공지능의 정의는 존재하지 않기 때문이다. 사람마다 각자의 배경지식과 경험에 따라 인공지능을 다르게 생각하는 경우가 많다. 다만 부정적인 입장과 긍정적인 입장으로 나눌 수 있을 뿐이다. 인공지능의 발전을 인간과 기계의 대결로 보는 입장과 인간의 도구라고 보는 입장처럼 말이다.

사실 인공지능이 처음 만들어지기 시작했을 때부터 명확한 형태가 있었던 것이 아니다 보니 많은 사람이 인공지능의 의미를 혼동하고 있는지도 모른다. 특히 인공지능과 로봇을 동일시하는 경우가 그렇다. 인공지능은 로봇과는 분리된 개념으로 이해해야 하고, 구분해서 사용해야 한다.

예컨대 데이터 드리븐(data-driven) 비즈니스라고 언급되는 사업 영역들이 있다. 이것은 인공지능을 본격적으로 활용하는 경영 방법을 말한다. 이것은 단순히 데이터를 분석해서 이를 기반으로 의사결정을 하는 것이 아니다. 대부분의 리더는 데이터가 이끄는 대로 결정하는 것이 아니라, 항상 데이터를 인간이 볼 수 있도록 만들고 여기에 다시 주관적인 견해를 붙여서 결정해왔다.

데이터 드리븐 비즈니스에서 많이 사용되는 인공지능은 머신러닝(machine learning)과 딥러닝(deep learning) 두 가지로 나눌 수 있다.

머신러닝은 컴퓨터가 데이터를 통해 스스로 '학습하는 것처럼' 보이는 기술이라고 할 수 있다. 여기에서 주목할 점은 '스스로'와 '학습하는 것처럼'이라는 의미다. 머신러닝을 구축할 때, 인간은 컴퓨터에 처리 방법을 알려주지 않는다. 대신 충분한 데이터만 있다면 그 데이터 안에서 머신러닝 스스로 배우게 하는 것이다. 머신러닝은 현재 비즈니스 분야에서 광범위하게 사용될 수 있기 때문에 기업 경영에서 매우 중요한 자리를 차지하고 있다.

머신러닝에는 기본적으로 세 가지 유형이 있다. 첫 번째는 지도 학습으로 예측하기다. 예측하기는 경험 기반 타깃팅을 생각해볼 수 있다. 영화 〈마이너리티 리포트〉에 등장하는 범죄 예측 모형도 지도 학습이라고 볼 수 있다. 두 번째는 비지도 학습으로 이해하기다. 이것은 정답을 알려주지 않는 방법이다. 데이터에서 고객세분화를 하는 경우가 여기에 해당한다. 세 번째는 강화 학습이다. 이것은 알파고에 사용된 알고리즘으로, 더 강력한 실행 결과를 만들어낼 수 있는 방법이다.

반면 딥러닝은 머신러닝과는 조금 다르다. 엄밀히 보면 머신러닝의 하위개념이며, 인공신경망의 일종이라고 볼 수 있다. 하지만 많은 사람이 딥러닝을 머신러닝과 혼용하기도 한다. 딥러닝의 하위 종류로는 DNN, CNN, RNN, GAN이 있다.

인공지능은 데이터와 밀접한 관련이 있다. 여기에서 적어도 두 가지 혜안을 이해해야 한다. 첫 번째, 빅데이터라는 단어를 조심해야 한다. 미디어에서는 '빅데이터 분석에 따르면'이라는 표현을 많이 사용한다. 이런 표현이 늘어나게 된 데는 이유가 있다. SNS의 인기가 높아지던 시기, 하둡(Hadoop)이 데이터 분석의 기초 도구로 사용되기 시작했다. 하둡은 방대한 양의 데이터를 저장하고 구문 분석하는 모든 구성 요소를 처리하기 위한 오픈소스 프레임워크다. 또한 기능이 다양하고 접근하기 쉬운 소프트웨어 라이브러리 아키텍처라고 할 수 있다. 하둡은 자연어 처리기술에 기반한 텍스트 마이닝 기법으로, SNS 텍스트의 분석 도구로 활용되기 시작했고, 그 결과 '빅데이터 분석'이라는 이름으로 대중에게 소개됐다.

그러나 빅데이터라는 개념은 어쩌면 기업에 혼란을 주는 용어인지도 모른다. '빅'이라는 말은 오해를 만들고, 방향에 혼돈을 준다. 사실 빅데이터 분석은 여타 데이터 분석과 다르지 않다. 그럼에도 불구하고 많은 사람은 빅데이터가 어려운 기술이므로 데이터 전문가의 영

파이브 포인트

역이라고 생각하기도 한다.

빅데이터는 빅데이터 '기술'로 이해해야 하고, 분석할 대상이 아니라 기술의 집합으로 인식해야 한다. 기업 경영에서도 걸핏하면 빅데이터를 운운하는데, 이 말은 제한적으로 사용돼야 한다.

두 번째, 인공지능은 도구일 뿐이라는 점을 인식해야 한다. 인공지능은 도구적인 입장에서 바라봐야 하고, 사용돼야 한다는 점이다. 우선 데이터 분석을 프로세스의 일부로 포함해야 한다. 데이터 분석을 통해 의사결정을 한다는 것은 맞지도 않고, 실제로 그렇게 하지도 않는다. 다만 데이터 분석은 컴퓨터가 더 잘하므로 우리는 그것을 프로세스로 인식해야 한다. 예컨대, 켄쇼는 금융업 분야의 인공지능으로 펀드까지 운용하며, IBM 왓슨은 의학 분야에서 데이터 분석을 하고 있다.

기억해야 할 것은 인공지능이 결코 미래를 예측하지 않는다는 점이다. 인공지능은 도구일 뿐이므로, 미래 예측이라는 거대 담론에는 맞지 않다. 실제로 인공지능을 이용한 예측은 미래를 향하지 않으며, 예측 분석의 정확한 실체는 미래에 대한 분석이 아닌 과거와 현재에 대한 분석일 뿐이다. 예컨대 특정 고객이 특정 상품을 구매할 것인지를 예측하는 것은 전적으로 과거의 데이터를 기반으로 한다.

따라서 인공지능을 도구로 인식하고 사용해야만 한다. 이미 그렇게 시행하고 있는 기업들이 많다. 월마트 진열대 스캔 로봇은 2016년 10월부터 확대 적용되고 있다. 물론 인공지능은 그림 그리기나 소설 쓰기, 또는 작곡을 하기도 한다. 하지만 모두 도구적인 사용일 뿐이다. 앞으로 인간은 이 인공지능을 어디까지 어떻게 통제할 것이냐를 계속 고민해야만 할지도 모른다. 그러나 인공지능은 도구고, 이 도구를 잘만 이용한다면 인간의 창작 능력은 비교할 수 없을 만큼 월등해질 것이다.

인공지능의 사용 방법

대부분의 비즈니스 리더들은 여전히 데이터를 분석해서 의사결정을 해야 한다고 생각한다. 하지만 의사결정 행위의 중심에는 데이터가 아닌 인간이 있다. 아무리 뛰어난 알고리즘도 현업 담당자가 이해하지 못하면 그 알고리즘은 채택되지 않는다. 비즈니스에는 여전히 자기중심적이라는 의미다. 또 비즈니스 현장에서 "데이터 분석을 하자"는 말을 서로 주고받지만 말하는 사람과 듣는 사람이 이 말을 각자 다르게 해석할 수도 있다.

한편 기업은 늘 구체적인 계획만 세우려고 한다. 인공지능, 머신러닝, 데이터 업무를 통해 지향할 목표부터 세운다. 하지만 이렇게 구체적인 계획을 세우면 오히려 일은 진행되지 않을 수도 있다. 데이터 업무에서 계획은 통하지 않기 때문이다. 만약 비즈니스에서 일어나는 일을 구체적인 계획이 필요한 일과 그렇지 않은 일로 구분하려 한다고 가정해보자. 그렇다면 데이터 업무는 구체적인 계획을 세우지 말아야 하는 업무에 해당할지 모른다.

하지만 많은 기업의 리더들은 협업과 KPI(Key Performance Indicator, 핵심성과지표)만 강조할 뿐 데이터를 모르는 것이 현실이다. 협업을 요청하면서도 데이터 전문가에게 데이터 접근 권한도 주지 않거나 심지어 자신들이 어떤 데이터를 보유하고 있는지 모르는 경우도 있다. 이런 상황에서 협업은 너무 먼 얘기일 뿐이다. 게다가 매년 KPI를 설정해야 하는데, 데이터 업무는 계속 새로운 시도를 해야 하기 때문에 이 또한 적절한 것인지는 생각해봐야 한다.

기업에서의 근본적 변화는 늘 하향식으로만 이뤄졌다고 해도 과언은 아니다. 상향식의 변화가 가능하다고 경제경영서에서는 말하지만 사실 상향식의 변화는 이뤄진 적이 거의 없다고 봐야 한다. 즉 데이터를 활용하고, 인공지능을 도입하겠다고 결정했다면 이런 기업문화부터 바꿔야 한다.

앞서 GE의 프리딕스 플랫폼을 통한 디지털 전환에 대해서는 여러 번 설명했다. 즉 GE는 비행기 엔진에 IoT 센서를 붙여 디지털 전환을 완벽하게 실행해왔다. 여기에는 몇 가지 배울 점이 있다.

첫 번째, 신규 비즈니스와 데이터라는 관점의 전환이다. GE는 데이터를 분석해서 신규 사업을 만든 것이 아니다. 그럼에도 많은 기업에서는 아직도 '데이터 기반 신규 사업' 또는 '머신러닝, 인공지능 기반 신규 사업'이라고 말한다. 하지만 신규 사업에 있어 데이터 분석이 결코 먼저여야 할 필요는 없다.

두 번째, 비전을 제시하는 리더십과 기술에 대한 태도다. 당연하겠지만 2011년 GE의 회장 제프리 이멜트(Jeffrey Immelt)가 기업 변신을 선언했을 때, 분명 내외부의 시각은 우호적이지는 않았을 것이다. 이 프로젝트의 성공 여부는 차치하고, GE가 당시 명확한 비전을 가지고 이를 실행에 옮겼다는 사실에 주목해야 한다. 당시 GE는 프리딕스 소개 자료에 기술을 언급하지 않았다. 기술이 중요한 게 아니라 고객에게 어떤 가치를 줄 수 있는가가 중요하다.

세 번째, 관리가 아닌 새로운 도전을 받아들인 자세다. GE는 원래 식스 시그마로 대표되는 관리 중심 경영을 했던 기업이다. 하지만 GE는 패스트웍스를 도입했다. 데이터 업무에서 구체적으로 계획하고 엄격하게 관리하는 방법은 적절하지 않기 때문이다. 따라서 관리하겠다는 경영 마인드를 버려야 한다.

또한, 인공지능 시대를 준비하기 위해서는 적어도 두 가지 전략을 기본으로 생각해야 한다. 첫 번째, 데이터 전문 조직을 만들어야 한다. 데이터를 활용하려는 기업에는 전문 조직이 필요하다. 전문 조직의 유형에는 분산형, 중앙집중형, 혼합형이 있다. 그러나 이 방법들은 여전히 단점과 장점이 존재하기 때문에 제대로 파악한 뒤에 실행해야 한다.

두 번째, IT 부서와 데이터 부서는 다르다는 생각으로 전략을 짜야 한다. 아직도 많은 기업의 관리자는 데이터 업무를 IT 부서로 지명하는 경우가 있다. 그러나 이 두 업무는 다르다. 우선 IT 부서 업무의 중요한 가치는 안정성이다. 그러나 데이터 부서의 중요한 가치는 변화라는 점을 알아야 한다. 두 부서에서 다루는 업무의 가치가 다르기 때문에 둘을 합쳐놓는다면 일은 진행되지 않을 것이다.

인공지능 기반 음성 기업의 등장

지난 수십 년간 주요 산업은 개인화를 발판으로 성장해왔다. 종국에는 마케팅 활동의 모든 것이 개인화를 중심으로 재편될 것이다. 특히 디지털 상품 판매 그리고 고객 경험을 중요하게 생각하는 기업의 리더들이 가장 중요하게 생각하는 것이 바로 개인화 시장이다.

컨설팅 기업 가트너는 개인화 시장의 개념을 다음과 같이 정의한다.

> "단순한 전통적인 시장세분화 범주를 넘어 개인이 어떤 순간에 어디에 있는지, 다른 물건과 함께 사고 싶은 물건이 무엇인지, 좋아하는 브랜드, 자주 참여하는 이벤트, 가장 좋아하는 판매처 그리고 가장 많이 쓰는 물건이 무엇인지를 알아내는 것이 바로 개인화다."

개인화 시장을 이끌 가장 중요한 도구로 생각되던 것은 바로 데이터 과학이다. 데이터 과학은 시장세분화 개념을 통째로 뒤흔들 것이라고 예견됐다. 하지만 여기에는 적지 않은 문제가 있다. 기업이 수집한 사람들에 대한 데이터가 사실과 완전히 동떨어질 때가 많았던 것이다. 최신 정보가 포함되지 않거나 때로는 한 사람의 데이터가 아닌 스마트기기를 공유하는 여러 사용자의 자료가 한데 섞인 경우도 있었다. 게다가 어도비가 실시한 연구에 따르면, 웹사이트 광고 트래픽의 28퍼센트는 클릭 사기였고 인터넷 사용자의 25퍼센트 정도는 광고를 차단하고 있었다. 상황이 이렇다 보니 소비자는 자신들에게 접촉해오는 기업을 별로 좋아하지 않는 수준에까지 이르렀다.

하지만 이 분야에 새로운 마법의 기술, 음성인식이 등장하고 있다. 이 문제는 2019년부터 본격적으로 회자된 것으로 보인다. 2024년까지 인공지능이 개개인의 감정을 식별하는 알고리즘을 완성하고 온라인 광고에 영향을 주게 될 거라는 사실이 하나의 통설로 자리 잡았다. 여기에 가장 선두에 있는 기업은 바로 아마존과 구글 그리고 애플이다. 이 기업들은 음성인식과 인공감성지능을 결합했고 이를 통해 사람들의 감정 상태를 추적할 수 있다고 말한다. 일부 연구에 따르면, 음성인식은 개인이 선택한 단어, 단어와 단어 사이를 잇는 체계적 관계만이 아니라 음성으로 드러나는 생리학적 특징까지 측정해 데이터화할 수 있다고 한다. 기업 규모가 크든 작든 모두가 개인화의 다음 단계를 만드는 데 혈안이 돼 고객의 음성을 채집하려는 새로운 계획을 만들고 있는 것이다.

음성 산업이라고 하면 먼저 떠오르는 것이 바로 콜센터다. 첨단 기업들이 시작하고 있는 음성 산업의 발화점이 원래 콜센터 사업이기 때문이다. 콜센터라는 이름을 가진 고객센터는 100년 전부터 운영돼왔다. 콜센터는 대형 백화점이 최초로 만들었는데, 처음에는 거대한 전화 교환실에 불과했다. 1915년에는 한 백화점이 만든 콜센터가 가장 큰 전화 교환국이 되기도 했는데, 여기서만 매일 2,000명이 넘는 교환원이 180만 건의 통화를 연결했다. 전화 기업인 AT&T도 매일 수백 건의 고객 상담 통화를 했다. 그러다가 고객 전화를 다루는 기업들이 하나둘 생겨났고, 1960년에 이르러서야 현대의 콜센터 고객 응대 방식이 만들어지게 된 것이다.

그때부터 콜센터는 무엇을 해야 하는지 깨닫게 된다. 즉 콜센터 기업들은 고객 데이터를 훨씬 더 많이 알아내는 쪽으로 발전하기 시작했다. 또한 컴퓨터가 발달하면서 개별 고객의 데이터베이스를 구축하기 위해 데이터를 구매하기 시작했다. 발신자에 대해 더 많은 이해를 하기 위해서였다. 그런데 문제가 발생했다. 기업의 인건비가 올라가기 시작했고 고객은 상담원들에게 더 어려운 질문을 하기 시작했기 때문에 현실의 문제를 극복하기가 매우 어려웠다. 이때 선진국의 기업들이 선택한 것은 인건비가 낮은 나라로 콜센터를 옮기는 일이었다. 가령 미국의 콜센터가 인도에 위치하는 경우처럼 말이다. 하지만 자본 유출의 문제 그리고 위탁 콜센터에서 사기 및 범죄가 발생하면서 이 또한 철수하게 된다.

최근 들어, 마케팅 종사자 다수는 인간은 관계를 원하지만 꼭 진짜 사람과의 관계를 기대하는 것은 아니라고 믿게 됐다. 음성 만들기, 음성인식 그리고 기계학습을 통해 기업은 새로운 인공지능 콜센터를 만들어낼 수 있고 개인화된 메시지를 보낼 수 있다는 것을 알게 된 것이다. 그러나 단순히 비용을 줄이기 위한 것만은 아니었다. 경쟁 우위를 점하고, 고객을 감시하고픈 욕망 때문에 기업들은 개인화 시장을 열겠다고 선언한 것이다. 이때 등장한 기업이 바로 아마존, 구글, 애플, 마이크로소프트고, 이들은 음성인식으로 미래를 바꾸는 데 사활을 걸기 시작했다. 그리고 이 모든 사업 추진의 최전방에 선 도구가 있었는데, 바로 음성 비서다.

음성 비서 프로그램을 제공하는 대표적인 회사가 있다. 첫 번째는 애플이다. 애플이 만든 시리는 대중과 공개적으로 소통한 첫 번째 음성 비서 프로그램이다. 사람들은 일상에서 시리를 마주하게 되는 순간들이 신기했고 친근하다고 생각했기 때문에 별다른 거부반응 없이 받아들였다. 하지만 그것은 음성인식과 개인화된 데이터수집이 결합된 마케팅 세상으로 저항 없이 걸어 들어간 셈이었다.

두 번째는 아마존이다. 애플의 시리에 자극을 받은 아마존은 2014년 알렉사를 출시했다. 아마존은 고객 데이터를 확보하기 위해 파이어폰을 만들고 거기에 알렉사를 탑재했다. 안타깝게도 파이어폰은 대대적으로 실패한 사례로 기록되고 말았다. 하지만 아마존은 에코라고 불리는 인공지능 스피커를 출시하면서 음성 데이터를 수집하는 것으로 선회했다. 가격을 낮춰서 출시했기 때문에 초반부터 시장을 장악해나갈 수 있었다.

세 번째는 구글이다. 아마존이 만든 인공지능 스피커가 시장을 강타하자 이번에는 구글이 뛰어들었다. 구글의 인공지능 스피커는 아마존 에코가 출시된 지 정확히 2년 뒤에 출시 됐다. 하지만 구글의 전략은 인공지능 스피커보다는 전 세계에 공급된 안드로이드 기반의 스마트폰에 집중하는 것이었다. 즉 구글이 꿈꾸는 음성 기업의 미래는 스마트폰과 태블릿에서 실현될 것이라고 믿고 있다고 볼 수 있다.

네 번째는 마이크로소프트다. 마이크로소프트는 2014년부터 코타나로 음성 비서 경쟁에 뛰어들었다. 목표는 마이크로소프트 폰과 함께 음성 비서를 미래의 윈도우 운영 시스템에 포함시키는 것이었다.

네 기업의 전략은 조금씩 다르다. 구글은 음성을 새로운 인터넷 검색 방법으로 보고 있으며, 애플은 모든 기기를 연결하는 매개체로 목소리를 선택했다. 반면, 음성 비서 경쟁에서 물러선 마이크로소프트는 코타나를 업무 스케줄 관리와 업무 전화에 주로 사용하는 비서라고 소개하고 있다. 그리고 아마존은 알렉사로 자사와 타사의 상품을 판매하는 것이 목표라고 한다.

그렇다면 음성 데이터는 얼마나 강력할까? 음성인식 연구자들은 음성으로 사람을 파악할 수 있다고 말한다. 그 사람의 신원정보는 물론이고 체형이나 나이, 계층, 특정 질병, 특별한 감정 상태 그리고 성격까지도 알아낼 수 있다는 것이다. 그래서 최근 음성인식 분야에서는 음성지문이라는 용어가 사용되고 있다. 개인마다 목소리가 다르기 때문에 목소리로 모든 것을 파악할 수 있다는 것이다. 연구자들은 이미 음성만이 아니라 말 내용으로 패턴을 이해하는 법을 개발한 상태고, 심지어 때와 장소에 어울리는 음성과 말로 인간을 설득할 수 있는 알고리즘도 개발해놓았다.

사실 그동안 기업들이 모아왔던 데이터는 그다지 실효성이 없었다. 그런 데이터로 사업적 통찰에 이르기는 어려웠다는 것이다. 하지만 음성인식은 분명 다른 차원으로 비즈니스를 이동시키고 있다. 예컨대, 구글에서 저렴한 자동차 보험을 검색한 사람이 보험회사에 전화를 걸어오면 그 회사의 고객센터는 그 발신자에게 즉시 응답하고 고객으로 만들기 위한 노력을 적극적으로 할 수 있다. 특히 상품 권유를 언제 해야 할지, 어떤 말투로 해야 할지 등도 정확하게 제시될 수 있다. 최근 포레스터리서치는 한 보고서에서 음성은 미개척 금광이라고 언급하며, 통화 중인 고객은 자신이 누군지, 뭘 원하는지, 기업과의 경험에 대해 어떻게 생각하는지에 대한 고품질 데이터를 전달해준다고 했다.

하지만 음성 기업들은 상당히 애매한 입장을 취하고 있다. 스마트폰과 인공지능 스피커 같은 새로운 통로를 통해 음성을 수집 활용하는 노력을 활발히 하고, 음성과 관련한 기술특허를 끊임없이 쏟아내면서도, 애플과 구글 그리고 아마존 같은 기업은 음성을 수집해 이윤을 추구하는 행위는 하지 않는다고 말한다. 예컨대 아마존은 "음성 기록 등 데이터를 활용해 사용자 경험과 자사 서비스를 향상시킨다"라고만 적시하고 있다. 하지만 아마존 에코의 사용약관을 살펴보면 "음성을 이용해 사용자를 식별하고 서비스를 개인화하도록 돕는다"라고 적혀 있다. 사실 아마존이 가장 솔직하게 표현한 것이다. 이처럼 대부분의 기업들은 자신들이 하고 있는 일의 진짜 모습을 가장 깊숙한 곳에 숨겨놓는다. 그럼에도 불구하고 그들이 제출한 특허를 보면 이미 이들은 음성인식을 기반으로 한 새로운 마케팅을 구상하고 있다고 봐야 할 것이다.

한편 이런 상황을 지켜보는 미디어의 반응은 어떨까? 거대 기업들이 음성인식으로 만드는 세상이 좋은지 나쁜지를 판단하기 전에 이미 미디어들은 테크기업들의 움직임을 찬양하기 바쁘다. 미디어들은 이미 음성인식 기기가 가진 타당성과 정당성을 강화하고 있으며, 우리의 신뢰 유무와 상관없이 영원히 우리 곁에 있게 될 거라고 믿게 만들어 사람들을 체념케 한다. 특히 스마트폰을 사용하는 사람들이라면 자신의 목소리를 넘겨야 하는 것을 당연한 일로 치부하고 있다. 이 때문에 가끔 음성인식기술과 관련한 중요한 사건이 일어나지만 언론은 침묵할 뿐이다.

앞으로의 세상은 테크기업들이 음성인식을 이용해 각 개인을 파악하고 개별적인 제안을 할 것으로 보인다. 어쩌면 시장세분화라는 말이 무색해질지도 모른다. 이런 상황에도 불구하고 미국에서조차 관련 법규는 마련돼 있지 않다. 일각의 주장에 따르면 음성 마케팅의 데이터 세계는 본질적으로 불법이고, 미연방거래위원회 차원에서 불법화할 수 있다라고 말하기도 한다. 이 업계는 아직 초기 단계지만 현재 기업들이 음성 프로파일링을 향해 빠르게 움직이고 있는 것은 맞다. 그리고 그들에겐 기술과 특허가 있다.

IoT와 인공지능을 가장 잘 활용하는 기업, 아마존

제프 베이조스(Jeff Bezos)가 처음 아마존을 설립했을 때부터 그가 지향하는 최고의 가치는 바로 "고객에 집중하라"는 것이었다. 지금의 아마존은 바로 이 목표를 위해 베이조스를 중심으로 한 모든 사원이 분야와 영역을 가리지 않고 전력을 다해 혁신을 거듭한 결과라고 해도 과언이 아니다. 아마존은 저렴한 가격의 다양한 상품을 판매하며 많은 고객을 아마존 사이트로 끌어들였고, 이것은 많은 제3자 판매자가 아마존닷컴으로 모여드는 기반이 됐다. 여기서 얻은 이익은 다시 아마존에서 판매하는 상품의 가격을 인하하는 데 사용됐고, 그 결과 더 많은 고객이 아마존을 찾았다. 그리고 이는 다시 가격인하와 고객을 위한 다양한 서비스로 발전했다. 이처럼 베이조스는 한 분야의 결과가 다음 단계 성장의 원동력이 되는 선순환의 구조를 만들어냈다. 그는 이런 방식으로 짐 콜린스(Jim Collins)의 플라이휠(flywheel)이라는 개념을 한 단계 발전시켜 아마존의 성장을 위한 무한동력을 창조했고, 아마존은 미국인들에게 가장 신뢰받는 기업으로 성장했다.

아마존의 행보는 여기서 그치지 않았다. 고객들에게 더 빨리 배송하기 위한 물류 시스템을 구축했고, 어떤 창고에 어떤 제품을 얼마나 비축해둬야 최소의 비용으로 최대한 빨리 고객에게 배송할 수 있는지를 결정하기 위해 인공지능 시스템을 도입했다. 이뿐만이 아니다. 인공지능으로 움직이는 음성인식 비서 알렉사 또한 고객들이 최대한 편리하게 아마존에서 물건을 구입할 수 있도록 하기 위한 노력의 일환이었다. 아마존은 여기서 한 걸음 더 나아가 자동 결제 시스템을 갖춘 오프라인 매장 아마존 고를 개장했고, 일 년에 일정한 금액을 지불하면 무료배송을 받을 수 있는 프라임 회원제를 신설했으며, 프라임 회원들을 대상으로 무료 TV 프로그램을 제공하는 플랫폼까지 만들었다. 그리고 여기서 넷플릭스를 바짝 추격하고 있는 아마존 플랫폼이 탄생했다. 고객이 미처 깨닫지 못하는 불편함까지도 파악해 해결하겠다는 아마존의 혁신 마인드는 경쟁 기업에 대한 위협에서 그치지 않고 우리의 생활방식까지 송두리째 바꾸고 있다. 하지만 이것은 아마존이 미래에 일으킬 변화의 시작에 불과하다. 아마존이 가져올 변화의 바람이 태풍처럼 전 세계를 휩쓸 날은 생각보다 빨리 다가올 수 있다.

베이조스는 최초로 빅데이터와 인공지능으로 움직이는 기업을 키워왔다. 이것은 스스로 더욱 똑똑해지고 성장해가는 사업 모델로, 점차적으로 이런 알고리즘이 회사를 운영하게 될 것이다. 그리고 막대한 빅데이터를 기반으로 하는 아마존의 알고리즘은 세계의 어떤 기업도 넘볼 수 없는 강력한 경쟁력이 될 것이다.

아마존의 플라이휠은 선순환의 은유적 표현이다. 아마존의 직원들은 경쟁에 집중하지 않고 고객들에게 더 나은 삶을 제공하는 데 집중한다. 플라이휠은 이렇게 작동한다. 우선 아마존은 비용 절감을 통해 아마존 사이트에 방문하는 고객 수를 늘린다. 이렇게 하면 트래픽이 증가하는 아마존 사이트에 입점하기를 원하는 독립 판매자들이 점점 많아진다. 그 결과 아마존의 매출은 증가한다. 그러면 규모의 경제가 발생하고, 이것은 다시 고객을 위해 가격을 더욱 인하하는 데 도움이 된다. 그리고 가격을 인하하면 고객을 더 많이 유치할 수 있다. 이것은 독립 판매자들을 더 많이 유치하는 결과를 낳게 되는데, 이런 방식으로 플라이휠은 끊임없이 돌아가는 것이다.

플라이휠에는 두 가지 원칙이 있다. 첫 번째, 플라이휠은 일종의 사고방식이다. 즉 일관된 개념을 가지고 훌륭한 의사결정을 지속적으로 하는 것을 말한다. 그리고 다시 여기에는 총 세 개의 축이 움직이는데, 하나는 고객을 위한 비용 감축, 그다음은 아마존의 매출 증가, 마지막은 규모의 경제가 발생하고, 고객을 위해 가격을 인하하는 데 도움이 된다는 것이다. 이런 방식으로 계속해서 더 많은 고객, 더 낮은 가격으로 나아간다.

두 번째, 플라이휠은 정적이지 않다. 바로 이 지점에서 극단적인 혁신을 추구하는 베조노믹스의 두 번째 원칙이 등장한다. 바로 혁신을 통해 플라이휠의 각 요소를 지속적으로 새롭게 해야 한다는 것이다. 이는 아마존 직원들이 창의적으로 생각해야 한다는 것을 의미한다. 고객을 즐겁게 하기 위해 그리고 제3자 판매자들을 끌어들이기 위해 플라이휠 구조물 내에서 그들이 할 수 있는 것이 무엇인지 끊임없이 질문해야 한다. 그렇게 해서 아마존은 계속 새로운 것을 시도하고 있다. 참고로 2018년 아마존은 연구개발에만 288억 달러를 지출했다고 한다.

베이조스는 지난 10년 동안 플라이휠의 개념을 완전히 새로운 수준으로 올려놓았다고 평가받는다. 그는 플라이휠에 빅데이터, 인공지능, 머신러닝을 엄청난 속도로 적용했고, 플라이휠이 훨씬 더 빠른 속도로 회전하게 만들었다. 스마트한 알고리즘은 매일, 매시간, 매초마다 가격을 인하하고, 배송 속도를 높이며, 적절한 음악이나 영화를 추천하고, 알렉사가 1,000분의 2~3초 안에 정확하게 대답할 수 있는 방법을 찾아내게 한다. 이런 과정을 통해 고객을 기쁘게 하겠다는 것이다. 즉 새로운 컴퓨터의 반복 과정을 인공지능 플라이휠이라고 생각할 수 있다.

베이조스가 고용한 수만 명의 엔지니어, 데이터 과학자, 프로그래머들은 인공지능 플라이휠에 자체 지능을 가진 머신러닝이라는 일종의 사이버 장치를 만들었다. 이 장치는 아마존이 3억 명의 고객들로부터 수집한 데이터를 활용해 아주 자세한 분석 결과를 내놓고 있다. 이 장치는 어떤 품목을 구매할 것인가, 각 품목의 가격을 얼마로 설정할 것인가, 이 물건들을 세계 어느 곳에 쌓아둘 것인가에 대한 의사결정을 한다. 또 인공지능은 누가 무엇을 주문할 것인가를 예측하기 위해 고객이 예전에 구매했던 품목, 쇼핑 카트에 넣어뒀지만 아직은 구매하지 않은 품목, 구매 희망 목록에 저장해둔 품목, 심지어 고객의 커서 이동까지도 포함해 방대한 양의 데이터를 분석할 수 있다.

따라서 이제부터는 아마존이 다른 기업들과 다른 이유를 여기에서 찾아야 할지도 모른다. 아마존은 인공지능 소프트웨어를 자신의 사업 모델로 만들기까지 고객 데이터를 축적하고, 인공지능 프로그램을 정교하게 만드는 데 20년이 넘는 시간이 걸렸다. 그렇게 해서 아마존은 3억 명에 달하는 고객의 구매 이력에 관한 방대한 데이터를 축적했고, 이 강력한 플라이휠을 언론, 헬스케어, 은행, 해운 등 다양한 산업에 적용하고 있으며, 앞으로도 그렇게 할 것이다. 베이조스의 모델은 우리가 상상하는 것 이상으로 세상을 더욱 심대하게 바꿔놓을 것이라고 추측된다. 이것이 바로 '베조노믹스'라는 것이다.

먼저 아마존의 사업 방식에 대해 살펴보자. 이는 아마존이 다음 행보를 어떻게 할 것인지를 예측하는 중요한 원칙이 된다. 우선 아마존은 새로운 사업을 시작할 때 가격을 낮게 책정하고 손실을 보는 전략을 택한다. 1995년 아마존이 도서 산업에 적용했던 그 방식이다. 도서 시장을 지배하기 전까지는 책값을 낮게 책정하고 계속 손실을 봤다. 그리고 책을 좀 더 편리하게 읽으려는 독자들이 있다는 것을 알고 2007년 킨들을 출시했다. 수년에 걸쳐 손실을 봤지만, 현재 아마존은 전자책 단말기 시장의 80퍼센트를 장악했다.

아마존이 새로운 산업으로 침입하는 또 다른 방법은 내부적으로 잘하는 것을 선택하고 이런 서비스를 다른 사업에 제공하는 것이다. 아마존이 온라인으로 책을 판매하는 과정에서 확보한 컴퓨터에 대한 전문 지식은 상당한 수준이었는데, 당연히 '이런 역량을 다른 사업에 써먹어야 하지 않을까' 생각했고 그렇게 해서 만들어낸 사업이 2006년에 출시한 AWS(Amazon Web Services)였다. 그리고 현재 AWS는 클라우드 컴퓨팅 분야에서 시장점유율 1위를 차지하고 있다.

마지막으로, 아마존의 전략적 인수 방법을 살펴볼 수 있다. 아마존은 다른 산업에서 규모가 큰 기업을 인수해 경영하려고 하지 않는다. 아마존은 늘 조직 내부에서 새로운 부문의 사업을 개발하는 대신, 적진에 쳐들어가는 데 필요한 인재나 기술을 획득하기 위해 비교적 작은 규모의 전략적 인수를 한다. 온라인게임 채널 트위치, 디지털 초인종을 만드는 스타트업 링(Ring), 온라인 약국 필팩(PillPack) 그리고 홀푸드 인수까지 모두 그렇다. 게다가 아마존은 아무리 많은 시간이 걸리더라도 새로운 사업이 성과를 내는 데 필요한 인내와 자금을 가지고 있다. 아마존은 기술적으로도 막강한 화력을 보유하고 있기 때문에 아마존이 침략하는 그 어떤 부문에도 이것을 적용할 수 있을 것으로 보인다.

그렇다면, 아마존이 주시하고 있는 새로운 사업 분야는 무엇일까? 첫 번째는 바로 광고 산업이다. 원래 아마존은 광고를 하지 않았다. 고객을 항상 즐겁게 해야 한다는 베이조스의 확고한 신념 때문이었다. 그러나 이 전략이 바뀌고 있는 것으로 보인다. 현재 아마존닷컴에 들어가 보면 페이지 상단에 광고 제품들이 보이는데, 이것은 지난 몇 년 동안 광고를 테스트하면서 효과를 검증한 결과라고 한다. 이제 아마존이 광고를 새로운 산업으로 인식하기 시작한 것이다.

전 세계 디지털 광고 시장은 3,270억 달러에 달한다. 그리고 전체 광고 시장에서 3분의 2를 장악하고 있는 것이 구글, 페이스북, 알리바바다. 사실 아마존은 2010년대 중반까지 광고를 하지 않았다. 하지만 아마존은 아마존닷컴에서 고객을 잃지 않고서도 전시 공간을 판매할 수 있다는 사실을 깨달았고, 2018년에는 약 100억 달러의 광고 수입을 올렸다. 그리고 2023년에는 광고 수익이 약 400억 달러에 도달할 것으로 예상하고 있다.

2019년 모건스탠리는 아마존의 광고 사업이 나이키나 IBM의 주식시장 가치보다 높은 1,250억 달러의 가치를 지닌다고 발표했다. 따라서 광고 사업은 전자상거래, 클라우드 컴퓨팅에 이어 아마존의 세 번째 기둥으로 자리 잡을 것으로 보인다. 문제는 역시 아마존의 잠재력에 있다. 아마존은 수많은 마케터들이 꿈도 꾸지 못할 고객 정보를 갖고 있다. 지난달에 누가 탐스 치약을 구매했는지, 누가 리복보다 나이키를 더 선호하는지, 그들이 어디에서 제품을 구입하는지, 프라임 비디오로 무엇을 보는지, 프라임 뮤직으로 무엇을 듣는지, 판매하는 장난감의 종류를 통해 그들의 아이가 몇 살인지까지 모두 파악하고 있다.

아마존의 새로운 사업 두 번째는 바로 은행이다. 이는 아마존이 은행처럼 보이기 시작했다는 의미로 받아들일 수 있다. 아마존에는 이른바 원클릭 시스템이 있다. 쇼핑객들이 많은 고민 없이 구매할 수 있도록 만드는 이 소프트웨어는 온라인 소매의 혁신이었다고 평가된다. 아마존은 원클릭을 통해 신용카드 번호, 주소, 고객이 무엇에 얼마나 많이 그리고 얼마나 자주 지출하는지를 포함한 금융 데이터를 저장하고 수집했다. 게다가 아마존의 고객들은 대체로 영구 계정을 만들었기 때문에 이런 작업을 장기간에 걸쳐 할 수 있었다. 종합해보면 아마존은 고객의 금융 정보뿐만 아니라 아마존 사이트의 제품을 판매하는 수백만 개의 독립 소매업체의 정보도 보유하고 있다. 그리고 이 모든 것은 대부업을 시작할 수 있는 기회가 되는 것이다.

우선 아마존은 아마존 렌딩을 런칭했다. 소규매 판매자들에게 자금을 빌려주는 것이다. 이 프로그램은 아마존의 인공지능 플라이휠을 회전시키는 또 하나의 중요한 축이다. 소규모 판매자들이 사업을 확장할 자금을 확보하게 되면, 아마존닷컴은 그들에게 더 많은 선택권을 제공한다. 이것을 통해 더 많은 고객이 유치되고, 그다음에는 더 많은 판매자들을 끌어들인다. 아마존은 연평균 10억 달러 정도의 지원 금액을 대출해주고 있다고 한다. 또 아마존은 체이스와 협력해 자체 비자카드를 발급하고 있으며, 아마존 페이도 런칭해 운영하고 있다.

글로벌 컨설팅 회사 베인앤컴퍼니는 2018년 〈Banking's Amazon Moment〉라는 보고서를 냈다. 이 보고서에 따르면, 아마존은 자신들이 모집한 아마존 당좌예금계좌에 대해 파트너 은행으로부터 수수료를 징수할 뿐만 아니라 고객들이 아마존닷컴에서 구매하는 제품에 대해 이 당좌예금계좌에서 직접 대금을 징수하는 시나리오를 제시했다. 이는 아마존이 현재 신용카드 회사에 납부하는 고액의 수수료를 더 이상 납부하지 않아도 된다는 것을 의미한다. 이 시나리오대로라면 아마존은 미국에서만 연간 신용카드 수수료 2억 5,000만 달러 이상을 절약할 수 있을 것으로 보인다. 결과적으로 아마존은 은행업을 시작할 것이고, 신용대출, 주택담보대출, 손해보험, 자산관리, 생명보험을 포함한 다른 금융상품 전체로 넘어갈 것이라는 데 의견이 모아지고 있다.

아마존이 준비하고 있는 기타 사업들도 살펴보자. 먼저 아마존의 TV 사업이 있다. 아마존은 광고 사업을 확대하면서 자체 스트리밍

TV 서비스를 시작했다. 이것은 광고를 판매하기 위한 또 하나의 가치 있는 플랫폼이면서 독립적인 주요 사업이다. 그 명칭은 바로 아마존 파이어 TV다. 이는 애플 TV, 안드로이드 TV, 로쿠 TV와 경쟁하고 있다. 파이어 TV는 2019년부터 미국, 영국, 독일, 일본에서 320개 채널을 제공하고 있으며, 채널은 계속해서 확대되고 있다.

다음으로는 헬스케어 산업이 있다. 최근 원격의료는 헬스케어 산업의 신사업 분야로 인식되고 있다. 이미 인공지능과 스크린이 부착된 에코쇼와 알렉사를 가지고 있는 아마존은 이 분야에 적합한 회사일 것이다. 아마존은 2018년 온라인 약국 필팩을 인수했고 초이스 브랜드의 혈압계와 혈당계를 포함한 가정용 헬스케어 제품군을 출시하고 있다. 또 47개 주에서 의료용품을 판매하기 위한 면허도 취득했다. 그리고 이미 시애틀 아마존 본사에 근무하는 직원들을 대상으로 헬스케어 플랫폼을 시연한 것으로 알려졌다. 이 앱은 환자에게 조언해줄 의사와 간호사를 연결해주며, 이 앱을 통해 진단과 치료 그리고 화상 회의와 검사를 위한 가정 방문도 요청할 수 있다. 따라서 시장에 런칭하는 것은 시간문제로 보인다.

또 아마존은 컴퓨터 칩 개발 사업을 추진하고 있다. 아마존은 클라우드 컴퓨팅 사업에서 자체 하드웨어와 소프트웨어를 통합하기 위해 컴퓨터 칩을 개발하고 있다. 머지않아 아마존이 이 칩을 다른 기술 기업에 판매하는 날이 올 것이다. 그리고 아마존은 아마존닷컴에서 현대자동차를 판매하기 위해 현대자동차와 파트너십 계약을 체결했다. 쇼핑객들은 자동차 모델을 비교하고 후기를 검토한 다음 지역 대리점에서 재고를 확인하고, 시험 주행도 신청할 수 있다.

마지막으로 아마존의 운송업이 있다. 아마존은 전 세계에서 연간 44억 개에 달하는 제품 패키지를 발송하고 있다. 그래서 아마존은 아시아 지역에서 출발하는 화물 운송을 처리하기 위해 컨테이너 수송선 적하 장소를 빌렸고, 화물 수송용 제트기를 구입해서 운용하고 있다. 블룸버그 통신에 의하면 아마존이 운용하고 있는 항공운송 편대는 2020년 42기였는데, 2028년에는 200기까지 늘어날 것으로 보고 있다. 참고로 페덱스는 항공기 680여 대를 보유하고 있다. 처음부터 페덱스가 아마존을 경쟁상대로 생각한 것은 아니었지만, 2019년 중반부터 페덱스는 아마존의 제품 패키지를 더 이상 취급하지 않겠다고 선언했다. 이미 그들의 경쟁은 진입 모드로 돌아선 것으로 보인다.

5 POINT
부록

디지털 전환 실행을 위한

조직문화 만들기

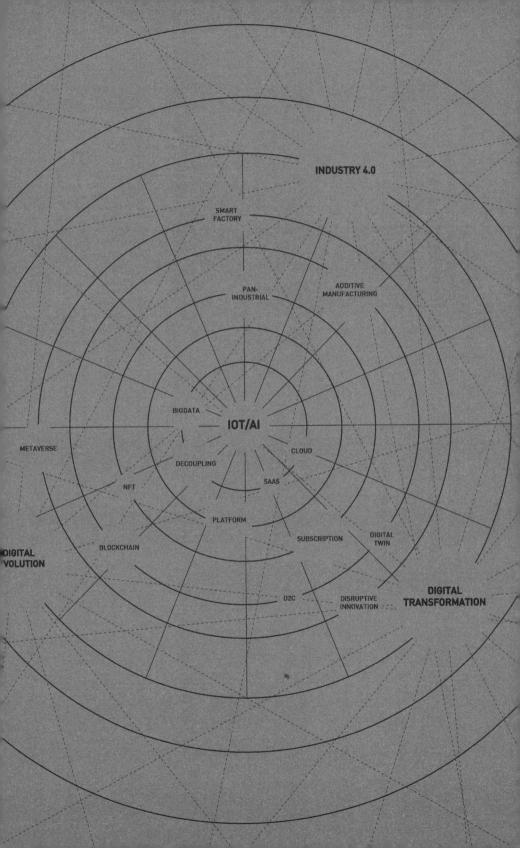

INDUSTRY 4.0

SMART
FACTORY

PAN-
INDUSTRIAL

ADDITIVE
MANUFACTURING

BIGDATA

IOT/AI

METAVERSE

CLOUD

DECOUPLING

SAAS

NFT

PLATFORM

SUBSCRIPTION

DIGITAL
TWIN

BLOCKCHAIN

DIGITAL
VOLUTION

D2C

DISRUPTIVE
INNOVATION

DIGITAL
TRANSFORMATION

기업가는 자신이 중요하다고 생각하는 가치와
그것을 실현하는 방법에 대해,
그리고 회사를 어떻게 성장시켜 나갈지에 대해 깊이 고민하고
이것이 문화로 자리 잡도록 해야 한다.
초창기에 직원들에게 이것을 잘 설명하고,
문화로 만들지 않으면 그다음에는 기회가 없을지도 모른다.

— 리드 호프먼, 링크드인 창업자 《마스터스 오브 스케일》

기하급수 기업에 대응하는 유일한 방법

기하급수 기업이란, 새로운 조직 구성 기법을 이용해 첨단기술을 활용함으로써 기업의 영향력이 동종업계의 다른 기업에 비해 현저히 큰 기업을 말한다. 디지털혁명에 속하는 기업, 이른바 플랫폼 비즈니스를 하는 기업들은 모두 기하급수 기업에 해당한다. 기하급수 기업은 무어의 법칙에 기반한 '수확 가속의 법칙'이 가능해지면서 그 길이 열렸다. 수확 가속의 법칙은 어떤 것이든 정보화되면 가격 대비 성능비가 배가된다는 법칙이다. 중요한 것은 기하급수 기업의 배가 법칙이 성립하면 멈추지 않는다는 점이고, 여기에 인공지능, 로봇, 데이터 과학 등이 모두 정보화되고 있으므로 기하급수 기업은 점점 따라잡기가 힘들어진다.

신용평가 기관인 스탠더드앤드푸어스(Standard&Poor's)는 500대 기업의 평균수명은 1920년대에는 67년이었지만, 지금은 15년으로 줄었다고 발표했다. 그리고 이 15년이라는 수명도 앞으로는 점점 더 짧아질 것으로 전망했다. 대기업의 운명과 반대로 설립된 지 10년도 안 된 신생기업들은 기하급수적 실적 성장을 거듭하고 있다. 대기업들은 단순히 경쟁에 내몰리는 정도가 아니라 치고 올라오는 신생기업들에 의해 순식간에 전멸당할 위기에 처했다는 뜻이다. 왜냐하면 규모가 커진다는 말은 곧 유연성을 잃는다는 의미기 때문이다. 수만 명의 직원으로 채워진 광범위한 설비를 갖춘 대기업들은 아무리 노력해도 빠르게 변화하는 세상에 맞춰 민첩하게 움직일 수가 없다. 최근 기존 기업들이 디지털 전환을 통해 새로운 경쟁력을 찾으려는 이유가 바로 여기에 있다.

성공 가도를 달리는 신생기업과 불안한 미래의 대기업, 이 둘의 차이는 어디에 있을까? 바로 조직문화에 있다. 기술혁신이 일상화된 세상에선 파괴적 변화의 속도만큼 빠르게 움직이는 조직이 필요하다. 하지만 대기업의 상명 하달식 조직은 느려도 너무 느리다. 수많은 보고 절차, 복잡한 사내정치 등의 장애 요소가 조직의 의사결정을 굼뜨게 만든다.

1980년대 말, 모토로라(Motorola)가 만든 이리듐(Iridium)이라는 회사가 있었다. 이 회사는 "지구 저궤도에 77개의 인공위성을 띄우고 이동전화 서비스를 제공하겠다"는 슬로건을 들고 나타났다. 하지만, 이리듐은 실패하고 50억 달러를 날려버렸다. 과거의 산술급수적인 툴과 트렌드로는 더 빨라지는 미래의 변화를 예측하는 건 불가능하다는 교훈을 남기고 말이다. 이런 교훈을 남겼던 회사는 또 있다. 전세계 필름 시장 1위를 차지하다가 디지털카메라를 가장 먼저 개발했으나 결국 법정관리에 들어갈 수밖에 없었던 코닥이 있었고, 비디오

대여점의 절대 강자로 온라인 스트리밍서비스를 만들어놓고도 제대로 사업화하지 못해 넷플릭스에 그 자리를 내어준 블록버스터가 있었다. 이처럼 시대에 적응하지 못해 사라진 회사는 수없이 많다.

일반적으로 대부분의 기업들은 기하급수적 사고방식보다는 산술급수적 사고에 더 익숙하다. 아니, 대부분의 기업들은 산술급수적 사고를 한다. 예컨대, 비용 절감, 매출 증가, 재무 성과 개선을 달성하기 위해 해외 아웃소싱 및 사업 확장, 대규모 합병을 해왔던 것은 모두 산술급수적 사고다. 하지만, 이런 사고는 규모가 커지면서 유연성을 잃고 만다.

산술급수적 사고인 양적 성장에는 한계가 있기 마련이다. 역사에서 공동체의 생산성은 공동체가 지닌 인적자원의 함수였으며 기계의 수 및 투여된 자본의 양으로 바뀌었다. 이런 식의 성장은 한계가 있다.

전문가들도 산술급수적 사고를 하는 경우가 대부분이다. 한 예로 맥킨지는 1980년대 AT&T에 휴대전화 사업에 진출하지 말라고 조언했다. 지난 10년간 휴대전화 시장이 기하급수적으로 성장할 때, 전문가들은 산술급수적 변화를 예상했던 것이다. 하지만, 이런 예측은 맞기도 하고 틀리기도 하다. 과거의 기준으로 본다면 정확했지만, 더는 맞지 않는 패러다임이라는 말이다.

보통 일반적인 기업(산술급수적 기업)의 신제품 개발 프로세스를 살펴보자. 보통 회사들은 아이디어 창출, 아이디어 검토, 콘셉트 개발 및 테스트, 사업성 분석, 베타 테스트 및 시장 테스트, 기술 구현, 상업화, 신제품 가격 결정의 차례를 따르게 된다. 그래서 산술급수적 기업은 물리적 자산과 계층구조를 지니고, 상명 하달과 위계 서열을 중시하며, 수치로 된 결과에 연연한다. 따라서 혁신이 주로 내부로부터 일어나고, 과거의 정보를 기반으로 계획을 수립한다. 당연히 직원 수가 많고, 프로세스에 유연성이 없다. 다시 말하지만, 이런 시대는 지났다.

전문가들은 2006년 3월, 기하급수 기업이 처음 생겨나기 시작했다고 말한다. 즉, 아마존이 중소 업체를 위한 저비용의 클라우드 웹서비스를 만든 시점인데, 이때부터 기하급수 기업들이 생겨나기 시작했다는 것이다. 물론 예외가 없는 것은 아니다. 바로 제약업계다. 2012년, 제약 회사들은 유연한 조직을 추구하지 않고 통합과 합병을 통해 거대 기업을 만들었는데, 지켜봐야 할 일이지만, 이대로라면 제약업계는 큰 위기를 맞게 될 가능성이 크다.

이제 기하급수 기업에 대해 알아보자. 우선, 기하급수 기업은 외적 요소와 내적 요소로 나누어 살펴볼 필요가 있다. 외적 요소로는 주문형 직원과 알고리즘이 있다. 먼저 주문형 직원을 살펴보자. 기하급수 기업이 대규모 인력을 보유하는 것은 더 이상 차별화 요소가 아니다. 기하급수 기업은 기업의 속도, 기능성, 유연성을 위해 주문형 직원을 써야 한다. 외부 자원으로는 커뮤니티와 크라우드 그리고 참여가 있다. 이는 모든 것을 아웃소싱 한다는 것을 의미한다. 아이디어 창출, 자금 조달, 디자인, 유통, 마케팅 및 세일즈에 이르기까지 거의 모든 것을 커뮤니티와 소통하고 크라우드를 통해 아이디어를 구해야 한다. 외부 자산 활용은 자산을 소유하지 않는 것이 미래를 소유하는 지름길이라는 말로 이해하면 쉽다. 자산이 극도로 희소하다면 소유하는 편이 낫지만, 대부분은 외부 자산을 이용하는 것이 좋다.

다음은 알고리즘이다. 딥러닝과 기계학습을 통해 기업에 맞는 알고리즘을 찾아야 한다는 것인데, 이때 리더의 직관적인 추측에 의존하는 것은 위험한 일이다.

기하급수 기업의 내적 요소도 살펴보자. 내적 요소는 대시보드, 소셜네트워크 기술, 자율, 인터페이스, 실험을 키워드로 한다. 우선 대시보드를 살펴보자. 이것은 기업의 모든 사람이 이용할 수 있는 회사와 직원에 관한 핵심평가지표를 말하는데, 인텔 최고경영자 앤디 그로브(Andy Grove)가 발명한 OKR(Objectives and Key Results)은 대시보드 중에서 가장 인기 있는 서비스다. 인텔과 구글, 링크드인(LinkedIn), 징가(zynga), 오라클, 트위터, 페이스북 등은 이미 이런 도구를 사용하고 있다.

그리고 소셜네트워크 기술이 있다. 사실, 기업 내 소셜네트워크 활용은 이메일보다 훌륭한 선택이다. 예컨대, 마이크로소프트가 만든 기업용 소셜네트워크 야머(Yammer)를 들 수 있다. 야머를 사용하는 기업들은 투명성과 연결성이 생기고, 정보 지연 현상이 줄어든다.

이번에는 자율이다. 자율과 권한 분산은 기하급수 기업의 핵심 문화다. 최근에는 홀라크라시(Holacracy) 조직이라는 말이 유행하고 있는데, 이는 일종의 사회적 기술 내지는 조직관리 시스템이다.

다음은 인터페이스에 대한 것이다. 이것은 알고리즘이자 자동화된 업무 흐름을 말한다. 인터페이스의 가장 극적인 사례는 애플의 앱스토어로, 인터페이스가 없으면 기하급수 기업으로 성장할 수 없다는 것이 정설이다.

마지막으로 실험이라는 측면이 있다. 일본에서는 오랫동안 카이젠(kaizen)이라는 방식이 있었다. 최근 알려진 스컹크웍스(Skunk Works)

도 실험을 위한 기업의 방법론으로 유명해졌다. 기하급수 기업은 이런 실험 정신이 뛰어나다.

앞으로 비즈니스에서의 경쟁은 단순히 경쟁력의 측면에서만 바라봐서는 안 된다. 과거에는 규모와 가격으로 경쟁하다가 결국 속도로 경쟁하게 됐는데, 이제는 이것만으로 경쟁할 수 있는 상황이 아니다. 테이셰이라가《디커플링》에서 언급한 것처럼, 결국 시장을 파괴하는 것은 고객이기 때문에 기업은 서로 경쟁할 것이 아니라, 어떻게 하면 고객만족을 이룰 것인지 연구하는 편이 나을지 모른다.

사실 플랫폼 기업들이 전면에 등장하면서 기존 기업들은 나름대로 이를 극복할 방법을 찾기도 했다. 그 해답은 2010년이 넘어가면서 수많은 경제경영 작가와 전문가 그리고 경영자들이 책을 통해 밝혔는데, 바로 조직문화를 스타트업처럼 바꾸는 일이었다. 그렇다면, 조직문화를 어떻게 바꿔야 할까? 어려운 질문이지만, 경제경영 분야의 최고의 석학들이 내놓은 해답을 살펴보려 한다. 기업이 기술과 비즈니스 모델로 혁신을 이루기 위해 결국 조직문화가 달라져야 한다는 것에 공감한다면, 다소 실천 방법이 어렵더라도 조직문화를 바꾸고 변화시키는 노력도 해주길 바란다.

조직문화 혁신이라는 환상

경영학을 뒷받침하는 사고방식은 1856년 펜실베이니아에서 태어난 프레더릭 테일러로부터 시작했다. 그리고 당대에 함께 경영의 기본을 만든 사람들이 있었는데, 바로 20세기 최고의 사회학자로 불렸던 막스 베버와 컨베이어 시스템을 고안한 헨리 포드다. 이 세 사람이 없었다면 아마도 지금 현대의 경영 방식은 다른 모습이었을지 모른다.

현대 경영의 기본으로 자리 잡은 테일러리즘은 관리자가 구성원의 성과를 관리하고 동기를 부여하며, 새로운 비전을 제시해야 한다고 생각하게 만들었다. 그 결과 테일러리즘으로 무장한 경영학 석사 학위를 받은 사람들이 해마다 18만 5,000명씩 시장에 쏟아지고 있으며, 현재 미국에서 활동하는 경영 컨설턴트만 60만 명에 이른다.

테일러의 뒤를 이어 등장했던 유명한 경영학자들도 있다. 피터 드러커, 마이클 포터, 그리고 최근에 사망한 클레이튼 크리스텐슨이다. 이들은 경영학 역사에 한 획을 그은 인물들이다. 하지만 이 가운데서도 테일러의 철학은 그대로 유지됐다. 따라서 기업들은 100년이 넘도록 새로운 경영 유행을 끊임없이 추구했고, 이번에는 다를 거라고 믿으며 모두 그다음 유행을 향해 달려갔지만 그 뿌리는 같았던 것이다.

정보화 시대의 경영학은 어떨까? 사실 달라진 것이 없다. 식스시그마, 린 생산방식, 토요타 생산방식 같은 방법론은 모두 20세기 테일러리즘으로 불리기도 한다. 자동차, 항공기 등 물리적인 제품 생산을 위해 개발된 방법들 말이다. 그리고 정보화 시대가 되면서 우리는 새로운 방법론을 접하게 된다. 바로 두 가지 새로운 형태의 테일러리즘인데, 애자일(agile)과 린 스타트업(lean Startup)이 바로 그것이다.

이 두 방법론은 조직행동 분야의 거대한 글로벌 실험을 대표하며, 기존 거대 기업이 기하급수 기업을 상대할 수 있는 유일한 전략적 방법이라고 일컬어진다. 다시 말해, 애자일과 린 스타트업으로 무장하기만 하면 거대 기업도 실리콘밸리의 스타트업처럼 빠르게 움직일 수 있다고 믿었던 것이다. 하지만 여기에는 적지 않은 문제가 있다. 먼저 두 방법론은 실리콘밸리에서 시작됐고 컴퓨터 과학자들이 발명했다는 공통점이 있다. 두 방법론은 조직을 일종의 기계, 즉 다시 프로그래밍하거나 리셋하거나 새로운 비즈니스 프로세스로 업데이트할 수 있는 컴퓨터에 비유하곤 한다. 따라서 업무 처리 과정은 소프트웨어라는 것이다. 두 방법론의 실체에 대해서 조금 더 따져보자. 이 내용은 댄 라이언스(Dan Lyons)가 쓴《실험실의 쥐》라는 책에서 참조했다.

먼저 애자일 방법론에 대해서 살펴보자. 애자일 방법론은 '애자일 소프트웨어 개발 선언문'이라는 문서에 기초하고 있다. 이 선언문은 소프트웨어 개발 과정의 속도를 높이기 위해 12가지 원칙을 제시한다. 하지만 애자일 방법론은 소프트웨어 개발을 넘어 조직의 다른 부분에까지 영향을 미치기 시작했다. 그리고 가장 인기 있는 방법론으로 떠오르며 IBM과 영국 은행 바클레이즈(Barclays)에 이르기까지 수천 곳의 기업에서 채택했다. 하지만 원래는 회사를 운영하거나 사람을 관리하는 방법으로 고안된 것은 아니라고 한다.

아마존에서 애자일에 관한 책은 무려 4,000권 이상 검색된다. 하버드비즈니스리뷰는 "애자일을 도입하고, 경영진이 애자일하게 일하도록 하며, 조직 전체에 애자일을 불어넣어라"고 기업에 강력히 조언하기도 했다. 애자일은 마치 연금술처럼 작동하기 시작했다. 조직 전체를 바꾸고 모든 것을 할 수 있는 마법과 같은 힘처럼 느껴졌기 때문이다. 그러나 애자일이 확산될수록 그 의미는 점차 희석됐다. 애자일은 다양한 버전으로 존재하는데, 그중 일부는 다른 버전의 애자일과 정면으로 배치되기도 한다. 그래서 진짜 애자일은 무엇이고, 어떻게 실행하는 것인지 정확히 아는 사람은 드문 것 같다.

그런데 문제는 애자일로 인한 피해가 있다는 점이다. 애자일 컨설턴트 대니얼 마컴(Daniel Markham)은 "애자일이 좋은 의도와 좋은 생각에서 시작된 것은 맞지만, 괴물로 변했고 그래서 상황은 더 나빠지고 있다. 애자일이 사람들의 삶을 파괴하고 있다"고 말했다. 애자일 선언문에 참여했던 앤드루 헌트(Andrew Hunt)는 2015년에 발표한 글에서 "우리는 길을 잃었고 실패했다"고 말했다. 많은 연구자가 애자일이 실제로 효과가 있다는 증거를 찾기 위해 연구를 계속하고 있지만 대부분은 여전히 빈손이고, 애자일 지지자들은 성공담을 광고하고 있으나 대부분 이는 입증되지 않은 사실이라고 한다.

다음으로 린 스타트업에 대해 알아보자. 2000년대 중반 에릭 리스(Eric Ries)라는 젊은 기업가는 조직행동에 관한 과감한 실험에 착수해 린 스타트업이라는 방법론으로 발전시켰다. 그리고 이 이론은 2011년에 출판돼 엄청난 베스트셀러가 됐다. 그 책이 바로《린 스타트업》이라는 책이다.

그 후 리스는 컨설팅 회사인 린스타트업 주식회사를 설립했고 컨설팅 서비스를 판매하면서 콘퍼런스를 운영하고 교육 프로그램을 제공했다. 리스는 규모와 상관없이 모든 조직이 이 원칙을 적용할 수 있고, 대기업에 있는 사람들도 창업자처럼 행동할 수 있다고 주장했다. 이것은 곧바로 GE의 회장 제프리 이멜트의 철학으로 이어지기도 했다. 리스는 이멜트의 핵심 참모가 돼 린 스타트업의 복음을 GE의 모든 사업부에 전했다. 하지만 GE의 매출은 제자리걸음을 했고, 전체 주식시장이 급등할 때도 GE의 주가는 부진했다.

린 스타트업은 GE를 구할 수 없었는지도 모른다. 그렇다고 GE가 잘못된 방법론을 택했다거나 린 스타트업 대신 애자일을 도입했어야 한다거나 하는 얘기도 해결책이 될 수 없다. 한 가지 교훈이 있다면 세상에 모든 문제를 한 번에 해결하는 실버불렛(silver bullet)이 없는 것처럼, 30만 명의 조직을 거느린 거대 조직을 스타트업으로 전환하는 기적적인 방법론은 존재하지 않는다는 점이다.

매튜 스튜어트(Matthew Stewart)는《위험한 경영학》에서 다음과 같이 말했다.

"현대 경영학은 충분히 위험할 정도로 잘못됐고, 우리를 심각하게 나쁜 길로 인도했다. 우리가 비과학적인 질문에 과학적인 답을 찾는 잘못된 탐구를 하게 했다. 근본적으로 도덕적이고 정치적인 문제에 과학적인 척하는 해결책을 제시한 것이다."

아마존은 어떻게 일하는가?

최근, 전 세계에서 주가 총액이 가장 높은 회사 중 하나인 아마존의 기업문화를 모방하려는 회사들이 많다. 흥미로운 것은 아마존의 업무 방식을 보면 앞서 설명한 애자일이나 린 스타트업이 존재하지 않는다는 점이다. 어쩌면 조직문화라는 것에 대해 착각이나 환상이 있었던 것은 아닐까 싶다. 이제부터 아마존의 업무 방법과 조직문화를 따라가 보자.

아마존에서 이뤄지는 회의 중에서 특별히 눈여겨봐야 할 것은 세 가지 유형의 회의다. 첫 번째는 의사결정 회의다. 의사결정 회의는 제출된 의안에 관해 의사결정자가 확인하고 승인하거나 아니면 다시 제출하도록 요청하는 회의라고 할 수 있다. 다시 말해, 결정하기 위한 자리가 의사결정 회의다. 예컨대 이 회의에서는 프로젝트의 시작과 종료를 알리기도 하고, 설비 투자 등과 같은 커다란 의사결정을 하기도 한다. 그리고 채용과 관련한 결정도 의사결정 회의에서 다뤄진다.

의사결정 회의는 다른 회의와는 다르게 침묵으로 시작된다. 일반적인 회사라면 자료 작성자에게 프레젠테이션을 요청하고 회의에 참석한 사람들은 이 발표를 듣고 의견을 나눌 것이다. 하지만 아마존은 그렇게 하지 않는다. 모두가 침묵한 채 1페이지 또는 6페이지짜리 자료를 읽고 시작한다. 아마존에서는 좋은 자료와 침묵이 효율적인 질문을 끌어낸다고 생각한다.

의사결정 회의는 프로젝트 리더가 주재한다. 의사결정 회의의 성패는 전적으로 프로젝트 리더에게 달려 있어서 아마존에서는 프로젝트 리더를 '오너'라고 부른다. 회의에서 가장 중요한 것은 결정이다. 여기에서 결정 사항은 보통 세 가지밖에 없다. 무엇을, 누가, 언제까지 할 것이냐다. 아마존 회의에서는 이것을 무조건 지킨다. 즉 결정이 돼야만 회의가 끝난다는 뜻이다. 이때 제프 베이조스가 가장 싫어하는 건 소셜 코히전(Social Cohesion)이다. 우리말로 직역하면 사회적 결속력인데, 한마디로 사회적 굴레를 고려해 타협하는 식으로 결론을 내지 말라는 것이다.

두 번째는 아마존식 아이디어 회의다. 아마존에서는 아이디어 회의를 굉장히 선호하는 것으로 알려져 있다. 아이디어가 필요할 때마다 자주 이 회의를 연다. 아이디어 회의는 브레인스토밍으로 진행되는데, 새로운 서비스를 기획하기 위해서는 한 사람의 아이디어에만 의존할 수 없기 때문이다. 한편 토론과 브레인스토밍을 구별해야 하는데, 토론은 보통 해법이 보이는 경우에 서로 의견을 다투기 위해 사용하는 방법이고 브레인스토밍은 해법이 보이지 않을 때 사용하는 방법이다.

아마존식 브레인스토밍의 규칙도 있다. 아마존은 부서별로 또는 대여섯 명이 아이디어를 만들기 위해 브레인스토밍을 한다. 사실 아마존에는 대규모 인원이 들어갈 수 있는 회의실은 별로 없고, 대부분 네명에서 여덟 명 정도를 수용할 수 있는 회의실이 많다. 이 회의에선화이트보드와 포스트잇이 필수사항이며, 침묵으로 시작하지도 않고,프로젝트 오너가 리드하지도 않는다.

세 번째는 아마존의 진행 관리 회의다. 진행 관리 회의는 말 그대로프로젝트가 어떻게 진행되고 있는지를 점검하는 것이다. 일종의 페이스 메이커라고 할 수 있다. 프로젝트에 대한 결과를 평가하고 개선방안을 생각하는 것이다. 여기에서는 프로젝트를 승인하거나 종료를결정하는 것이 아니라 객관적인 근거로 상황을 확인하고 앞으로 무엇을 더 해야 하는지를 점검한다.

진행 관리 회의에서 가장 중요한 것은 바로 숫자다. 아마존은 모든것을 숫자로 표현한다. 예컨대, 고객이 만족하고 있는가라는 주관적인 요소도 숫자로 점검한다고 한다. 보통 이렇게 숫자로 작성된 보고서를 기반으로 매주 상황을 점검하는 회의를 '매트릭스 리뷰'라고 부른다. 하나의 프로젝트를 기반으로 KPI가 설정되고, 이 KPI를 기반으로 수치 변화를 자동으로 추적해 보고서도 자동으로 만들어진다. 즉한 구성원이 어떻게 활동하고 있었는지를 다른 사람도 볼 수 있다는뜻이다. 따라서 해당 당사자는 KPI를 항상 살펴보고 있다는 전제하에 분석 결과와 대책을 보고해야 한다. 그리고 지금까지 아마존에 축적된 데이터와 비교했을 때 현재의 진척 상황이 평균값보다 느리다면 이에 대한 명확한 답변을 내놓아야 한다.

아마존에는 회의 자료를 만드는 특별한 방식이 있다. 바로 자료를 서술형으로 작성하는 것이다. 어떤 책에서는 내러티브 문서라고 표현하고 있는데, 이 둘은 같은 의미로 봐야 한다. 흔히 회의 자료는 파워포인트로 작성하거나 서술형이 아닌 항목별 요약으로 정리한다. 하지만 아마존에서는 파워포인트나 항목별 회의 자료는 찾아볼 수가 없다. 아마존은 파워포인트를 금지시켰고, 모든 회의 자료는 서술 형식으로 작성해야 한다는 규칙을 만들었다. 더구나 자료는 보통 회의 전이나 회의할 때 배부되는데, 그 자리에서 읽고 이해할 수 있는 문장으로 작성해야 한다. 그래서 아마존에서 일을 하려면 문장력이 있어야 한다. 다만 회사에서 비즈니스 문서 작성법을 가르치지는 않는다. 왜냐하면, 채용 과정에서 이를 심사하기 때문이다.

회의 자료는 두 종류로 통일돼 있다. 모든 회의 자료는 1페이지나 6페이지, 이 둘 중 하나로 작성해야 한다. 그래서 이를 '원페이저'(1-pager) 또는 '식스페이저'(6-pager)라고 부른다. 다만 자료를 뒷받침하는 상세한 그래프나 도표, 관련 데이터는 첨부 자료에 넣는다. 그러니까 본 회의 자료에서는 명확하게 전달하려는 메시지만 넣고, 상세한 정보를 원할 경우 첨부 자료를 확인하게 한다.

두 회의 자료를 사용하는 방법에 대해서도 살펴보자. 원페이저는 하고 싶은 프로젝트의 아이디어를 대략적으로 설명할 때 또는 세일이나 캠페인을 진행하기 위한 프로모션의 개요를 설명할 때 사용된다. 반면 식스페이저는 프로젝트에 대한 자세한 공유가 필요할 때 사용된다. 보통은 실행 계획에 대한 상세 내용이 포함되는 경우가 많다. 예컨대, 서비스 정의와 개요, 예산 예측, 일정과 판매가격, 예상 고객

수, 팀 편성, 플랜B와 재무 정보 그리고 ROI가 포함된다.

　여기서 잠깐 기업들이 으레 사용하고 있는 파워포인트에 대해 짚어볼 필요가 있다. 많은 기업에서 파워포인트 슬라이드를 사용한다. 한 명 이상의 팀원이 파워포인트 슬라이드를 만들고 이것을 화면으로 띄워가면서 구두로 프레젠테이션을 진행하는 형태로 대부분의 회의가 진행된다. 그러나 이런 프레젠테이션이 의도했던 목적에 부합하지 않는 모습을 자주 목격하게 된다. 이런 형식으로는 실질적인 진척도를 평가하기도 어렵고 계획한 대로 프레젠테이션을 진행하기도 힘들다. 게다가 발표자와 청중 모두 깊이 파고들지 못하기 때문에 혼란을 겪기 쉽고, 그렇다고 파워포인트 슬라이드가 효과적이지도 않다. 자주 실수를 만들어낼 수밖에 없는 구조다. 그럼에도 불구하고 이미 대부분의 기업이 이 양식을 따르고 있기 때문에 파워포인트 사용을 줄일 수도 없는 게 현실이다.

　파워포인트 슬라이드는 단어의 수로 볼 때 보통 세 가지 형태로 구분된다. 하나의 슬라이드에 75개 이상의 단어를 사용하는 경우, 50개 내외의 단어를 사용하는 경우, 50개 미만의 단어를 사용하는 경우다. 하나의 슬라이드에 75개 이상의 단어를 넣게 되면 미리 배포해서 읽게 하는 게 좋다. 50개 내외의 단어로 슬라이드를 구성하면, 발표자는 슬라이드를 마치 자막기처럼 사용하게 된다. 반면, 50개 미만의 단어로 구성하면, 발표자는 자신이 말하고 싶은 내용을 시각적으로 강화하려는 목적으로 슬라이드를 사용하게 된다.

　문제는 발표자가 파워포인트를 만드는 데 상당한 시간을 보내고, 모든 내용을 슬라이드에 담지 못하기 때문에 이를 말로 대신할 수밖에 없으며, 이 과정에서 전달력에 문제가 생긴다는 점이다.

파워포인트 슬라이드의 문제는 생각보다 크다. 우선 발표자의 발표 스킬에 따라 청중의 이해도에 과도한 영향을 미친다. 제대로 된 아이템이 아닐지라도 발표를 잘하면 그 아이템이 선정될 수 있다. 아이디어를 제안하고 비즈니스를 분석하는 일에 많은 노력을 투자했더라도, 주요 이슈와는 별로 상관없는 발표력이나 화려한 그래픽아트로 최종 채택 여부가 결정되는 것이다. 그리고 분석이 인과관계적이고 변수가 많은 것, 또 상호 비교할 대상이 많고, 근거를 많이 따져야 하는 일일수록 파워포인트 슬라이드는 적합하지 않다. 파워포인트에서는 내용이 분절된 문구들로 이뤄지기 때문에 충분히 표현하기가 어렵고 시각적 효과로 인해 초점이 산만해진다.

그래서 아마존은 원페이저와 식스페이저를 선호한다. 아마존이 도입한 식스페이저는 말 그대로 내러티브 문서를 권장하는 것이다. 식스페이저는 구체적으로, 가로 8.5인치, 세로 11인치 종이에 행간과 여백 없이 11포인트로 작성된 여섯 페이지의 문서를 말한다. 아마존은 사내에서 파워포인트를 금지시키며, 식스페이저로 모든 기획 문서를 대체하겠다고 선언했다. 물론 6페이지짜리 메모를 적는 것은 매우 어려운 일이다. 아마도 6페이지의 메모를 적는 것보다 20페이지짜리 파워포인트를 만드는 일이 더 쉬울 것이다. 그래서 처음에 아마존에서도 이 부분에 대한 저항이 매우 컸다고 한다. 어떤 팀은 40페이지나 되는 분량을 제출해서 곤란을 겪은 일도 있었다고 한다.

그러나 식스페이저는 매우 큰 이득이 있다. 여기에는 식스페이저를 보는 사람과 작성하는 사람, 이렇게 두 가지 측면에서 살펴볼 수 있다. 우선 보는 사람 입장에서 보자. 아마존에서 규정하는 식스페이저 각 페이지에는 약 4,000자까지 적을 수 있다. 보통 파워포인트 슬라이드는 평균 440자를 포함한다. 결국 식스페이저는 파워포인트보다 더 정교하게 설명할 수 있다는 것이다. 그리고 사람은 보통 말하는 속도보다 읽는 속도가 세 배 더 빠르기 때문에 이해가 더 쉽다는 측면도 있다. 한편 작성하는 사람 입장에서 보면, 사고를 명확히 할 수 있다는 장점이 있다. 내러티브를 작성하는 일은 파워포인트 슬라이드를 만드는 일보다 훨씬 더 어렵다. 비즈니스 아이디어가 있다고 해도 이것을 완벽하게 글로 적어내려면 더 많이 고민하고 사고해야 한다. 여러 사실과 분석이 어떻게 상호연결되는지를 정확히 알아야 하는 것이다.

또 아마존에서 제안서를 만들 때는 특별한 사고의 원칙이 있다. 바로 거꾸로 생각하기다. 실제로 아마존에서는 싱킹 백워드(Thinking Backward)와 워킹 백워드(Working Backward)를 같은 개념으로 사용한다. 중요한 것은 제안 자료를 작성할 때 반드시 거꾸로 생각해야 한다는 점이다. 일반적으로는 현재 상황에서 미래를 내다보고 계획을 세우게 된다. 하지만 아마존은 거꾸로 생각하기를 습관처럼 한다. 처음에 목표를 정해두고, 이를 위해 무엇을 해야 하는지 생각한다. 예컨대, 매출을 10퍼센트 늘린다는 목표를 세우게 되면 목표를 달성하는 데 무엇이 문제인지 생각하고 이를 해결할 방법부터 찾는다. 이렇게 해야만 돌파구를 발견할 수 있는 아이디어가 나온다고 한다.

워킹 백워드는 아이디어를 심사하고, 신제품을 만드는 체계적인 방법이다. 아마존의 성공을 얘기할 때 결코 빼놓을 수 없는 핵심적인 요소이다. 보통 회사들은 MBA 스타일로 계획을 수립한다. 시장 기회를 파악하고 제품을 기획한 뒤에 상품을 만들고 이를 다시 마케팅이나 홍보 부서에 넘기면서 사용자들에게 어떻게 어필할 것인지를 따진다. 그러나 아마존은 이 일의 순서를 바꿨다. 마치 출시 준비가 완료된 것처럼 언론 보도자료를 쓰고, 어려운 질문을 예상하고 미리 질문지를 만드는 것이다. 그러니까 고객 경험을 출발선으로 삼고 일을 거꾸로 하는 것이다.

킨들은 바로 워킹 백워드로 만들어진 결과물이다. 사실 킨들의 출발 단계는 그렇게 혁신적이지 않았다. 왜냐하면 처음에는 고객 관점에서 시작하지 않았기 때문이다. 그러나 워킹 백워드로 킨들 프로젝트를 바라보기 시작하자 모든 것이 바뀌기 시작했다. 읽기 경험을 높이기 위해 스크린을 바꿨고, 책을 구매하고 다운로드하는 데 편리하도록 주문 프로세스를 개편했다. 또 책의 선택지를 확대하고, 가격을 인하했다. 즉 보도자료를 먼저 작성하기 시작하면서 개발 초기 단계부터 이런 아이디어들을 도입할 수 있었던 것이다.

여전히 중요한 것은 고객 관점으로 바꾸는 일이다. 적어도 아마존은 그렇게 하고 있는 것으로 보인다. 아마존은 보도자료를 먼저 쓰고, FAQ를 고민해보는 작업부터 시작한다. 이것은 고객이 무엇을 원하는지 다시 생각하게 한다는 장점이 있다. 그리고 아마존은 제품과 서비스뿐만 아니라 아이디어와 계획 개발 단계에서도 이 정책을 도입하고 있다.

기업은 무엇을 해야 하는가?

디지털 전환 실행을 위해 기업이 마지막으로 해야 하는 일은 조직문화와 관련한 것일 수 있다. 4차 산업혁명, 디지털혁명, 디지털 전환에 대해 정확히 이해하고 있다면 올바른 방향 설정을 할 수 있다. 따라서 남은 것은 조직이 그 문제를 어떻게 해결할 것인가다. 게다가 디지털 전환을 추진하는 기업들은 이미 제품과 서비스를 갖고 있기 때문에 무에서 유를 창조해야 하는 일은 없다. 쉽게 말해서 지금 하고 있는 일을 좀 더 잘하면 되는 것이다. 문제는 제품과 서비스의 일부가 바뀌면 결국 조직문화가 바뀌어야 하는데, 그렇게 하지 못하는 기업들이 생각보다 많다는 사실이다.

기업이 해야 하는 일에 대해서는 간략하게 세 가지 포인트만 짚어보자. 첫 번째, 조직 전체의 집중력을 높일 필요가 있다. 2010년 니콜라스 카(Nicholas Carr)가 《생각하지 않는 사람들》을 펴내면서 전 세계적으로 집중력에 대한 충격적인 반향을 일으켰고, 2016년부터 칼 뉴포트(Cal Newport)가《딥 워크》,《디지털 미니멀리즘》그리고《하이브 마인드》를 출간하면서 집중력은 가장 중요한 자산으로 평가되었다. 왜냐하면 기업에서 일하는 직장인들은 거의 하루 종일 집중할 수 없기 때문이다.

예컨대, 프로그래머, 마케터, 경영자, 신문 편집자 그리고 대학의 교수까지 지식노동자들의 하루는 그들이 속한 조직의 지속적인 실시간 대화 속에서 이루어진다고 해도 과언은 아니다. 지식노동자들의 업무 흐름은 대략 6분마다 새 메시지를 확인해야 하는 구조인데, 이는 업무 시간의 3분의 1 이상을 수신함에서 보내야 함을 의미한다. 한 조사에 따르면, 평균적인 노동자는 하루에 126통의 업무 이메일을 주고받는다. 대략 4분에 한 통꼴이다. 반면 하루 스마트폰 사용 횟수는 200번이 넘는다. 즉 이메일과 스마트폰 사용에 쏟는 시간만 보더라도 직장인들은 하루 종일 집중할 시간이 없다는 계산이 나온다.

레스큐타임(Rescue Time)이라는 소프트웨어 기업은 시간 추적 소프트웨어를 만들었다. 이 소프트웨어를 통해 분석해본 결과 사용자들은 이메일이나 슬랙 같은 인스턴트 메시지를 평균 6분마다 한 번씩 확인하고 있었다. 한편 캘리포니아대학에서는 대기업에 근무하는 40명의 회사원을 12일 동안 추적했다. 그 결과 회사원들은 이메일 수신함을 하루 평균 77번 확인했고, 가장 심하게는 하루 400번이 넘는 경우도 있었다. 어도비가 실시한 조사에서도 비슷한 결과가 나왔는데, 지식노동자들은 비즈니스 이메일을 송수신하는 데 하루에 3시간 이상을 사용하고 있었다.

문제는 이제부터다. 레스큐타임의 데이터 과학자들은 회사에서 일하는 직원들이 방해받지 않는 시간대를 찾아봤다. 직원들이 방해받지 않는 시간은 평균 20분 정도였고, 사용자 중 절반의 경우 가장 길게 방해받지 않는 시간은 40분이었다. 또 조사 기간 중 사용자의 3분의 2 이상은 1시간 넘게 방해받지 않은 적이 단 한 번도 없었다.

이번에는 하루의 업무 시간을 5분 단위로 나누고, 도대체 이들이 얼마나 일을 할 수 있었는지를 살펴봤다. 분석 결과 평균적인 사용자의 경우 방해받지 않는 시기는 하루에 15번뿐이었고, 이를 다 더해도 총 1시간 15분, 불과 75분도 안 됐다. 요컨대, 현대의 지식노동자는 몇 분마다 일종의 디지털 의사소통을 주고받기 때문에 어떤 문제에 대해 깊게 생각할 겨를이 없다.

비즈니스 현장에서 일하는 구성원들이 제대로 된 의사결정을 하기 위해서는 집중력을 살릴 수 있는 방법을 찾아야 한다. 이때 가장 중요한 것은 '주의 자본 원칙'을 지키는 일이다. 주의 자본 원칙은 정보에 지속 가능한 방식으로 가치를 더할 수 있는 방법이다. 특히 뇌의 능력을 더욱 잘 살리는 업무 흐름을 찾아내면 지식 부문의 생산성을 크게 늘릴 수 있다는 점을 기본으로 한다. 산업 부문의 주요 자본 원천은 원자재와 설비다. 반면 지식 부문에서 주요 자본 원천은 정보에 가치를 더하기 위해 활용하는 인간의 뇌다. 칼 뉴포트는 《하이브 마인드》라는 책에서 이것을 '주의 자본'(attention capital)이라고 부른다. 즉 자본을 활용하는 전략에 따라 수익률이 달라진다는 뜻에서 주의 자본 원칙이라고 칭한 것이다.

피터 드러커는 1900년 이후 육체노동자의 생산성이 50배나 높아졌지만 지식노동자의 생산성은 100년 전이나 지금이나 크게 달라진

바 없다고 말했다. 그러면서 그는 지식노동자는 밀접하게 자세히 감독할 수 없기 때문에 그들은 스스로를 이끌어야 한다면서 자율성을 강조한 바 있다. 하지만 뉴포트는 그 자율성이 문제라고 지적한다. 자율성과 이메일이 만났기 때문에 하이브 마인드 스타일의 업무 흐름이 만들어졌다는 것이다. 따라서 지식노동을 업무 실행과 업무 흐름으로 나눌 수 있다면 적어도 업무 흐름만큼은 통제 가능해야 한다고 주장한다.

가장 중요한 것은 멀티태스킹을 지양하고 싱글태스킹을 하는 것이다. 앞에서 아마존의 업무 방식을 설명했는데, 아마존에서 일하는 사람들은 내러티브 문서를 작성하기 위해 집중해야만 한다. 이들이 파워포인트를 금지시켰던 것도 그 이유를 쫓아가 보면 결국 집중력 있게 판단하려는 베이조스의 심오한 전략이 담겨 있다. 첨단기술과 인공지능으로 무장해 전 세계에서 가장 빠르게 움직이는 기업이 집중력을 위해 업무 스타일을 조정하고 있다는 점은 주의 깊게 봐야 한다.

두 번째, 인과관계가 복잡한 문제를 풀어낼 통찰력을 갖춰야 한다. 비즈니스에서 접하는 모든 문제가 복잡해지고 있다. 학력의 깊이로 문제를 풀어낼 수 있는 시대는 지났다. 새로운 시대에 적응하기 위해서는 새로운 인재 전략이 필요하다.

커네빈 프레임워크(Cynefin Framework)라는 용어가 있다. 커네빈 프레임워크는 IBM에서 근무했던 데이브 스노든(Dave Snowden)이 만든 개념으로, 문제를 인과관계에 따라 분류하고 해결책을 제시하기 위해 만든 체계다. 이 체계에 따르면, 모든 문제는 단순성, 난해성, 복잡성, 혼돈의 네 가지 영역으로 구분된다. 거의 모든 일은 복잡성과 혼

[그림 4] 커네빈 프레임워크의 4가지 비즈니스 환경 분류

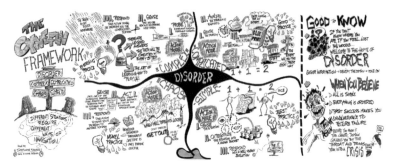

Complex : 복잡성 영역, Complicated : 난해성 영역
Chaotic : 혼돈 영역, Simple : 단순성 영역

돈 영역으로 움직이며, 이는 학력으로 해결되지 않는다.

스노든은 인과관계에 따른 문제 상황을 묘사하고 해결책을 제시하는 분류 체계로 인기를 끌었고, 하버드비즈니스리뷰를 비롯한 경영 잡지에 자주 소개됐다. 커네빈 프레임워크로 구분한 비즈니스 환경의 문제를 좀 더 살펴보자.

먼저 단순성과 난해성에 해당하는 영역은 학력 수준을 높여서 해결할 수 있다. 이런 문제들은 제아무리 어렵더라도 그 분야의 전문가만 있으면 해결할 수 있다. 지금까지 자격주의가 확산된 이유도 같은 맥락에서 찾을 수 있다. 인류는 난해한 문제들을 풀어낼 인재들을 훈련시켜야 한다는 필요성을 느꼈고, 이런 해법을 찾을 수 있는 교육과 그 인재들을 걸러내는 평가 시스템을 만들어왔다.

하지만 복잡성 영역과 혼돈 영역의 문제는 차원이 다르다. 복잡성

영역은 시간이 한참 지난 뒤 돌이켜봤을 때 인과관계가 분명해지는 문제를 말하며, 혼돈 영역은 인과관계를 알 수 없는 상황을 말한다. 이런 문제들은 지금까지 자격주의를 주장하던 교육 방식으로는 해결이 안 된다. 한마디로, 평범하거나 일반적인 노동자로 훈련받는 것은 가치 없는 일이 돼버렸다는 얘기다.

그야말로 앙트레프레너의 시대다. 오늘날 복잡성 영역과 혼돈 영역을 개척해나가는 일은 비즈니스와 일자리 문제에서 점점 중요해지고 있다. 단순성과 난해성 영역의 일이 학교 교육 등 일련의 제도적 틀 안에서 지식과 기술을 습득함으로써 해결할 수 있는 것이라면, 복잡성과 혼돈 영역의 일은 고정된 틀이 있다기보다 창의적이고 창발적인 방식으로 풀어나가야 한다. 이때 필요한 것이 앙트레프레너십(entrepreneurship), 즉 창업가 정신이다. 따라서 이제는 무의미한 학위를 따느라 시간과 비용을 들이는 것보다 창업가 정신을 구축하고 발휘하는 데 투자하는 게 미래의 일자리를 위한 가장 효과적인 방법일 수 있다.

세 번째, 파이브 포인트를 이해하고, 혁신으로 도약해야 한다. 지금까지 기업이 알아야 할 다섯 가지에 대해 설명했다. 비즈니스 혁신 트렌드와 4차 산업혁명, 디지털혁명, 디지털 전환 그리고 이 모든 것에 영향을 미치는 IoT와 인공지능에 대해서였다.

우리가 행동하는 것은 믿는 것에서 시작되고, 믿는 것은 곧 보는 것에서 시작된다. 즉 보는 것에서 믿는 것이 시작되고 그에 따라 행동의 방향이 결정된다고 할 수 있다. 여기에서 극복하기 어려운 문제가 등장한다. 보이는 것만 믿기 때문에 보이지 않는 것을 미리 파악해야 하는 리더에게 비즈니스 미래를 예측하고 중요한 의사결정을 내리기란 매우 어려운 일이다.

나는 앞서 설명했던 다섯 가지 포인트가 보는 것과 믿는 것의 가장 기본이 된다고 생각한다. 그동안은 4차 산업혁명을 비롯한 여러 가지 비즈니스 트렌드 용어가 뒤섞여서 제대로 이해하기가 매우 어려웠다. 2016년부터 적어도 6년 이상 동안 트렌드의 변화가 있었고, 단 하나의 개념이라도 놓치면 나머지 개념도 파악하기가 어려웠기 때문이다.

기업이 비즈니스 혁신을 하기 위해서는 기본적인 지식에서부터 시작할 필요가 있다. 개념과 지식이 어느 정도 구분돼 있지 않다면, 올바른 방향을 설정하기 어렵고, 그렇게 되면 다시 내부 구성원들 사이에 혼선이 생긴다. 그리고 무엇보다 리더는 의사결정을 제대로 할 수가 없다.

이 원고를 마무리할 때쯤, 한국의 배터리 제조 대기업 L사에서 스마트 팩토리를 구축하겠다며 독일 지멘스의 암베르크 미래 공장에 최고경영자가 직접 방문한다는 뉴스가 보도됐다. 이른바 4차 산업혁명, 제조업혁명을 하겠다는 얘기다. L사는 이 과정에서 지멘스가 IoT를 기반으로 만든 공장 시스템을 벤치마킹하거나 도입할 수도 있을 것이다. 지금까지 책의 내용을 파악한 독자라면 L사가 추진하고 있는 비즈니스 혁신의 방향을 정확하게 인지할 수 있다. 개념을 알고 있다는 것은 이 같은 의미에서 매우 중요하다.

나는 그동안 비즈니스 현장에서 개념적 정의가 통일되지 않거나 정확한 개념을 파악하지 못해 엄청난 자원과 시간의 손실을 겪은 회사를 많이 봐왔다. 그들이 그렇게밖에 할 수 없던 이유는 무엇을 해야 하는지, 무엇을 할 수 있는지, 지금 하려는 혁신이 어느 분야에 해당하는지를 모르거나 구분할 수 없었기 때문이다. 사실 방향이 결정되면 기술적으로 구현하는 일은 어렵지 않은데, 그 방향성이 문제였던 탓이다.

나는 이 책을 통해 당신이 비즈니스 현장에서 방향성을 제대로 찾을 수 있도록 안내해왔다. 이제는 실행을 할 때다. 물론 지난 몇 년 동안 출간된 수십 권의 책과 수십 편의 논문들의 내용들이 축약돼 있기 때문에 책을 읽는 내내 부담스러웠을지 모른다. 지금 한 권의 책으로 축약한 이 내용은 내가 경영대학원에서 강의할 때 1학기 동안 강의한 분량이라서 더 그럴 수도 있다. 하지만 지금 이 트렌드를 따라가지 않으면 그때는 늦을 수밖에 없다. 시간은 우리를 기다려주지 않고, 시간이 지나면 더 빠른 변화가 눈앞에 놓여 있을 것이다. 그때는 더 따라가기가 어려울지 모른다.

마지막으로 당신의 비즈니스가 승승장구하길 바란다. 또 이 책이 당신에게 필요한 지식 중 일부분을 채워주는 작은 지식 창고가 되기를 바란다.

— W. 데이비드 스티븐슨,《초연결》, 다산북스, 2019
— 김형택, 이승준,《그들은 어떻게 디지털 트랜스포메이션에 성공했나》, 월컴퍼니, 2021
— 댄 라이언스,《실험실의 쥐》, 프런티어, 2020
— 데이비드 로완,《디스럽터 시장의 교란자들》, 쌤앤파커스, 2020
— 돈 탭스코트, 알렉스 탭스콧,《블록체인 혁명》, 을유문화사, 2018
— 라이언 아벤트,《노동의 미래》, 민음사, 2018
— 로저 부틀,《AI 경제》, 세종연구원, 2020
— 로런스 인그래시아,《D2C 레볼루션》, 부키, 2021
— 롤랜드 버거,《4차 산업혁명 이미 와 있는 미래》, 다산3.0, 2017
— 루시 그린,《실리콘 제국》, 예문아카이브, 2020
— 리처드 다베니,《넥스트 레볼루션》, 부키, 2018
— 리처드 볼드윈,《그레이트 컨버전스》, 세종연구원, 2019
— 마셜 밴 앨스타인, 상지트 폴 초더리, 제프리 파커,《플랫폼 레볼루션》, 부키, 2017
— 마이클 A. 쿠수마노, 데이비드 요피, 애너벨 가우어,《플랫폼 비즈니스의 모든 것》, 부키, 2021
— 마틴 포드,《로봇의 부상》, 세종서적, 2016
— 바라트 아난드,《콘텐츠의 미래》, 리더스북, 2017
— 브라이언 두메인,《베조노믹스》, 21세기북스, 2020
— 사토 마사유키,《아마존처럼 회의하라》, 반니, 2021
— 살림 이스마일, 마이클 말론, 유리 반 헤이스트,《기하급수 시대가 온다》, 청림출판, 2016
— 성소라, 롤프 회퍼, 스콧 맥러플린,《NFT 레볼루션》, 더퀘스트, 2021
— 스콧 갤러웨이,《거대한 가속》, 리더스북, 2021
— 스콧 갤러웨이,《플랫폼 제국의 미래》, 비즈니스북스, 2018
— 스티브 사마티노,《위대한 해체》, 인사이트앤뷰, 2015

— 아룬 아로라, 피터 댈스트롬, 클레멘스 하르타르, 플로리안 완델리치, 《초속도》, 청림출판, 2021

— 알렉스 모아제드, 니콜라스 존슨, 《플랫폼 기업전략》, 세종연구원, 2019

— 애덤 그랜트, 《오리지널스》, 한국경제신문, 2020

— 앤드루 맥아피, 에릭 브린욜프슨, 《머신 플랫폼 크라우드》, 청림출판, 2018

— 앨런 루이스, 댄 매콘, 《에지 전략》, 세종서적, 2018

— 야마구치 슈, 《뉴타입의 시대》, 인플루엔셜, 2020

— 양돈선, 《기본에 충실한 나라 독일에서 배운다》, 미래의창, 2017

— 위르겐 메페르트, 아난드 스와미나탄, 《디지털 대전환의 조건》, 청림출판, 2018

— 이재홍, 《4차 산업혁명 시대 대한민국의 기회》, 메디치미디어, 2017

— 이토 고이치로, 《데이터 분석의 힘》, 인플루엔셜, 2018

— 조슈아 쿠퍼 라모, 《제7의 감각 초연결지능》, 미래의창, 2017

— 조이 이토, 제프 하우, 《나인》, 민음사, 2017

— 조지 길더, 《조지 길더 구글의 종말》, 청림출판, 2019

— 존 콜라핀토, 《보이스》, 매일경제신문사, 2022

— 캐시 오닐, 《대량살상 수학무기》, 흐름출판, 2017

— 콜린 브라이어, 빌 카, 《순서파괴》, 다산북스, 2021

— 크리스티안 마두스베르그, 미켈 B. 라스무센, 《우리는 무엇을 하는 회사인가》, 타임비즈, 2014

— 클라우스 슈밥, 《클라우스 슈밥의 제4차 산업혁명》, 메가스터디북스, 2016

— 클레이튼 크리스텐슨, 《파괴적 혁신 4.0》, 세종서적, 2018

— 탈레스 S. 테이셰이라, 《디커플링》, 인플루엔셜, 2019

— 폴 비냐, 마이클 J. 케이시, 《비트코인 현상, 블록체인 2.0》, 미래의창, 2017

— 피터 디아만디스, 스티븐 코틀러, 《볼드》, 비즈니스북스, 2016

— 홍기훈, 《NFT 미래수업》, 한국경제신문, 2022

디지털 대전환 시대, 위대한 기업의 조건

파이브 포인트

제1판 1쇄 인쇄 | 2022년 9월 1일
제1판 1쇄 발행 | 2022년 9월 20일

지은이 | 이동우
펴낸이 | 오형규
펴낸곳 | 한국경제신문 한경BP
책임편집 | 최경민
교정교열 | 김기남
저작권 | 백상아
홍보 | 이여진 · 박도현 · 하승예
마케팅 | 김규형 · 정우연
디자인 | 지소영

주소 | 서울특별시 중구 청파로 463
기획출판팀 | 02-3604-590, 584
영업마케팅팀 | 02-3604-595, 583   FAX | 02-3604-599
H | http://bp.hankyung.com   E | bp@hankyung.com
F | www.facebook.com/hankyungbp
등록 | 제 2-315(1967. 5. 15)

ISBN 978-89-475-4845-8   03320